高等政法院校规划教材

行政许可法教程

XINGZHENG XUKEFA JIAOCHENG

（第二版）

司法部法学教材编辑部　编审

主　　编：关保英

副 主 编：黄学贤

撰 稿 人：（以姓氏笔划为序）

王亦白　关保英　陈宏光

章志远　黄学贤　韩元建

中国政法大学出版社

2011·北京

关保英 男，1961 年生，陕西澄城人。现为上海政法学院教授，博士研究生导师。上海政法学院副院长，行政法研究中心主任，上海市重点学科"行政法学"负责人。民建上海市政策委员会副主任，上海市政协理论研究会常务理事，中国行政法学会常务理事，上海市青浦区人大代表，上海市立法研究所客座研究员，上海市法学会理事，上海市行政法学会副会长，上海市法学会学术委员，广州市司法行政专家咨询员，国家行政学院行政法研究中心研究员，国内多所大学客座教授。上海市"优秀中青年法学家"，上海市法学会建会以来十八位优秀法学家之一。出版学术著作 10 部，编著或主编司法部统编教材 14 部；在各类学术刊物上发表学术论文 200 多篇（包括《法学研究》、《中国法学》等国家一级刊物），总字数已超过 400 余万字。科研成果多次获省部级奖项。近年承担国家社科基金项目、教育部项目、司法部重点项目、上海市项目等 10 多项。

黄学贤 男，1963 年生，江苏扬中人，法学博士，苏州大学法学院教授，博士生导师。现任苏州大学法学院副院长，宪法学与行政法学硕士点负责人，江苏省重点学科宪法学与行政法学学科带头人，院学术委员会委员，院学位委员会副主任。兼任中国法学会行政法学研究会理事，中国法学会宪法学研究会理事、江苏省法学会行政法学研究会副会长。主要研究方向为行政法学基本理论、行政程序法学、行政诉讼法学；在《中国法学》、《法学》等刊物发表学术论文 100 余篇；出版专著、教材 10 余部。主持教育部人文社会科学重点研究基地重大项目《中国农村城镇化进程中的依法规划问题研究》等多项省部级项目。成果获得多项奖励。当选江苏省青蓝工程中青年学术带头人、苏州大学优秀中青年学术带头人。

第二版说明

　　《行政许可法教程》一书于 2004 年出版至今，已逾六年。该书是对行政许可法知识体系的初步总结，系统阐述了行政许可法的基本理论和相关制度。该书在体系设计、内容构造上具有较强的新颖性，并对大量实务案例进行剖析，深受广大读者欢迎，得到了学术界和实务界的喜爱和高度认同，故不少高校法律院系以该书作为行政许可法学课程的指定教材。

　　该书是紧随《中华人民共和国行政许可法》的颁布而出版的，在该书出版后的这六年中，随着我国经济实力的增强，立法工作发生了巨大变化，各省市纷纷制定了《行政许可法》实施办法；法治实践中一些典型案例的出现也暴露了《行政许可法》本身存在的盲点和困惑；行政法学理论也随着社会的发展而发生着日新月异的变化，随着学者们对某些观点认识的不断深入，他们对传统的行政许可法理论提出了不少质疑，甚至在一定程度上对传统观点予以否定。这些都推动着《行政许可法教程》的与时俱进，本书的再版显得极为紧迫。

　　基于以上原因，参与本书撰写的作者们按照各自的分工，依据本书出版后新颁布、修订的法律法规以及最新的研究成果，对本书进行了全面的修订，主要体现在如下方面：

　　第一，引用了最新的法律规范作为实证材料。在修订过程中，我们对原文中引用的法律规范进行了梳理，替换掉了已经废止的法律规范，使该书的内容紧跟社会的发展。

　　第二，在用词上力求文从字顺，提高用词的准确性。在本次修订中，我们对原有的用词进行了仔细推敲，力求用词准确，减少歧义。

第三，加入了最新最权威的学术观点作为佐证材料。在本书的修订中，尽可能的采用最新最权威的学术观点来论证相关问题，既增强了说服力，又便于读者了解最新的学术动态。

第四，更新了部分案例，并对其进行了深入分析。修订过程中，我们对原有的过时的案例进行了梳理和更换，使案例紧跟时事。

由于参加撰写的作者们认识水平与学术能力所限，本书的修订难免存在一些缺漏与不足，衷心希望广大读者提出批评，使本书不断完善，也希望修订后的《行政许可法教程》能够得到读者们一如既往的厚爱。

编　者

2010 年 9 月 8 日

　　行政许可是一把双刃剑，如果运用恰当，其可以创造良好的行政管理秩序并进而调整各个方面的行政管理关系；若运用不当，则会侵害行政相对人的合法权益并造成行政管理的迟滞和行政效率的低下。换言之，行政许可对于一国的行政管理而论是不可或缺的，它是政府行政调控手段的基本组成部分，在世界各国得到了广泛的运用。如美国自1886年正式采用行政许可技术后，至今有上百种行业领域实行行政许可制度，日本有50多部法律规定了上千种许可制度。同时，行政许可必须是有限度且规范化的，行政法治发达的国家一般都将它纳入了行政法治的轨道。我国长期以来实行计划经济，与之相对应，政府行政系统也以管制与全面干预为行为取向，从而决定了行政许可在我国行政权行使中有泛化、不规则化的表现。这种泛化和不规则化在我国全面推行市场经济以后就有所警示，只是问题的严重程度并没有引起足够的重视。2001年岁末我国完成了加入WTO的历史任务，要求我国行政权的行使和政府法制必须和世贸组织以及发达国家的相关规则接轨，此刻，我国现行行政许可的不适已经非常突出地反映出来。《中华人民共和国加入世界贸易组织议定书》已就有关行政许可事项在多处作出承诺，如第7条第4项规定："进出口禁止和限制以及影响进出口的许可程序要求只能由国家主管机关或由国家主管机关授权的地方各级主管机关实行和执行。不得实施或执行不属国家主管机关或由国家主管机关授权的地方各级主管机关实行的措施。"同时世贸组织相关规则对成员国的行政许可也作了严格规定，如《进口许可程序协定》第1条第6、7项规定："申请程序和在适用情况下的展期申请程序应尽可能简单。应允许申请者有一段合理的期限提交许可证申请。如有截止日期，则该期限应至少为 21 天，并应规定如在此期限内未收到足够的申请，则该期限可以延长。申请者应只需接洽与申请有关的一个行政机关。如确实不可避免而需接洽一个以上的行政机关，则申请者应无需接洽三个以上的行政机关。""任何申请不得由于文件中出现的未造成所含基本数据改变的微小错误而被拒绝。对于在文件或程序中出现的显然不是由于欺骗意图或重大过失而造成的任何遗漏或差错，所给予的处罚不得超过提出警告所必需的限度。"这些规定对国内行政许可来说是一个巨大挑战。对于政府法制系统和行政系统而言，有效规制行政许可已成为当务之急。加入 WTO 以后，我国加强了对行政许可的重视，尤其是对规范性文件设定的行政许可事项的重视。国务院法制局在 2001 年底召开了清理地方立法和规范性文件的重要会议，目前各地已经紧锣密鼓地进行清理工作，必将通过这些清理把不规范的行政许可项目减少到最低限度。事实上，我国中央政府和一些地方政府正在下功夫解决行政许可中的不规范等具体问题，例如，2001 年 11 月 30 日浙江省人民政府发布了《浙江省人民政府关于公布省级政府部门审批事项减少和保留目录的通知》规定："省级政府部门结合政府机构改革和职能调整，对原有的行政许可事项进行了清理规范。50 个部门（含具有审批事项的非政府部门）共减少审批、审核、核准等总事项 1277 项，其中审批事项减少 869 项，减少幅度分别为 50.6% 和 58%，达到了省政府提出的减少两个三分之一的目标；保留的审批事项 628 项。省政府同意省级政府部门提出的上述减少和保留的审批事项，现予以公布，请各地有关部门认真组织实施。"（参见《浙江政报》2001 年第 4 期第 4 页。）2003 年 8 月 27 日《中华人民共和国行政许可法》正式通过，该法的出台是对前期的行政许可改革的一个总结，并且对今后的行政许可改革又具有统摄作用。显然，该法的颁布施行并不意味着我国行政许可制度的改革和完善已经结束，恰恰相反，它启动了我国行政许可更深层次的改革。正是基于这样的考虑，我们在编写本教科书时，将《行政许可法》的内容评介与我国行政许可的理想模式予以结合，将行政许可法的基本原理与行政许可案例予以结合，这便是本书的特色。

　　本书体系由关保英设计，关保英、黄学贤审阅了全部书稿。编写过程的具体分工如下：

　　关保英：第一章；

　　黄学贤：第二章；

　　陈宏光：第三章；

　　章志远：第四章；

　　王亦白、韩元建：第五章。

编　者

2004 年 3 月

第一章　行政许可法律理论

第一节　行政许可的性质与类型

一、行政许可的概念

所谓行政许可[1]，是指政府行政系统在特定当事人的请求下对法律禁止的状态或法律不予许可的状态赋予其是否在广延领域内取得权利或利益的行政行为。行政许可具有广义和狭义之分，广义的行政许可既包括行政系统内部低层行政机关对高层行政机关请求行为的审批，又包括对行政相对人请求行政主体获得某种权益的行为之审批；狭义的行政许可仅指特定行政相对人请求行政主体获得某种权益的行为。本文对行政许可的研究限于后者。行政许可中的当事人指请求权益的主体，这些主体有个人和组织两种类型，个人指单个公民请求一定权益的情况，组织则指法人、社团请求权益的状况。个人请求权益的状况在行政法中大多不是以行政许可的形式出现的，也就是说行政许可中的当事人主要是以组织、社团身份出现的特定行政相对人，而不是单单作为个人而出现的当事人；[2] 在行政许可中也有行政审批行为，但这种审批基本上是对具体权利的审批[3]，是附着于个人对某种单一事项提出请求的审批，而本文所指的行政许可中的权益是存在于广延领域内的事项，其涉及的权利内容和影响的强度都要大得多，我们经常谈到的行政许可基本上都是对重大项目等的审批，而

---

[1]　在行政法学界，关于行政许可尚无系统化的定义，这主要是因为在我国学者建构的行政行为体系中没有将行政许可作为一个与其他行政行为相平行的概念，而是作为附着于一定行政行为的环节性概念，有的将其附着于行政内部行为中，即上下级之间的请示汇报行为中，有的将其归于行政许可行为中，或者在上列两个单独的行政行为中研究行政许可。

[2]　当事人是一个范畴概念，不是指法律规则中的自然人，而是能为一定行为的权利义务主体，如《湖北省改善外商投资环境若干规定》第4条规定："实行审批公示制和时限制。有关行政机关应公开办事内容、程序和时限，一次性提供审批所需的材料目录和文件范本，一次性讲清对申报材料的修改意见和要求。"其中的当事人总是外商投资企业。

[3]　参见刘莘：《行政法热点问题》，中国方正出版社2001年版，第162页。

不是单单对某一个别权利的许可。如《上海市公路管理条例》第 7 条第 3 项规定："专用公路规划，由专用公路的主管单位编制，报市公路行政管理部门审核。专用公路规划应当与市道规划、县路规划相协调。"行政许可存在于法律禁止的状态和尚未许可的状态两种情况之下，前者指法律本来对某种权益的取得设立了禁止规则，若要取得权利必须由有权的行政主体对禁止状态予以解除；后者指法律未允许个人和组织从事某种活动，其必须首先取得行政主体的认可方有资格为特定行为。随着民主进程和行政法治化水平的提高，行政许可应当多见于前者，而不应当多见于后者。[1] 上列诸点是行政许可概念的本质属性。

二、行政许可的性质

行政许可从其法律属性看，有下列若干方面：

（一）行政许可具有政府管制性

现代政府在进行管理时可以有两种模式，即"或者将有关公民与政府之间关系的问题和公民之间的问题截然分开；或者将两种问题看成同一事物的两个分支。"[2] 在第一种情况之下，政府所要做的事情仅仅是应当由政府所作并属于行政权范畴的事情，而在第二种情况之下，政府与公民或其他组织的权益难以分开。在西方自由市场经济的条件下，尤其在资本主义自由市场经济发展的初期，政府大多实行宏观调控，即把政府行为限制在对私权进行引导和保护的范围之内，此种情况下的政府管理以指导和引导为主。在实行一体化权力和计划经济体制的国家，政府与市民社会的关系常常分的不够清楚，或者说，政府有权对属于私权范围的活动行使行政权力，我们可以把政府进行全面干预的此种管理模式叫做政府管制。进一步讲，政府管制在一定的国家形态和一个国家一定的历史阶段可能是一种必要的选择。然而，在以市场经济为主导的社会经济制度之下，政府管制则不能是一个被完全肯定的东西，这是我们对政府管制概念的一个解释。行政许可最为本质的属性就在于它是一种政府管制，即它是以公权的形式干预属于市民社会范围的东西，属于特殊形态的私权范畴的东西。因为，它突出的是政府对社会生活，尤其对经济活动具体范围等的干预，从行政许可的法律规定我们可以看出这一点，如《中华人民共和国台湾同胞投

---

[1] 行政许可应当在法律规范设定的禁止状态下确定，这是现代民主法治发展的必然，而不能够是没有准许行政相对人做的都要去审批。

[2] ［英］彼得．斯坦、约翰．香德：《西方社会的法律价值》，王献平译，中国人民公安大学出版社 1990 年版，第 43 页。

资保护法实施细则》（1999 年 12 月 5 日国务院第 274 号发布）第 9 条规定：
"台湾同胞投资者进行投资，需要审批的，依照国家有关法律、行政法规规定
的程序办理审批手续。"第 10 条规定："设立台湾同胞投资企业，应当向对外
贸易经济合作部或者国务院授权的部门和地方人民政府提出申请，接到申请的
审批机关应当自接到全部申请文件之日起 45 日内决定批准或者不批准。"这些
规定非常明确地肯定了有关行政部门对此事项的管制权。"行政许可在现有的
污染者（免费或者收一定的费用）中分配，或者可以通过拍卖或抽签的方式，
在更广泛的申请者中间分配……一旦许可证开始分配，它们就会被转让，就会
作为一种官方建立的污水排放收费自由市场的等同物而发挥作用。正像污水排放
收费制度一样，一种可出售的许可证制度就是提供一种持续的减少污染的鼓励，
因为持有许可证就会占用资金，占用的资金又通过出售没有必要的许可证而获得
解脱。"[1] 这是对许可审批方式在政府管制中发挥作用的描述。行政许可的政
府管制性是非常重要的，因为它最终决定着政府行政系统对市场运行的态度。

（二）行政许可具有行政监控性

国家权力是一个比较大的范畴，立法权、司法权、行政权都属于国家权力
的内容，都是国家公权力的一个表现。所不同的是，三种重要的公权中与公众
权利最为密切的是行政权，因此，它比别的国家权力显得更为敏感，其行使的
结果更为深刻地在公众中留下烙印。故而，人们常常十分关注对行政权的控制
和约束。但是，"不论我们可能如何坚持行政部门应该无条件服从人民的意向，
我们都不应主张它同样迎合立法机构中的情绪。立法机构有时可能站在人民群
众的对立面，有时则与人民群众可能完全保持中立。在这两种情况之下，行政
部门肯定应该处于敢于有力量、有决心按照自己意见行事的地位。"[2] 就是
说，行政权行使中的权威性是不能怀疑的，其对社会生活可以在诸多方面进行
监控，可以对诸多社会生活事务设计运行模式，其中行政许可就具有这样的属
性。例如依照《美国宪法》第 21 条修正案的规定，各州都有权监控含酒精的
饮料在该州内的销售，在允许销售含酒精饮料的各州内，其销售是通过行政许
可进行监控的。酒精类销售"执照的申请通常必须向当地的县酒类管制局或直
接向州酒类管理局提出。申请执照时通常必须按州酒类管理局所规定的数额交

---

〔1〕 ［美］罗杰·W. 芬德利、丹尼尔·A. 法伯：《环境法概要》，杨广俊等译，中国社会科学出版社
1997 年版，第 96 页。
〔2〕 ［美］汉密尔顿等：《联邦党人文集》，程逢如、在汉、舒逊译，商务印书馆 1989 年版，第 364
页。

纳一笔费用。酒类管理局往往发给供'店内'消费的酒类如下三种执照：啤酒执照；烈性酒执照，包括葡萄酒类和啤酒的销售；葡萄酒类执照（它可能包括或者不包括啤酒的销售）。在被发给执照或每年换发执照时，饭店通常必须按法律规定的方式在一家或几家报纸上登出告示。"[1] 足见行政许可在政府监控中的作用不可低估。我国法律规范在设立行政许可事项时亦常常赋予了行政机关这样的监控权限，如《中华人民共和国海洋环境保护法》第43条规定："海岸工程建设项目的单位，必须在建设项目可行性研究阶段，对海洋环境进行科学调查，根据自然条件和社会条件，合理选址，编报环境影响报告书。环境影响报告书经海洋行政主管部门提出审核意见后，报环境保护行政主管部门审查批准。环境保护行政主管部门批准环境影响报告书之前，必须征求海事、渔业行政主管部门和军队环境保护部门的意见。"此条关于海岸工程建设项目审批中行政主体的监控职能规定得非常清楚。

刘某不服某区房地产管理部门房屋产权证案

[基本案情] 申请人刘某在某市某城区内有私产房屋6间，总面积83.2平方米，其中南房3间44.5平方米，北房3间38.7平方米。1999年1月，刘某经公证处公证分别将南房东数第一间赠予孙某，东数第二、三间赠予李某，北房仍归刘某所有。同年5月，刘某向某区房管部门申请办理将其所有的南房三间分别赠予孙某、李某的产权过户手续，并交纳了办理私产房屋产权赠予过户的相关费用，共计966元。某区房管部门在对刘某的产权情况进行审核时，发现北房3间在没有规划部门批准的情况下进行了翻建，其面积由原来的38.7平方米增加至53.8平方米，某区房管部门根据《城市房屋权属登记管理办法》的规定，认为刘某的申请不符合颁发房屋产权证的规定，因此不能向其颁发房屋产权证，但未明确告知申请人不能办理的原因。2002年6月，刘某所有的私房遇城市拆迁，因产权证一直未能办理，遂要求房管部门为其做出未能办理产权证的证明，某区房管部门依刘某的要求向拆迁单位提供了承认申请人公证赠予及产权过户手续正在办理的证明。

刘某向某区房管部门提出，如果不能为其办理产权证则应退还申请人所交纳的相关费用，共计966元。

某区房管部门则认为，申请人刘某经公证处公证将私有房产赠予的行为有效，但在对其产权情况进行审核时，发现北房3间在没有规划部门批准的情况

---

[1] [美] 杰克·P. 杰弗里斯：《美国饭店法》，何江等译，旅游教育出版社1988年版，第120页。

下进行了翻建，超出原规划面积 10 余平方米，根据《城市房屋权属登记管理办法》之规定，申请人的上述行为不符合颁发房屋产权证的规定，因此不能颁发房屋产权证。根据相关规定，同意将当时收取的工本费、登记费、赠予手续费共计 334 元退还申请人，刘某不服，遂申请行政复议。

行政许可所体现的行政监控性是对行政管理权的一个肯定，因为这种监控是在法律规定权限范围内的监控，而不是无原则地通过设计行政许可之基础而为之的监控。

（三）行政许可具有秩序维护性

行政许可的来源具有两个方面：一是由一国立法机关设计的行政许可事项，如《中华人民共和国高等教育法》第 29 条规定："设立高等学校由国务院教育行政部门审批，其中设立实施专科教育的高等学校，经国务院授权，也可以由省、自治区、直辖市人民政府审批。对不符合规定条件审批设立的高等学校和其他高等教育机构，国务院教育行政部门有权予以撤销。"[1] 二是由一国行政机关设立的行政许可事项，如《营业性演出管理条例》第 7 条规定："设立演出经纪机构，应当向省、自治区、直辖市人民政府文化主管部门提出申请。文化主管部门应当自受理申请之日起 20 日内作出决定。批准的，颁发营业性演出许可证；不批准的，应当书面通知申请人并说明理由……"尽管行政许可设立来源有上述两个方面，但其实质却是一致的，即对社会秩序的维护，这是行政许可最基本的属性之一。"每一社会秩序、每一社会——因为社会不过是一个社会秩序——的功能（function），就是促成人们的一定的互惠行为；使他们不作出根据某种理由被认为有害于社会的某些行为，并使他们作出根据某种理由被认为有利于社会的其他行为。"[2] 行政许可涉及的事项都是若干主体相互作用的关系形式，如高等学校和教育机构设立的审批就关系到教育主体与受教育者之间的联系和其他社会关系，演出机构的设立就涉及到观众、演员、演出机构之间的联系。行政许可的基础在于使这些关系形成为一种理性的关系模式，而此种模式的建立就是对社会秩序的一种维护。《美国佛罗里达州旅店法》为了维护旅店的管理秩序，就赋予了相关行政机关行政许可权，"每个旅店和餐馆应该从旅店与餐馆管理处领取执照。执照不得转移地方，不得转

---

[1] 由于地方立法的存在，地方立法机关在一定范围内也取得了行政许可事项的设定权，如湖北省人大常委会制定的《湖北省预算外资金管理条例》第 20 条规定："财政部门应在审核本级各部门和单位预算外收支计划和决算的基础上，汇总编制本级年度预算外资金收支计划和决算，报本级人民政府批准。"

[2] ［奥］凯尔森：《法与国家的一般理论》，沈宗灵译，中国大百科全书出版社 1996 年版，第 15 页。

让他人。没有执照开办企业属二级违法行为，应根据775.082、775.083或者775.084条例规定受到处罚。不遵守旅馆与餐馆管理处的规定和法令建造和经营的企业，该处可以拒绝签发执照或者更换执照。该处由于下述情况可以拒绝发给或者更换企业营业执照：在前5年中企业经营者因被指控不仅在本州或在美国有涉及职业道德的罪行，包括招收妓女、搞淫乱活动、为卖淫提供场所、搞不法场所，或者搞不法毒品交易已被定罪，或者没有了契约。执照每年更换一次，旅馆与餐馆管理处应该安排一个交错换照的日程表。"[1] 这一法律条款恰当地说明了行政许可的秩序维护功能。应当说明的是，社会秩序是一种由法律设计并法律化了的秩序，而不是纯粹由行政手段设计并行政化了的秩序，在对行政许可进行研究时，必须把行政秩序和法律秩序区别开来。

（四）行政许可具有利益保护性

行政许可的内容既有物质的成分，又有精神的成分，属于经济权范畴的行政许可都具有物质内容，属于非经济权范围的行政许可都或多或少具有精神内容，正因为如此，行政许可与利益的保护有着直接关系。日本行政法学家室井力对"医事卫生许可"意义的解释对我们理解行政许可的权利保护有启迪作用。"所谓卫生许可是解除医事卫生法规规定的对自由权的一般性禁止的行政处分。具有对从事医事卫生业务者颁发各种执照（医师、护士、保健妇的执照）和为执行医事卫生业务的设施和物的许可（药品制造、贩卖、药店开放、饮食店营业等的许可）。在判断给予卫生许可要件时，传统行政法学认为行政厅未被赋予裁量权。但是，今天医事卫生行政必须看成是积极行政，而不应视为消极行政。因此，在医事卫生许可中，特别是关于后者为了执行医事卫生业务的设施和药物对其给予许可时，除认定法规的要件外，必须认为它负有积极的审查义务，审查该设施和药物是否侵害国民的健康权。这不仅因为行政厅除个别实体法规定的明文要件外，还必须经常牢记《宪法》第25条为首的人权保护规定，这也是因为生存权即健康权是优位于营业自由、财产权的国民权利。"[2] 之所以说医疗事项的行政许可不是消极行政行为而是积极行政行为，就是因为行政许可背后所涉及的是深层次的国民权益关系：一方面，行政许可的前提是法律存在的禁止状态或法律未予许可的状态，这种禁止状态和未予许可的状态在正常动机的情况下是对国家利益或社会利益的一种保护。如《广州

〔1〕 佛罗里达州法规第509章"旅馆和餐馆"（参见［美］小雷亚蒙·C. 艾利斯，美国A－H－MA安全委员会：《安全与损失预防管理》，林珍珍等译，旅游教育出版社1989年版，第253页。）
〔2〕 ［日］室井力主编：《日本现代行政法》，吴微译，中国政法大学出版社1995年版，第392页。

市野生动物保护管理若干规定》第 10 条规定："任何单位和个人未经市野生动物行政管理部门批准，不得加工制作、经营国家和省重点保护野生动物的皮张及其他产品。"这一禁止性规定是从保护社会公共利益出发的。另一方面，行政许可行为是对一定利益关系的分配，即个人、组织或其他社团通过行政许可取得某一特定领域的营业权等同时获得了此方面的利益。如《中华人民共和国律师法》第 19 条第 1 款规定："成立三年以上并具有二十名以上执业律师的合伙律师事务所，可以设立分所。设立分所，须经拟设立分所所在地、省、自治区、直辖市人民政府司法行政部门审核。申请设立分所的，依照本法第十八条规定的程序办理。"设立分支机构的律师事务所通过这一审批行为必然能取得非常大的经济利益。总之，行政许可与利益分配有着非常直接的关系。除国家利益、社会利益、行政相对人利益外，行政许可中还有行政主体的利益，尤其在行政主体设立的行政许可事项中其利益关系更加明确。[1] 我们认为，行政许可中的利益关系是以国家利益和行政相对人利益的保护为根本的，行政主体的利益只有在与国家利益、社会利益一致时才有进一步保护的必要，否则，则会使行政许可以各种形式的狭隘利益保护为根本。

三、行政许可的类型

如果说行政许可的概念和性质是对行政许可基本内涵的揭示，那么，行政许可的类型则是对行政许可外延的揭示。我国的行政许可制度在行政法体系中占有非常重要的地位，它既是我国部门行政管理法的一个重要特征，又是我国行政系统进行行政管理所不可缺少的法律手段。说它是部门行政管理法的一个重要特征主要是说，我国目前的部门行政管理法百分之九十九以上都与行政许可制度有关，都不同程度地存在行政许可的内容，由行政机关制定的部门行政管理法是如此，由立法机关制定的部门行政管理法也是如此，如 2000 年 1 月 30 日国务院发布的《建设工程质量管理条例》第 11 条规定："建设单位应当将施工图设计文件报县级以上人民政府建设行政主管部门或者其他有关部门审查。施工图设计文件审查的具体办法，由国务院建设行政主管部门会同国务院其他部门制定。施工图设计文件未经审查批准的，不得使用。"该条是一个典型的由行政部门制定的部门行政管理法规范对行政许可事项的设定。而上述内

---

[1] 如《湖北省水利建设基金征收使用管理办法》在设定了诸多审批事项后规定："从收取的政府性基金（收费、附加）中提取3%，应提取水利建设基金的政府性基金（收费、附加）项目包括：公路养路费、公路建设基金、车辆通行费、公路运输管理费、与中央分成的地方电力建设基金、公安和交通等部门的驾驶员培训费、市场管理费、个体工商业管理费、征地管理费、市政设施配套费。"

容指出的《中华人民共和国高等教育法》设定的行政许可则是一个典型的由立法机关制定的部门行政管理法对行政许可的设定。除中央立法对行政许可有权设定外，我国绝大多数行政许可事项都出现在地方立法中。[1] 总之，行政许可在部门行政法体系中具有十分重要的地位，占有较大的比重。后者是说，我国政府行政系统由于长期重视对经济和社会生活的干预，因而，行政许可便成了行政权行使中运用最多的手段，行政管理规范性文件对行政许可的设定就是例证。上述表明对行政许可的类型进行概括非常困难，因为一旦没有恰当标准就有可能疏漏我国行政许可的类型。应松年教授在概括《美国联邦行政程序法》中行政许可的特点时指出："在 20 世纪 60 年代以前，公民的利益被分为权利和特权两种，权利受正当法律程序的保护，特权则除非创造此项特权的法律特别规定受正当法律程序保护才受正当法律程序保护，否则，政府可以不经正当法律程序而随意取消。执照和特许等许可证一直被认为属于特权领域不受正当法律程序的保护，政府可以任意撤销，不受正当法律程序的限制。法院则将个人领有的职业执照分为二类，对于受社会尊重而又需要专门学问的职业如律师、医师、建筑师等执照认为是个人权利，受正当法律程序的保护；而其他许多职业执照如出售烈性酒、啤酒、经营弹子房和舞厅等执照属于个人的特权，不受正当法律程序的保护。20 世纪 60 年代以来，随着政府角色由消极管理者向社会福利提供者转化，特权理论越来越受到批评，许可证和社会福利津贴等被称为'新财产'（New Property），属于权利，应受正当法律程序的保护。"[2]表明在美国有关行政许可的分类是法律上的分类，即法律规则确定了行政许可事项的类型，且法律规则对行政许可类型的划分随着社会的发展也不断发展，使法律上的行政许可类型有强烈的时代色彩。这些分类方式对我国行政许可的分类都有借鉴意义。笔者试从下列方面予以概括：

（一）法律性行政许可与行政性行政许可

依行政许可的决定权和表现形式可以将行政许可分为法律性行政许可与行政性行政许可。行政许可是对国家行政管理事务的必要限制，作为一种限制就必须有相应的限制主体，即谁可以作出这样的限制。行政事务是国家事务的范畴，作为国家事务的决定者首先是国家意志的表达者，就是我国的立法机关。

---

〔1〕 地方立法的绝对数量大于中央立法，而每个地方立法中都几乎有不同程度的行政许可事项，因此，我们说我国行政许可的事项大多存在于地方立法中。一些不能制定地方立法的行政机关也有广泛的设定，如上海浦东现有行政许可事项 724 项。参见《行政与法制》2001 年第 12 期。

〔2〕 应松年主编：《行政程序立法研究》，中国法制出版社 2001 年版，第 404 页。

在绝大多数情况下行政许可都应当由立法机关决定，我们将立法机关决定的行政许可叫做法律性行政许可。如《中华人民共和国国民经济和社会发展第十个五年计划纲要》就设定了许多行政许可和行政禁止事项[1]，"加强草原保护，禁止乱采滥垦，严格实行草场禁牧期、禁牧区和轮牧制度，防止超载过牧。加大海洋资源调查、开发、保护和管理力度，加强海洋利用技术的研究开发，发展海洋产业。"[2] 该规定就隐含了诸多行政许可的内容，而这个决定是由全国人民代表大会作出的。法律性行政许可还可以从其渊源上表现出来，换句话说，法律性行政许可的法律规范形式是全国人民代表大会制定的基本法和全国人民代表大会常务委员会制定的一般法。如《中华人民共和国教师法》第13规定："中小学教师资格由县级以土地方人民政府教育行政部门认定。"这便是一个由法律决定的对教师资格进行行政许可的规定。与法律性行政许可相对应，行政性行政许可的决定权是政府行政系统，如国务院关于对实行行政处罚权相对集中试点城市资格的审批决定。行政性行政许可在渊源上看是以行政法规或其他规范性文件的形式决定的。如国务院发布的《农药管理条例》第14条规定："……生产尚未制定国家标准或者行业标准但已有企业标准的农药的，应当经省、自治区、直辖市工业产品许可管理部门审核同意后，报国务院工业产品许可管理部门批准，发给农药生产批准文件。"法律性行政许可与行政性行政许可的分类有较大的理论意义，它可以使我们对行政许可制度进行规范时进行有效取舍，如行政性行政许可在目前的行政法规范体系中占的比重过大，今后应强化法律规范对行政许可的决定权等。

（二）禁止性行政许可与许可性行政许可

依行政许可的法理基础可以将行政许可分为禁止性行政许可与许可性行政许可。在法学基础理论中，若法律规则牵涉到当事人的权利，便有法律禁止的任何人都不能做的和法律尚未许可的任何人都不能做的两种选择模式。前者指法律对某种状态作出了禁止性规定，此时有关的当事人就失去了与禁止状态有关的权利，如《中华人民共和国渔业法实施细则》第20条规定："禁止使用电力、鱼鹰捕鱼和敲船作业。在特定水域确有必要使用电力或者鱼鹰捕鱼时，必须经省、自治区、直辖市人民政府渔业行政主管部门批准。"此条中的禁止规定就使一些行政相对人丧失了使用电力等手段捕鱼的权利。若行政相对人要获得禁止状态下的权利必须经过法律程序对此种禁止状态进行解除。当然，在行

---

〔1〕　行政禁止事项尽管不是明确的行政许可，但其常常导致行政许可事项的发生。
〔2〕《中华人民共和国国民经济和社会发展第十个五年计划纲要》，人民出版社 2001 年版，第66页。

政法上行政禁止可以分为可欲性行政禁止与不可欲性行政禁止[1]，只有在可欲性行政禁止的情况下，当事人才可以通过行政许可取得相应权利。我们把行政相对人通过解除禁止状态的行政许可而能够取得相应权利的情况叫做禁止性行政许可。许可性行政许可是指法律虽然没有规定禁止状态，但也没有规定许可状态，相对人若要取得未经许可状态下的权利就必须通过行政许可这一法定程序。如法律规则没有禁止设立文艺团体，但某个当事人若要设立文艺团体便必须经过行政许可这样的程序才能取得设立文艺团体的资格，如《营业性演出管理条例》第 7 条第 1 款规定："设立文艺表演团体，应当向县级人民政府文化主管部门提出申请。"此一分类对于我们选择我国行政许可制度的模式有巨大好处，依现代法理精神或法治理论的要求，法律未予禁止的状态，公众都可以做，只有在法律禁止的状态下公民才不可以做，依该理念我国行政许可不应以许可性行政许可为主，而应以禁止性行政许可为主，就是说，法律或法规应重点解决行政禁止的问题，并根据行政禁止的状态确定行政许可的内容。

（三）管理权的行政许可与请求权的行政许可

依行政许可的运作动力可以将行政许可分为管理权的行政许可与请求权的行政许可。我们常常认为行政法是在行政主体的管理行为与行政相对人的个人行为之间进行运作的。此二方面的有机结合构成了行政法关系的运作过程，这一原理无疑是正确的。然而，在行政法治实践中问题常常不是这么简单，我们也不能将问题这样简单化地进行处理。其实，行政法关系的形成要么是由行政主体决定而发动的，要么是由行政相对人决定而发动的，两种不同的起因都可引起行政法关系的产生、变更和消灭。传统行政法理论中仅认为行政主体有权决定行政法关系产生、变更和消灭的说法有一定的片面性[2]。对一个行政许可事项而言，情况也是如此。

李某不服某区房地产管理部门建房纠纷行政处理决定案

[基本案情] 李某与魏某系邻居。由于李某认为魏某所建房屋影响自家房屋的通风、采光，所以两家的关系一直不和。1995 年，魏某之子经区房管部门的前身原区土地局批准许可"拆除全部旧房"，并"核定原宅翻建楼房"。建房中两家再次发生纠纷。在此期间，两家曾三次达成关于建房的协议书，其中，第三份协议由村委会和乡法律服务所予以见证。后因协议未能履行致使两

---

[1] 参见关保英："论行政法上的行政禁止"，载《法学评论》2001 年第 5 期。
[2] 参见张淑芳："行政法关系单方面性的理论审视"，载《法律科学》1999 年第 5 期。

家矛盾加剧。1999年5月，乡政府为解决两家的纠纷，作出了《关于魏某户应拆未拆房屋的处理意见》（以下称《意见》）。该《意见》明确了两条意见，即魏某应拆除原宅基地上旧房屋退还耕地，乡政府将"安排好在规划区内宅基地选址事宜"。但是李某与魏某的纠纷依然未得到解决。2000年4月，某区房管部门经调查核实，针对两家建房纠纷作出了《关于魏某户原旧住房二间应拆未拆的处理决定》（以下简称《处理决定》）。该《处理决定》称：①乡政府超越了处理权限，应自行撤销《意见》；②因魏某户家庭结构已发生变化，由一户演变为三户，合计宅基地面积（含应拆未拆二间旧房）符合国家和市有关农村个人建房的规定，故"魏某户现作居住的二间应拆未拆旧房暂作保留"；③魏某现住宅与李某、陈某房屋在间距、通道、通风、采光等方面均符合该市《农村个人住房建设管理办法》的规定，有关建房、土地审批等手续合法。乡政府将区房管部门的《处理决定》转告李某，李某不服，遂向某区人民政府提出行政复议申请。区人民政府经审查依法受理了李某的复议申请。

李某称，其与同组村民魏某因建房发生纠纷已多年，先后经村、乡两级组织处理，签订过三份协议，均因魏某户违约而未能履行，导致矛盾深化。乡政府1999年5月作出的《意见》是支持协议履行的表现。被申请人区房管部门没有深入了解两家矛盾的客观事实及整个过程，作出的"决定"有失公正，其不能接受，故要求撤销区房管部门《处理决定》。

某区房管部门在答复期间，未提出书面答复，但提交了当初作出《处理决定》的证据、依据和其他相关材料，并撤销了该《处理决定》。申请人在知悉被申请人撤销了原具体行政行为的决定后，未提出撤回复议申请。

在有些情况下，行政许可是由行政主体发动而产生的，如《中华人民共和国城市房地产管理法》第10条规定："县级以上地方人民政府出让土地使用权于房地产开发的，须根据省级以上人民政府下达的控制指标拟订年度出让土地使用权总面积方案，按照国务院规定，报国务院或者省级人民政府批准。"此条规定的行政法关系中尽管有房地产开发者这一行政相对人，但此条规定的行政许可事项却是由行政主体发动的。还如《上海市化学危险物品生产安全监督管理办法》第11条规定："新建或者就地改建、扩建小型化学危险物品生产企业的，按照《危险化学品安全管理条例》进行审批。"此条规定的行政许可事项只有在行政相对人依请求权的发动下才可以成立。在目前我国行政法制度中，这两种行政许可都是存在的，从数量上看，依请求权而发动的行政许可要多一些，这主要是行政法规范在我国以对行政相对人的私权管制为主。

（四）经济性事项的行政许可与社会性事项的行政许可

依行政许可的实体内容可以将行政许可分为经济性事项的行政许可与社会性事项的行政许可。凡行政许可涉及经济内容我们就将其称之为经济事项的行政许可，凡行政许可涉及经济事项之外其他内容的就是社会性事项的行政许可。行政许可与行政管理权的范畴密不可分，由于现代社会中行政管理权的范围越来越广，故而，行政许可的范围也越来越广。但是，随着社会的不断发展，行政许可所涉及的内容也在不断的发生变化。以我国为例，建国初期，国家的主要任务是建立各种各样的社会管理秩序，理顺各个方面的社会关系，那么，此时的行政许可以非常广泛的社会事务为主，如文化性事务、卫生性事务、社会保障性事务等。后来随着将工作重点转移到经济建设方面，那么，行政许可也以经济事务为主，尤其在计划经济体制之下，经济事项的行政许可占有非常大的比重。如1988年制定的《中华人民共和国私营企业暂行条例》第13条规定："申请开办私营企业应当具备下列条件：①与生产经营和服务规模相适应的资金和从业人员；②固定的经营场所和必要的设施；③符合国家法律法规和政策规定的经营范围。"第16条规定："私营企业分立、合并、转让、迁移以及改变经营范围等，应当向工商行政管理机关办理变更登记或者重新登记。"我们认为，自我国全面推行市场经济以后，经济事项的行政许可和社会性事项的行政许可及其比例关系应重新进行审视。市场经济是一种自主型、多元型、竞争型的经济制度，该制度形态要求：市场经济下，经济事项的行政许可应当越来越少，尤其加入世界贸易组织后政府更应当注重对经济的宏观调控，而不应以传统的行政许可手段管理经济。目前一些地方对行政许可事项进行清理，其重点亦应该在对经济性行政许可事项的总量控制上。而社会性事项的行政许可应当进一步强化，可持续发展战略，经济与社会的协调发展，社会的信息化等等都促使我们必须强化社会性行政许可事项。

第二节　行政许可行政法制约的界定

所谓行政许可的行政法制约是指将行政许可纳入行政法治的轨道，使行政许可成为行政法制度中的基本问题的一种法律行为。正如朱镕基在《政府工作报告》中指出的，"进一步改革和减少行政许可，必须审批的也要规范操作，简化程序，公开透明，明确责任。"[1] 目前我国的行政许可制度和有关的行政

---

〔1〕《政府工作报告》，人民出版社2002年版，第32页。

许可项目需要进行调整和改革。对它进行调整和改革可以有两种可供选择的手段[1]：一个是运用政策和行政命令的手段，即通过执政党的政策和国家的大政方针以及行政系统的纯行政手段进行调整，如强行缩减行政许可的项目，改变目前行政许可的程序等；另一个是运用法律手段，即通过行政立法和相关的行政法治手段对目前的行政许可制度进行调整和改革。我们认为，对行政许可进行行政法上的制约和控制首先要求对行政许可进行改革必须选择法律手段，而不是选择政策和行政命令的手段。如果通过政策和行政命令的手段对行政许可进行调整和改革就不能认为行政许可受到了行政法的制约。另外，行政许可作为一个机制可以存在于法律领域，成为一个规范化的行政法制度问题。显然，行政许可的行政法制约就是要将行政许可限定在行政法治的轨道内，使行政许可的机制成为一种法律机制而不是一种行政机制。上列两方面是我们领会行政许可行政法制约的基本点，若细而论之的话，行政许可的行政法制约应当有如下含义：

一、行政许可的行政法制约是对行政许可提供法律渊源的状态

行政许可在行政管理实践中的运作与行政权有机地联系在一起，它与行政权的关系表现在两个方面：

（1）行政许可是行政权运行的依据，即宪法或者法律规则设定了行政许可的事项，行政主体在行政权行使中依宪法和法律设定的审批事项履行某一方面的行政管理职能，例如，《澳大利亚宪法》（1991年4月30日修订）第91条规定："本宪法不禁止各州扶植或奖励金矿、银矿或其他矿业，也不禁止各州在得到联邦议会两院同意后，扶植或奖励货物的生产和出口。"[2] 这是一个从确权的角度对行政许可规则的限制，这一限制同时成为州行政机关活动的依据，在上述领域行政主体基本上丧失了行政许可的权限，这是对行政许可的反向制约。但是，有些宪法规则不同程度地赋予了行政主体在某些领域的行政许可权限。《意大利宪法》（1974年颁布）第44条规定："为了合理利用土地和建立公平的社会关系，法律对土地私有权加以必要的约束，规定各区农业地带的土地私有权制度，鼓励并迫使改良土壤，改革大庄园，重组生产单位，扶助中小土地所有者。"本条为土地管理方面的行政许可提供了依据，为行政权在

---

〔1〕 学界对政府审批制度的改革存在不同的看法，有人认为应对现有的审批逐个进行审查和废止；有人认为应首先废止所有的行政许可，然后由政府机关逐个论证需要设立的审批；还有学者认为只有人民代表大会可以设立审批，行政法规和规章不得设立审批。参见刘翠霄："行政法学研究述评"，载《法学研究》2002年第1期。

〔2〕 萧榕主编：《世界著名法典选编（宪法卷）》，中国民主法制出版社1997年版，第54页。

此方面的运作提供了规范。当然，行政许可的法律渊源主要体现在宪法的下位法律规则中。《中华人民共和国民用航空法》第 178 条规定："外国民用航空器，应当依照中华人民共和国国务院民用航空主管部门批准的班期时刻或者飞行计划飞行；变更班期时刻或者飞行计划，其经营人应当获得中华人民共和国国务院民用航空主管部门的批准；因故变更或者取消飞行的，其经营人应当及时报告中华人民共和国国务院民用航空主管部门。"此条就是国务院航空主管部门在外国人营运、变更营运、取消营运等方面审批权的一个依据。作为一种依据，它为行政机关提供了履行审批职能的规则，进而提供了行政权行使的规则。

（2）行政许可是行政权运行的结果。在这种情况下，行政许可的事项是由行政系统发动并决定的，正是由于行政权对行政许可的发动与决定导致了该行政许可状态的存在，如广州市人民政府颁布的《关于简化中外合资、合作经营企业中方人员多次出国审批手续的补充通知》规定："凡是出口创汇在一百万美元以上的，需要经常派中方人员出国（或赴港澳）的合营企业，可提出申请并凭开户外汇银行出具的证明，经区、县、局（总公司）、经济技术开发区加具意见，送市外经贸委审批后，报市人民政府核准，上报省人民政府批准。"整个行政事项的审批过程都是行政权运行的结果。

上述第一种情况下，行政许可的渊源是法律，而在第二种情况下，行政许可的渊源则不能被视为是法律，因为它是行政权发生作用的结果。我国目前的行政许可制度中，后者占的比重要远远大于前者[1]在后者的情况下，行政许可或者无法律渊源，或者法律渊源不甚明确。那么，行政许可的行政法制约就是要为行政许可事项提供法律渊源，使成为行政许可的事项或者有直接的法律依据，或者有间接的法律依据。由于《中华人民共和国立法法》没有将行政管理规范性文件定性为行政法的渊源，故而，在今后的行政许可事项的确定中，不应当允许行政管理规范性文件确定审批事项。享有制定行政法规范权力的行政机关可以确定行政许可事项，但必须从上位法律规则中找到依据[2]。

---

〔1〕 我国行政立法与立法机关制定的行政法文件的比例基本上是 4:1 的比例，这还不算行政管理规范性文件的数量，而行政立法和规范性文件中一般都有行政许可事项的设定，因此，由行政系统确定的行政许可的事项要远远大于立法机关确定的行政许可事项。

〔2〕 我们认为规章和行政法规在设立行政许可事项时必须从上位法律规范中找到依据，因为行政立法本身就是一种委托立法或授权立法，其必须在授权或委托的范围内确定禁止和许可的事项，否则则会构成越权。

二、行政许可的行政法制约是对行政许可进行法律定性的状态

行政许可的法律属性到目前为止还没有一个肯定的说法。

首先，从行政许可的理论探讨看，有人认为行政许可是一种法律行为，即是能够对行政主体和行政相对人两方面发生法律效果的行为，其必须依据法律规范而为之。其在运作过程中虽以行政机关为主体，但行政机关只是行政许可的物质承担者，而在行政许可过程中是不能够绝对主动的，其不能在行政许可过程中处分自己权力的行为就可以证明这一点。另有一些人则认为行政许可是一种行政行为，即由行政主体单方面决定的行为。认为行政机关在整个行政许可过程中有至高无上的地位，其既可以减少行政许可的事项又可以简化行政许可的手续的事实就可充分证明行政主体在行政许可中的主导地位，这种主导地位印证了行政许可是一种行政行为而不是法律行为。还有人认为行政许可仅仅是行政法中的事实行为，即是某一行政行为中的一个环节，而不具有独立的价值，如有人将行政许可行为归入行政许可的范畴之内，认为行政许可可以与行政处罚、行政奖励等行为相并列，而行政许可行为则不能与这些具有独立价值的行政行为相并列，[1] 其是为了完成行政许可行为而采用的一个具体手段。

其次，从行政法规范以及相关规则对行政许可的确定来看，行政许可在行政法渊源层次的每一级别上都存在，如全国人民代表大会及其常务委员会制定的法律中有行政许可的规定，国务院制定的行政法规亦设定了非常多的行政许可事项，地方性法规中行政许可亦不在少数，而最为多见的行政许可存在于行政规章之中，几乎每一个对行政相对人发生作用的行政规章都有行政许可的内容，如《湖北省动物检疫申报管理办法》第 4 条规定："……县动物防疫监督机构本着有利生产、促进流通、方便群众、便于检疫的原则，在辖区内设立动物检疫报检点，负责检疫申报的受理工作。报检点的数量、地点，由县动物防疫监督机构提出方案，报市动物防疫监督机构审核，再报省动物防疫监督机构批准。"而行政管理规范性文件或者一些政策性文件也常常有行政许可事项的规定。就是说，目前我国的行政许可既缺乏理论上的正确解释，又没有法律上的准确定性，处于极度混乱的状态中。行政许可的行政法制约就是要对行政许可在法律上作一个具体的定性，并在行政法治中有一个合理的定位。各国法律规范虽然还没有一个行政许可定性的专门规定，然而，从各国各地区对行政许可的行政法约束来看似乎将其既视为是一种行政职权，又视为一种行政行为。作为行政职权而论，其在相关的实体法中规定了行政主体可以进行行政许可的

---

〔1〕　参见刘莘：《行政法热点问题》，中国方正出版社 2001 年版，第 150 页。

条件和具体事项，如《澳门出版法》第 15 条规定："一、在新闻司设立出版登记，其内应载明：a）定期刊物之登记，包括负责人认制资料、刊物名称和刊期；b）拥有报刊、编印或新闻通讯等企业所有权的实体之登记，其中应指出有关商业名称或公司名称、常设场所、公司机关的组成和公司资本的分配；c）法人住所在本地区以外的社会传播机关的通讯员和其他形式的代表之登记，其中应指明其本人和任职的资讯机关所有认别资料。二、未进行上款所指的登记，上款 b 和 c 项所指实体不得开展活动。三、如经登记的资料嗣后有变更，应在发生之日起十五天内通知新闻司。"[1] 该规定确立了新闻司在出版事项行政许可中的职权，同时为这一职权的行使规定了各种条件和范围。作为行政行为而论，其在有关的行政程序中规定了行政主体履行审批行为的程序要件。《日本行政程序法》第 21 条规定："行政机关基于法令将为许可、认可、认许、特许等，应预先规定'许可等'申请之手续。许可准则及其他为施行法令之必要事项，并公告之，行政机关变更'许可准则等'时亦同。但'许可准则等'之规定有显著之困难时，或认为'许可准则等'之公告对公共安全或其他公共福利有显著之危害时，不在此限。"[2] 大多数国家的行政程序法设专章或专节对行政许可程序作了规定，这些规定是将行政许可定性为具体行政行为的。

三、行政许可的行政法制约是对行政许可设计法律程序的状态

无论由法律规范决定的行政许可，还是由行政权决定的行政许可，一旦被确定为行政许可的事项就必然与行政主体、行政相对人、行政利害关系人的权益有关。说它与行政主体的权益有关是说行政许可关系到行政机关的职权行使，说它与行政相对人、利害关系人的权益有关是说行政许可必然会影响到其物质利益或精神利益。例如《中华人民共和国烟草专卖法》第 29 条规定，经营烟草制品的购销业务的企业，必须经国务院烟草专卖行政主管部门或者省级烟草专卖行政主管部门批准，取得特种烟草专卖经营企业许可证。该法确定的这一审批事项对于从事经营烟草专卖进出口贸易的企业的权益有决定性的影响，这些企业不经过此条规定的行政许可环节就不能从事进出口烟草专卖经营，这是行政许可对行政相对人权益影响的典型例子，同时这一条规定的审批事项还对烟民的权益有影响。正是由于行政许可具有实质性的内容，牵涉到实体方面的权利义务，其就必须受到有关程序规则的制约。

---

〔1〕 肖蔚云主编：《澳门现行法律汇编》（第一辑），北京大学出版社 1994 年版，第 685 页。
〔2〕 应松年主编：《外国行政程序法汇编》，中国法制出版社 1999 年版，第 336 页。

张某不服某市规划部门建设工程规划许可证案

[基本案情] 申请人：张某，某市某小区居民，被申请人：某规划部门，第三人：某房地产开发有限公司。

第三人在该小区内建设的体育场馆所用土地，原是为小区配建的几个布局零散的体育用地项目。1998 年该小区建成后，此用地被物业公司绿化，供小区居民休闲、娱乐。1998 年 4 月，经开发公司对小区核算后认为原有配套规模过剩、内容过时，要求改建设施先进的体育场馆，经该市城市规划部门审查，同意将几个配套建设项目的用地合并，在此建设一座设施先进的体育场馆。1999 年经市政府批准的"关于某市市区中心地区控制性详细规划的批复"确定该地为体育用地。2000 年市有关部门向第三人下达了计划任务。2001 年初，某市规划部门向第三人核发了建设工程规划许可证。

申请人认为，被申请人核发给第三人的建设工程规划许可证批准的体育场馆建设项目所占用土地原为其居住小区的公共绿地，小区居民在此休憩、娱乐。被申请人批准第三人建设该体育场馆改变了该土地用途，同时也改变了申请人的居住环境，损害了申请人的合法权益，故要求复议机关撤销该建设工程规划许可证。

对此，被申请人则认为，第三人在该小区建设的体育场馆所用土地在市政府批准的"关于某市市区中心地区控制性详细规划的批复"中确定为体育用地，故不存在侵占公共绿地的问题。被申请人请求复议机关维持该建设工程规划许可证。

"法治的实现离不开程序。没有程序，法治的理念和要求无法转化为法治规范；没有程序，法治的规范和限制无法转化为法治现实。法律程序所具有的在时间和空间上的有序性以及实际上的可操作性，使法律由静态向动态转化，法治的实现因而成为可能。"[1] 目前我国的行政许可制度在绝大多数情况下是政府行政系统采用的手段，尚未成为一个规范化的法律用语，也正是由于这一点行政许可的实体规则似乎多于程序规则，即法律和其他行政法规范在规定行政许可事项时，重在设定行政许可的实质内容，而对行政许可的具体环节规定不多，一些行政许可事项基本上无规则可循。西方国家行政法对行政许可的制约首先是行政程序法对审批程序规则的规定，如行政主体对于行政许可事项在尚予许可的情况下有说明理由的义务，《葡萄牙行政程序法》（1996 年 1 月 31 日修改）第 124 条对此作了明文规定，行政机关"以任何方式全部或部分否

---

[1]　应松年主编：《行政程序法立法研究》，中国法制出版社 2000 年版，第 15 页。

认、消灭、限制或损害权利或受法律保护的利益，课予、加重义务、负担"的行政行为都应说明理由。[1] 其次在行政实体法中也规定了较为详密的程序规则。如《韩国海关法》（1995 年 12 月 26 日修订）第 78 条规定："①特许保税区的设立和经营必须取得海关关长许可证。②准备或者已经取得特许保税区设立和经营许可证的人应当按照总理令的规定缴纳规费。③取得第 1 款所述许可证的条件，由关税厅厅长按照保税区的不同种类，根据总理令作出规定。"[2] 那么，行政许可的行政法制约就是要将以实体规则出现的行政许可纳入程序规则的轨道，且被纳入程序规则的行政许可是法律化了的程序规则，而不是法律规则以外的程序规则。

四、行政许可的行政法制约是对行政许可总量进行减少的状态

行政许可若在政治学的范畴考察则是一种政府管制行为，即政府对某些方面的社会事态进行限制性管理的状态，对此作者在本文第一部分已经作了论证。我们认为行政许可存在的基础有两个方面：①政府确立了某种禁止状态，若要解除这种禁止状态，行政相对人就必须有请求性的行为，而行政系统对相对人请求的审查并进而解除这种状态的全过程就是行政许可。如国家有关法律规范作出了禁止进行野生动物交易的规定，在一般情况下野生动物不能成为交易的对象。如果某一行政相对人要取得野生动物的商业经营权就必须通过行政许可而取得资格，相对人请求解除这一禁止状态的行为和行政机关的审查行为就是该范畴的行政许可。②国家法律尚未允许某种事项一般社会成员可以经营或取得相应权利，若要取得必须经行政机关的许可。当然，第二种类型的行政许可是法制尚未民主化的一种体现。[3] 此两个方面均说明，在行政许可事项中，有着明显的政府管制色彩，对行政相对人或者一般公众来讲，行政许可是一种对其权利行使进行限制的状态。由此我们可以得出结论，行政许可的事项越多政府管理的范围也就越多，行政许可的事项越多政府对经济和社会生活干预的程度也就越深，行政许可的事项越多公众的权利范围就越窄。所以，西方国家都由管制型政府向非管制型政府过渡，"非管制型政府相对于政府作用和政府雇员的激励机制而言是最积极的一种形式。该模式有两条基本主张：第一

---

〔1〕 参见应松年主编：《外国行政程序法汇编》，中国法制出版社 2001 年版，第 505 页。

〔2〕 《亚洲部分国家海关法》，何晓兵等译，中国社会科学出版社 2000 年版，第 155～156 页。

〔3〕 "在适当的社会制度下，个体在法律上具有做他所意愿的任何行动（只要他不去伤害其他人的权利），而政府官员是受其职能的法律所限制的。"也就是说，政府机关只能做法律允许做的，而个体只要法律不禁止什么都可以做。参见：〔美〕爱因·兰德：《新个体主义伦理学》，秦裕译，上海三联书店 1993 年版，第 111 页。

条认为，政府是社会中的一种进步力量；第二条认为，政府不去干预，政府雇员将会做好自己的工作，用一种虽然不完美但很合理的方式为公众提供服务。非福利型政府认为，一系列规章制度和管理条例给政府管理造成的束缚是妨碍政府效率的主要因素，而不是提高政府管理水平的一种手段。"[1] 萨比诺·卡塞斯在阐述近来意大利的行政改革时讲到："为了加强行政改革，有关行政程序的法律重新得以修订……尤其是 70 个条例的通过意义重大，它针对某些行政事务简化了约 100 项程序，涉及到公共支出、办公用具与服务的购买、土地征用、国家定点的工程、发放驾驶执照等方面。这种全面的行政程序简化在迟到了 14 年之后，最终得以实现。"[2] 意大利所进行的行政改革的实质在于对行政许可的缩减。而目前我国行政许可的数量是巨大的，如上海浦东新区，仅仅是一个区县级单位，其行政许可的总量已经达到 724 项,[3] 而省、市级、国务院还有法律所确定的行政许可事项还没有包括在其中。行政许可总量在我国的膨胀使人们一谈起对行政许可制度的改革就想起对行政许可事项进行减少这一改革方式，这虽然有些极端，却从深层反映了行政许可的实质。我们认为，行政许可的行政法约束从实际效果看就是要大幅度减少行政许可的总量。例如，上海市在对行政许可制度进行改革时就是从减少行政许可项目入手的，市政府决定从 2002 年 3 月 1 日起对来自于市计委、市经委、市商委等部门的第二批 85 个项目取消审批或不再审批。[4]

第三节　行政许可法出台的背景分析

《行政许可法》的出台与行政许可的法律制约不足有关，行政法对行政许可的制约可以从宏观、中观、微观三个范畴进行分析。从宏观上讲，一国行政法治的状态对行政许可的制约有一定影响。我国行政法治的水平相对而言不算太高，我们知道，20 世纪 90 年代中期以前我国行政法所追求的是行政法制，

---

[1] 国家行政学院国际合作交流部编译：《西方国家行政改革述评》，国家行政学院出版社 1998 年版，第 4 页。

[2] 国家行政学院国际合作交流部编译：《西方国家行政改革述评》，国家行政学院出版社 1998 年版，第 166 页。

[3] 行政许可的范围、事项越多，政府对社会生活的干预也就越强烈，公众权利的享受所受到的牵制也就越多，反之，行政许可的事项越少，政府管制也就越少，公众相对自由的范畴就越多，从这个意义上讲，行政法对行政许可的制约主要是减少行政许可的总量。

[4] "本市第二批取消、不再审批的行政许可事项目录"，载《上海市人民政府公报》2002 年第 6 期。

即相应的行政法制度就是用国家制定的行政法规范管理社会事务、文化事务等方面的部门管理规则，我国的行政法在此之前一直被认为是管理法就是例证。行政法治的概念是 20 世纪 90 年代中期以后才提出来的，伴随着将"实行依法治国，建设社会主义法治国家"写进宪法条文，依法治行政、依法规范行政权力的概念才被提了出来。显然，在行政法治状态之下行政许可必然是政府行政权行使的重要手段，且这一手段被诸多部门行政管理法规范所认可，对行政许可进行约束是行政法治概念的一个组成部分，而在我国行政法治还不发达的情况下行政法对行政许可制约也就当然不得力了。[1] 从中观上分析，行政法体系中各种规范的构成比例对行政许可制约会有一定影响。在我国的行政法体系中，诸种法律规范之间的比例还不十分协调，以我国近年来制定的行政法典为例，大多限制在对制裁性行政行为的规制中，限制在对行政救济的规制中。可见，从中观方面的分析也表明我国行政法对行政许可制约的不足。再从微观方面看，我国制定的有关行政程序规则还没有具体到对行政许可作出具体规定的程度，而具体的审批规则一时还不能到位。总之，在《中华人民共和国行政许可法》出台之前，行政法对行政许可的制约还存在巨大的疏漏，对此我们可以作出更进一步的分析。

一、从行政禁止的广泛性看行政许可行政法制约的不足

法律在对社会关系进行调整时常常通过禁止和许可两种手段而实现。前者指法律设定禁止事项，不允许相关的主体在此方面获得权利、法律规范通过确定社会关系的形式达到禁止状态；后者指法律允许或鼓励法律关系主体为一定的行为，这些主体通过所为的行为获得利益。这两种手段是现代社会中进行法律调整所必须的。由于行政权在现代社会中的日益膨胀化，禁止便以两种形式出现，即法律上的禁止和行政上的禁止。

葛某等不服某县建设行政管理部门核发给第三人《建设工程规划许可证》、《建设用地规划许可证》案

［基本案情］申请人：葛某；被申请人：某县建设行政管理部门；第三人：某县供销社。

2001 年 4 月，被申请人根据某县旧城改造"百浪小区规划"和国土部门核

---

[1] 我国行政法规范中以公众和与公众事务有关的事项为规制对象的行政法规范占绝对多数，以行政主体为规制对象的行政法规范少之又少，而一些行政法规范中既有控制行政权的内容，又有规范行政相对人的内容，但对行政主体的规范是十分稀少的，如《中华人民共和国人民币管理条例》中关于行政相对人的法律责任有十余处，而关于行政主体的法律责任只有一处。

发的《建设用地批准书》，向某县供销社、某物业公司核发了"百浪小区一号楼的《建设工程选址意见书》、《建设用地规划许可证》和《建设工程规划许可证》。2001 年 10 月，某县供销社、某物业公司依法进行了建设。2002 年 8 月 5 日，在该房屋修至 6 层时，申请人胡某认为某县供销社、某物业公司建设的房屋侵害了他的采光、通风权，向某县人民法院提起民事诉讼。人民法院依法审理，判决某物业公司在申请人房屋南侧的采光井四周涂上外墙乳胶漆，驳回其他诉讼请求。

2002 年 10 月 10 日，申请人申请行政复议，要求：①撤消被申请人颁发的《建设工程规划许可证》和《建设用地规划许可证》。②责令被申请人赔偿经济损失。被申请人答辩认为：①第三人建设的房屋与申请人的房屋本身是连建房屋，其客厅的主要采光面在东面开有窗户采光；原采光井是 3 米，现为 3.4 米。因此，第三人建设的房屋未对申请人的采光通风权构成影响。②申请人居住的房屋在规划的"百浪小区"旧城改造范围内，属拆迁房屋。被申请人是按审批的规划依法核发给第三人的《建设工程规划许可证》（2002 - 23）和《建设用地规划许可证》（2001 - 23），是合法的，正确的，请求予以维持。

法律上的禁止是指以法律手段设定的禁止，如《中华人民共和国海上交通安全法》第 19 条规定："船舶、设施有下列情况之一的，主管机关有权禁止其离港，或令其停航、改航、停止作业：①违反中华人民共和国有关的法律、行政法规或规章；②处于不适航或不适拖状态；③发生交通事故，手续未清……"由于一国的国家意志是通过法律表达出来的，[1] 因此，法律在任何情况下确定的禁止状态都是适宜的，因为其本身就享有这样的权利。行政上的禁止是指以行政手段或者由行政权确定的禁止状态。享有行政立法权的机关设定的禁止状态和不享有行政立法权的行政机关设定的禁止状态都属于此类。如《上海市沿海边防治安管理办法》第 9 条规定："有下列情形之一的人员，不予办理出海船民证、临时出海船民证和临时出海登记证明……"行政权是执行或实施国家意志的权力，故而，在一般情况下行政禁止必须受到严格限制。行政禁止越多，属于行政范畴内的审批事项就越多，若行政上的禁止没有具体的法律依据，其就是不规范的，与之相关的行政许可事项就没有得到法律的有效控制。而我国行政主体设定的行政禁止事项非常之多，以致属于行政范畴的禁止

---

[1] 国家意志可以分为表达和执行两个范畴，负责表达国家意志的是立法机关，而负责执行国家意志的是行政机关，行政许可可以视为一种表达国家意志的行为，因此，立法机关对行政许可事项的确定应当不受限制。

事项多于法律范围的禁止事项，表明行政法对行政许可制约程度的不足。

二、从行政许可的不规则性看行政许可行政法制约的不足

"行政许可是指行政机关根据相对人的申请，以书面形式作出决定允许相对人从事某种活动或使其获得从事某种活动的行为能力和资格的行为，行政许可在法律法规上的表现形式主要有许可、认可、审批、批准、核准等。"[1] 从这个定义可以看出行政许可与行政许可行为的关系甚为密切，甚至在绝大多数情况下行政许可行为必须以行政许可为前提，是行政许可的有机构成部分。当然在行政法制度中也有一些行政许可行为是不依赖于行政许可而独立存在的。无论如何，行政许可制度的完善与否可以反映行政许可的状况：在《行政许可法》颁布之前，就我国行政许可制度的状况而言，还非常不规范，行政许可太多、太滥：①谁都在设许可，乡政府、县政府在设，有些内设机构也在设；②什么事都要设行政许可，一说行政管理，就是要审批；③实施行政许可环节过多、手续繁琐、时限过长，老百姓办事很难；④重许可、轻监管或者只许可、不监管的现象比较普遍，市场进入很难，而一旦进入却又无人监管；⑤有些行政机关利用行政许可乱收费；⑥行政机关实施行政许可，往往只有权力，没有责任，缺乏公开、有效的监督制约机制。究其原因，我国当时还没有一部完整的行政许可法，故而没有行政许可的完整的程序规则，以致我国的行政许可都反映在部门行政管理的法律规范之中，如《湖北省实施〈中华人民共和国消防法〉办法》第14条规定："从事消防设施专项建筑工程设计的单位，必须持有相应的资质等级证。其资质由公安消防机构审查，建设主管部门审批发证……"第16条规定："从事易燃易爆物品的生产、储存、运输、经营、使用的单位或者个人，应当依照国家有关规定取得公安消防机构审发的《易燃易爆化学物品消防安全许可证》或者《易燃易爆化学物品准运证》……"由于行政许可反映在部门行政管理行政法规范中，因此，行政许可在行政法中非常混乱。据有关学者统计，我国行政许可有下列各类：即"保障公共安全的许可，如持枪许可、特种刀具的生产购买携带许可等"；"保障人身健康的许可，如食品卫生许可、核设施安全的许可、药品生产经营许可等"；"保护生态环境和主要资源的许可，如土地使用许可、森林采伐许可等"；"发展国民经济的许可，如各种企业的生产经营许可、进出口许可等"；"维护社会良好风尚的许可，如有关报刊出版方面的许可等"；"调控进出口贸易的许可"；"城市建设管理的

---

[1] 刘莘：《行政法热点问题》，中国方正出版社2001年版，第150页。

许可";"工业产权保护的许可"等等。[1] 我们知道，每一个行政许可的背后都有一个相应的行政许可行为，也就是说行政许可越多行政许可行为也就必然越多。如果每一种行政许可都能由法律规则设定，都能规定正当的法律程序，那么，对这样的行政许可进行审批也就不存在问题，但遗憾的是，《行政许可法》出台以前我国行政许可的设定权绝大多数在行政主体手上，且行政主体在设定行政许可事项时并没有规定相应的（或者绝大多数没有规定）行政许可程序，即是说行政相对人只有请求行政主体为某种行为或不为某种行为的义务，而没有能够以正当程序获得此一事项中相应权利的后续手段。因此，从行政许可的不规则中可以反映行政许可行政法规制的乏力。

三、从行政许可仅以行政手段为之看行政许可行政法制约的不足

只要被确定为行政许可的事项就无一不涉及到行政相对人和其他利害人的权利问题，如《广西壮族自治区重要矿产品运输管理办法》第 4 条规定："本自治区实行重要矿产品运输许可制度。重要矿产品运输许可由县级以上人民政府地质矿产主管部门负责实施。"这一审批事项关系到矿产品运输人的营运权。而"权利是个法律概念，它表示通过法律规则授予某人以好处或收益。在古希腊哲学和罗马法中，权利似乎与正确和正义一致。后来，有的从自由意志的基本论据中推导出权利，有的认为权利实质上是根据两者之间的法律关系，由法律决定并通过法律认可和保护，有时被看作是受法律公正地承认和保护的某种利益。"[2] 表明权利一般都是具有法律属性的东西，具有法律属性的东西必须被纳入法律的范畴，而不能够放在法律以外的范畴之中。我国以往的行政许可事项，除与法律规则有关系外，诸多审批事项本身就是对宪法和法律规定的公民权利的一种再规定。在大多数审批事项下，这种规定是对公民行使某一方面权利附加的一个条件，有些甚至具有强烈的限制色彩，如有关行政相对人经营项目的审批其实是对其享有经营权的一个限制。无论这种限制的社会效果如何，但对经营者来讲，总与其此方面的权利有关。由于行政许可与公民权利如此密切，因此便要求我们在解决行政许可问题时不能继续以行政手段进行，而应当在法律机制下进行。我国以往的行政许可主要是通过行政手段进行的，除法律设定了一部分行政许可外，行政系统既能够设定行政许可的事项，整个行政许可的过程也是在行政系统中进行的。立法机关和司法机关都没有正当的途

---

〔1〕　刘莘：《行政法热点问题》，中国方正出版社 2001 年版，第 155 页。

〔2〕　［英］戴维·M. 沃克：《牛津法律大辞典》，北京科技与社会研究所译，光明日报出版社 1988 年版，第 773 页。

径介入到行政许可事项中。我们知道,行政许可是在行政相对人的请求和行政主体的审批及其相互作用下完成的,请求行为和审批行为共同构成了行政许可过程。而这一过程是在较为封闭的状态下运作的,因为没有任何第三者可以介入其中,更由于我国关于行政许可的救济制度没有建立起来,使行政相对人在一些重要的审批事项中失去进行救济的权利,换句话说,行政许可过程中行政机关具有高度的权威,这从另一个侧面证明了行政许可行政法制的不足。

四、从行政许可由政府管制中产生看行政许可行政法制约的不足

行政许可的基础可以是为了维护社会秩序和行政管理秩序。如为了维护渔业管理秩序,《中华人民共和国渔业法》第 22 条规定:"国家根据捕捞量低于渔业资源增长量的原则,确定渔业资源的总可捕捞量,实行捕捞限额制度。国务院渔业行政主管部门负责组织渔业资源的调查和评估,为实行捕捞限额制度提供科学依据。中华人民共和国内海、领海、专属经济区和其他管辖海域的捕捞限额总量由国务院渔业行政主管部门确定,报国务院批准后逐级分解下达。……"此条关于行政许可的设定非常明显地维护了渔业行政管理的秩序。应当指出,行政许可中关于秩序的维护尽管有时会限制单个人的利益或权利,但它却从更大的意义上保护了其他人的权利。我们认为,行政许可从维护管理秩序和社会秩序的角度出发应当成为唯一基础。行政许可的基础在我国还可以是从政府管制的角度出发,以政府管制为行政许可制度的基础。我国由于受"大政府,小社会"传统行政管理思维定式的影响,一些重要的行政许可几乎都是从政府管制的角度出发的。现行行政管理制度中的行政许可可以说五花八门,如"律师转所审批"、"土地评估报告确认"、"外地机动车通行办证审批"、"广告经营资格审批"、"市场准入审批"、"建设项目审批"等等,诸多审批都是从强化行政管理的角度出发的。如《广州市继续工程教育基地管理办法》第 4 条规定:"市继续工程教育基地的办学计划须经审定后,方可实施。凡属自然科学专业的办班计划由市科委审定,属社会科学专业的办班计划由市人事局审定,并抄送给市科委备案。……"这样的审批项目当然是从政府行政管制的方便与否出发的。政府管制式行政许可在计划经济体制下曾经起到过积极作用,而在市场经济下,尤其加入世界贸易组织后其必然在诸多方面限制了公众的权益,因此我们认为,以政府管制为基础理论的行政许可事项反映了法律对行政许可规制的不力。

第四节　行政许可行政法制约的价值选择

行政许可的行政法制约不像用行政手段进行制约那样，它应当是一个具有战略意义的长期行为，而目前一些地方在调控行政许可过程中似乎采用较多的是政策手段和行政手段，这样的手段既是一种短期行为，又表现出了极大的无序性。如某地在改革行政许可事项时重点抓下列各项工作："①市场主体准入环节。对没有交易审批、不需要申领许可证的项目，企业设立一律实行直接登记制。凡符合企业设立条件，申报材料齐全的，工商部门在 5 个工作日办理完毕。对有前置审批、需要申领许可证件的项目，有关部门在 12 个工作日内办理完毕；②基建程序环节。改革后，从立项到开工，社会投资的生产性建设项目，行政许可期限累计不超过 100 个工作日，实行土地招标拍卖方式用地的 6 经营性建设项目，行政许可期限累计不超过 70 个工作日；③认定环节。将科技类、财政补贴类等 18 项认定事项纳入'一门式'统一认定，并建立投资项目认定受理中心，统一受理认定申请，一次受理，限时办结；④年检环节。对内资企业的年检实行'一门受理，配套表式，并联审核，一口收费'。"[1] 在行政许可改革中作了大量有益的工作，然而，这些工作之间的逻辑关系却不甚明确。造成这种目标不甚明确的根本原因在于没有给行政许可改革的目标、价值进行合理定位。我们认为，在我们对行政许可进行行政法制约时必须首先明确行政法对行政许可进行制约的价值选择，下列价值选择是最为基本的。

一、实现宏观调控的价值

"管得少的政府是管得好的政府"[2] 这一格言已被我国党和政府所接受，这从 1992 年我国全面推行市场经济以来党和政府出台的若干重要文件中可以看出来，早在中共十四大报告中，江泽民同志就指出政府行政系统的管理主要进行宏观调控、统筹规划、监督检查等，而 2001 年通过的《中华人民共和国国民经济和社会发展第十个五年计划纲要》进一步强调了今后一段时间政府管理中的宏观调控性能。行政许可在很长一段历史时期内还是不可能被完全取消的，作为它存在的基础条件之一就是政府管理的宏观调控性。也就是说，某一方面存在行政许可，那么这一方面的事情就是需要行政权进行宏观调控的事情，通过这种调控达到资源的合理配置。我们通过对一些国家行政许可的分

---

〔1〕　参见宗禾："浦东改革行政许可制大刀阔斧"，载《行政与法制》2001 年第 12 期。
〔2〕　参见〔英〕路易斯·亨金：《宪政与权利》，郑戈等译，三联书店 1996 年版，第 5 页。

析，可以看出这一点，在西方国家设立的行政许可制度中，经济性行政许可占有绝对比重。而经济性行政许可突出的是政府管理问题，通常意义上的政府管制"是指依据一定的规则对构成社会的个人和顾全大局特定经济的经济主体的活动进行限制的行为。"[1] 发生在经济领域的行政许可无疑也是政府对经济的一种限制行为。20 世纪 70 年代以后，政府的经济管制在西方发达国家逐渐放松，宏观调控的行政法治价值越来越深入。我们以美国为例，尤其是美国放松管制的立法改革都体现在政府与经济性行政许可事项的取消之上。下列表格反映了自 1975 年以来，特别是 1980 年以后，美国政府放松经济性管制的动向，其中每一项改革都在一定范围内取消了行政许可事项。[2]

	放松管制法等	放松管制的内容
1975	证券管制法等	取消股票委托手续费管制,及根据证券交易促进不同行业间的竞争
1976	管制改革法	放松费用管制
1977	联邦最高法院	放松参入管制、费用管制
1978	航空客运业放松控制法	废除参入管制和费用管制、解散民用航空运输委员会,反托拉斯事件由民用航空委员会移交司法部管理
1978	天然气政策法	分阶段取消对井方价格管制
1978	司法部通告	限制美国应用国际航空运输协会的运费协定
1978	公共事业管制政策法	电力托运、相互连接的认可权移交联邦能源规制委员会、修订费用体系
1978	总统声明	要求修订双边航空服务协定
1979	国际航空运输竞争法	修订以引进竞争为目的的国际航空协定
1979	联邦最高法院判决	停止公用有线电视的节目管制,允许公效力规则
1979	联邦通信委员会	放松无线电节目内容管制规则
1980	斯泰加茨铁路法	促进铁路经营自由化
1980	汽车运输法	促使参入,运费决定自由化,降低运费管制委员会的作用
1980	消费品运输法	放松消费品运输的管制

---

[1] 宋世明：《美国行政改革研究》，国家行政学院出版社 1999 年版，第 57 页。
[2] 宋世明：《美国行政改革研究》，国家行政学院出版社 1999 年版，第 72～77 页。

	放松管制法等	放松管制的内容
1980	放松存款金融机关管制、通货管制法	实行同亲存款业务的所有金融机关的储备率均等化,取消存款利率管制,放松筹措资金幅度的限制
1981	联邦通信委员会	认可直接卫星广播节目的制作
1981	废除原油和石油产品统一管理	完全取消原油价格的统一管制
1981	公共汽车管制修正法	放松参入和退出的条件,规定可自由确定运费的幅度,降低运费委员会的作用
1982	联邦最高法院判决	与电报公司分开
1982	加恩斯特。杰曼存款金融机构法	取消有关存款受托、货款和取得证券等对存款机关的限制
1982	关于引进北大西洋航线费用幅度的欧美协议	
1982	公共汽车管制修正法	放松参入和费用的管制
1983	联邦通信委员会	取消对电视节目内容的管制
1984	联邦通信委员会	完全撤销对卫星广播收费和服务的管制
1984	电缆电信法	实际上完全放松有线电视的管制
1985	关于银行业州际业务协定的最高法院判决	支持某州银行可以支配在其他州银行拥有的股票的州间协定
1986	为了放松格拉斯。斯特克尔法所包括的银行业务州际管制,联邦储备委员会及法院制定新的规则。1987年向议会提出了要求废除该法的普罗科希梅尔。加恩法案	
1996	1996年电信改革法案	彻底打破了美国电信业分而治之的局面

上列表格中的法规终止同时伴随着行政许可机构的取消和行政许可事项的

取消，例如1982年颁布的《公共汽车管制修改法》，放松了公共汽车事业的加入管理和收费管制。以前的加入，在资格、公共效率及必要性方面的条件，均需由申请者负责作证，而现在对包租车，仅需资格方面的条件即可，运费管理也取消了。另外，对定期线路的公共汽车，其加入要具备上述的必要条件，至于运费在一定范围内的变更，则不需要经州际商业委员会认可。如《中华人民共和国海洋环境保护法》第43条就对海洋工程建设项目进行了有效的宏观调控，该条规定："海洋工程建设项目的单位，必须在建设项目可行性研究阶段，对海洋环境进行科学调查，根据自然条件和社会条件，合理选址，编报环境影响报告书。环境影响报告书经海洋行政主管部门提出审核意见后，报环境保护行政主管部门审查批准。"行政许可的理论依据只有建立在宏观调控的基础上才是合理的。而脱离宏观调控价值的行政许可必然会带来行政管理的低效率，甚至会侵害公众的权益。我们认为，依宏观调控的价值，行政许可事项不应当发生在本该属于私人权利的范畴之中。而目前行政许可事项中，诸多规则都发生在私权范畴之内，如《X省民营科技企业条例》第18条规定："民营科技企业人员需要出国（境）进行科技考察、交流和有关商务活动，经所在地政府科技行政管理部门审查后，报有关主管部门，按因出国（境）人员审批办法审批。"笔者认为，对于民营科技企业的出国、出境活动没有必要再设立专门的行政许可程序，这样的程序必然有公权干预私权之嫌。

王某不服某市工商局不予办理重新登记案

[基本案情] 2001年的某日，王某以某公司投资人的身份向某市政府申请行政复议，状告某市工商局不为该公司办理重新登记事宜，请求市政府责令市工商局履行为该公司重新登记换发执照的法定职责。市政府收到行政复议申请书后，进行了认真的调查工作。该公司于1985年成立，法定代表人为王某，1988年该公司更换法定代表人为田某，王某有异议，并与上级公司就公司产权发生纠纷，此时国务院《关于公司年检和重新登记注册若干问题意见的通知》下发，要求在全国范围内对所有企业进行重新登记并换发营业执照，此工作于1989年底结束，此后，国家工商局又发文，要求在全国范围内重新登记并换发营业执照工作于1990年底结束，届时启用新的营业执照旧照一律废止。在这一阶段该公司因企业内部产权纠纷无法进行重新登记。1999年王某以该公司投资人、法定代表人的身份写信给市领导，反映田某侵吞该公司财产一事，市领导作出批示，要求市工商局依法解决，信件转至市工商局，市工商局经过认真分析，认为该公司的营业执照应当依法予以吊销。王某认为市工商局未能落实

市批示为该公司重新登记并换发营业执照，是不履行法定职责，2001 年向市政府提出行政复议申请，请求市政府责令市工商局履行为该公司重新登记并换发营业执照的职责。

二、侧重保护私权的价值

公权和私权是两种不同性质的权力或权利，现代法律制度中的诸多问题都是以这两种权力的区分而展开的。所谓公权是指属于国家权力范畴的那些权力，如各个国家机构所享有的权力都是公权，行政管理权也是公权范畴的东西。所谓私权则指归于私人或私人团体所有的那些权利。在行政法理论中占统治地位的观点是行政法是基于公权而产生的法律规范，并以此出发认为行政权既是调整公权关系的，又是立足于保护公权的。有人就曾把行政法理解为保护政府行政权的正当行使的法。[1] 受这种观念的影响，我国行政立法一般都是从保护管理权出发而制定的，如《国家助学贷款管理操作规程》第 1 条规定："为做好全国学生贷款中心负责的国家助学贷款管理工作，依据国务院办公厅批准的中国人民银行、教育部、财政部《关于国家助学贷款的管理规定》和中国工商银行制定的《中国工商银行国家助学贷款试行办法》，制定本操作规程。"此条表明这一行政规章的目的就是从对贷款进行管理这一立法宗旨出发的，也就是说从公权出发的。行政许可的设定和行政许可的各个具体环节也都充斥了对公权的保护，如《中华人民共和国电信条例》第 7 条规定："国家对电信业务经营按照电信业务分类，实行许可制度。经营电信业务，必须依照本条例的规定取得国务院信息产业主管部门或省、自治区、直辖市电信管理机构颁发的电信业务经营许可证。未取得电信业务经营许可，任何组织或者个人不得从事电信业务经营活动。"总之，我国现行的行政许可的基本价值是保护公权的价值，是以公权为转移的价值，而这样的价值必然有悖于现代法治的理想追求，因为在现代社会中个体的权利无论如何不能被抽象的公权所淹没。行政法对行政许可的制约所追求的第一价值就是对私权进行保护的价值，或者以保护私权为侧重点的价值。西方国家行政程序法在调整行政许可或者行政许可行为时，都非常突出地体现了对私权的保护，《美国联邦行政程序法》第 588 条第 3 款规定："当有人申请法律所规定的许可证时，机关应在适当考虑所有利害关系人或受其不利影响者的权利和特殊利益的基础上并在合理的期限内，着手进行和完成本编第 556 条和第 557 条规定的程序或其他法律规定的程序，而且应作出决定。除非当事人自愿或者公众健康、公众利益或公共安全另有要

---

[1]　参见王珉灿：《行政法概要》，法律出版社 1983 年版，第 1 页。

求，机关若要合法地收回、停止、吊销或废除许可证，都必须在机关程序开始之前给许可证持有人——①由该机关发出的、写明可能导致此种措施之事实或行为的通知。②表明或得到遵守一切法律规定的机会。如果许可证持有人已及时且有效地按照机关规章提出了更换许可证或领取新许可证的申请，而且许可证涉及的活动具有连续性，那么，在该机关就此申请作出最终决定之前其仍然有效。"[1] 这是对行政主体行政许可行为的一个严格的程序约束，该程序约束对私权的保护体现在：若要启动行政许可过程中的听证程序、调卷程序等（第556 和 557 条主要是对此二程序的规定），既必须在涉及第三人利益的情况进行，又必须在严格的期限内进行；无论行政许可的启动还是行政许可的结果都必须告知行政相对人，行政相对人的知情权在其中得到了充分的体现；若行政相对人欲改变行政许可事项中的内容，但在行政机关的行为过程中，相对人已经取得的权利不因请求或进入新的程序而丧失；行政许可事项中行政相对人权利的宽泛性和明确性也印证了对私权保护的强化。如《联邦行政程序法》第551 条对许可证和颁发许可证都作了解释，该条第 1 款规定："许可证包括机关核发的执照、证书、批准书、注册、章程、成员资格、法定豁免或其他形式的许可证文书的全部或一部。"第 9 条规定："'核发许可证'包括与许可证的发放、更换、拒发、吊销、停止、废止、收回、限制、修改、变更或附加条件等有关的机关活动过程。"[2] 这些宽泛的活动内容都被纳入到行政程序之中，是其对私权保护的重视。在管制行政理念支配的行政体制下，行政主体在行政许可中，常常对行政相对人的权益通过附款的方式予以限制，"一般行政厅的许可，大多都附有某种限制，这就是附款问题。也就是，为了限制主要法律行为（营业许可、铁路许可）的一般效果而附加的从属的意思表示，即附款。"[3] 在政府管制的理念被摒弃的情况下，行政法制度中对行政许可中的附款进行了越来越多的限制，"从性质上说，行政行为的附款，有以下界限。一是附款只限于法律行为的行政行为，准法律行为的行政行为是不能有附款的。二是附款原则上须有法令自身标明。三是法令承认行政厅对行政行为行使的自由裁量，而这种情形，存在附款也是可能的。四是附款，即使在上述界限内，也要根据不同行政行为的目的，不能超越必要的最小限度，超出这个限度的附款是违法的附款。前款条件只限于为防止灾害或维护公共安全的必要的最小限度内，而

---

[1] 应松年主编：《外国行政程序法汇编》，中国法制出版社 2001 年版，第 82～83 页。
[2] 应松年主编：《外国行政程序法汇编》，中国法制出版社 2001 年版，第 40～41 页。
[3] ［日］和田英夫：《现代行政法》，倪健民等译，中国广播电视出版社 1999 年版，第 205 页。

且，不许对接受许可者课以不当义务。"[1] 在日本行政法治中，若行政许可行为所承附的附款无效时，如果该附款属于行政行为的重要构成要素，那么，其主要行政行为也当然无效。从制度上充分保障了行政相对人的私权。葡萄牙《行政程序法》第9条规定："①行政机关对于私人向其提出属其权限的所有事项，有作出决定的义务，尤其对于：a）与行政机关直接有关的事项；b）为维护宪法、法律或半导体利益而提出的任何请愿、申述、声明异议或投诉。②主管机关对一私人提出的请求曾作出一行政行为，则在2年内，对私人以相同依据提出的同一请求无作出决定的义务。"[2] 其行政许可制度也是从保护私权出发的。具体而论，某一行政许可事项中的当事人是以私人身份出现的，无论其是个人还是组织都是私人性的。而行政许可中行政主体所体现的利益，通过行政许可所保护的抽象利益是公权性质的。若从私权保护的价值出发制定行政许可规则的话，那么，行政许可项目中个人或组织的权利应当是首先考虑的因素，其次才考虑审批事项的间接利益。

三、提高行政效率的价值

笔者曾在《行政法价值定位》一书中提出，现代行政法有两大价值，即效率价值和程序价值。所谓效率价值指行政法使行政权行使成本最小化，使行政权行使社会效果显著化的价值；而程序价值则是指行政法使行政权的行使职权分配明确化、行政过程有序化的价值。现代行政法必须合理处理效率和程序的关系，因为在笔者看来，现代社会中由于行政权的大规模性和广延领域性，效率和程序常常难于一致，符合效率价值的东西不见得必须通过行政程序手段来反映，而完整的程序手段不见得能够有利于行政效率的提高。[3] 效率与程序的矛盾在行政许可中表现得非常清楚，甚至可以武断地讲，行政许可的环节越多、程序规则越严谨，越不利于行政效率的提高。例如《广州市开办各级学校审批程序的暂行规定》就对各类学校的设立规定了严格的程序，如关于普通高等院校的设立要经过开办单位写可行性研究报告、"由市教委邀请计划、人事、财政、基建等有关部门和专家对建样的必要性和可行性论证，并提出论证报告"、"经论证具备开办条件的，由市教委加具意见报广州市人民政府审批同意后，报国家教委审批"等若干环节。我国有些方面的行政许可程序规则竟达到数10个具体环节，以致一些地方为了某个许可竟需要等待数年的审批时间。

---

[1] ［日］和田英夫：《现代行政法》，倪健民等译，中国广播电视出版社1999年版，第206页。

[2] 应松年主编：《外国行政程序法汇编》，中国法制出版社2001年版，第475～476页。

[3] 参见关保英：《行政法的价值定位》，中国政法大学出版社1997年版，第247页。

总之，行政许可中若过分强调程序环节就必然不利于相对人较早获得此方面的权利。《联邦德国行政程序法》（1976 年 5 月 25 日通过，1997 年 1 月 1 日修正）第 5 章第 1 节专门规定了"许可程序的加快"，这些规定的目的是提高行政主体在行政许可中的效率。如第 71 a 条规定："许可机关应采取其在法律与事实上可能的预防措施，以保证程序可以在适当的期限内完成，并可按申请予以特别加快。"第 71 b 条规定："①许可机关应根据需要，提供有关加快程序，包括相关的有利或不利结果的咨询。该条咨询可根据请求以书面方式提供，只要以该方式有意义或因涉事宜的复杂而显得较为合适。②许可机关在有需要时，可在提出申请之前，与未来的申请人就下列事项进行商谈：哪些证明和资料需要申请人呈交；哪些鉴定和审核结论可被许可程序接纳；为加快许可程序，可以何种方式招集第三人或公众参加；是否有适宜将许可证所需的具体事实要件，事先提交法院予以澄清。③申请一经提交，应即时通知申请人，其申请内容及申请资料是否完备，以及程序期间的计算。"第 71 c 条规定："在许可程序中应有公益实体参与的，主要行政机关在事实上可能及有必要的情况下，尤其在申请人的请求下，须同时通知公益实体且定明表态期限。在期限届满之后所订的声明不被考虑，除非所提到的利益已在许可机关考虑之列，应属许可机关须了解的内容或有利于作出合乎法律的裁决。"[1] 葡萄牙《行政程序法》第三部分第一章在行政程序的一般原则中也规定了快捷义务："要求行政机关收到相对方的许可申请后，应采取措施，使程序能迅速及有效进行，拒绝作出及避免出现一切无关或拖延程序进行的情况，促成行政决定公正、适时作出。"为了防止行政机关迟迟不作决定，避免造成相对方的权利义务迟迟不能确定下来，葡萄牙在规定行政机关负有快捷义务的同时，规定了完成行政程序的一般期限。行政程序一般应在 90 日内完成，但法律另定期间，或因特殊情节而需要另定期间的除外。澳门特别行政区《行政程序法》规定的期间为 60 日。[2] 还有一些国家在部门行政管理法中也对行政许可中程序与效率的关系作了恰当处理，在规定严格程序的同时，还尽可能追求效率价值，而当程序规则与效率发生冲突时，常选择程序服从效率的原则。例如，1993 年颁布的《泰国海关法》第 45 条规定："货物出口前，出口人应当在全面遵守本法与海关有关的各项法律，如实申报，缴纳全部关税或者交纳相应数额的保证金。保证金的适用应当根据署长制定的规章加以设定。在出口人提出申请且署长认为货物必须立

---

[1] 应松年主编：《外国行政程序法汇编》，中国法制出版社 2001 年版，第 191～192 页。
[2] 应松年主编：《行政程序立法研究》，中国法制出版社 2001 年版，第 406 页。

即出口的情况下，署长有权不受前款规定的要求，允许货物根据其规定的条件出口。在货物可能需要征收出口关税的情况下，出口人还应当向关长提供符合要求的各项担保。"[1] 本条前款是对出口行为行政许可的一般程序规定，第二款则是对前款程序规则的例外规定，这一例外的宗旨是对"必须立即出口"的货物免去第一款规定的繁琐程序。行政许可的效率价值有着深刻的社会基础，如美国社会安全局地区办事处长期以来就被行政许可中的低效率所困扰，为了改变这种状况，"社会安全局授权劳雷塔·康普顿改进本办事处的工作效率。现在有关伤残和健康保险申请的处理工作大量积压，足足需要 60 至 70 天来处理（国内相关机构处理等量数额的工作大约需要 30 天）。由这个办事处处理的申请表格的错误率在这个地区也是最高的，这些问题都是支付中心发现并证实的，顾客们抱怨的意见很多。劳雷塔·康普顿就任后，很快就和他的下属（办公室人员、调查和申请代理人、单位监督人和部门经理）见面，对他们作了提高工作效率必要性的指示，并要求他们互相合作。每个人似乎都同意他的计划，这一计划包括旨在改进工作的培训计划、重新写处理申请的工作流程、订立目标管理制度等。"[2] 我们认为应当毫不含糊地在行政许可的价值选择中将提高行政效率确定下来，将其作为行政法对行政许可进行法律约束的基本原则，就会使行政许可过程尽可能简短。发达国家的行政程序中就贯彻了这一原则，行政行为应根据经济、速度、效率之规则进行。为体现上述原则，西班牙《行政程序法》进而作出如下规定："随着行政机关机构化和自动化程序的不断提高，只要工作量能使这些方法的采用变得经济，应使机关工作合理化，并通过合适机构为主。……"其实，《中华人民共和国宪法》关于行政机关提高行政效率是有规定的，《宪法》第 27 条规定："一切国家行政机关实行精简的原则，实行工作责任制，实行工作人员的培训和考核制度，不断提高工作质量和工作效率，反对官僚主义。"此条使我们将提高行政效率作为约束行政许可的法律价值有了根本法上的依据和基本的科学内涵，因为依宪法的规定，效率的追求和程序的简化是一个事物的两个方面。

　　四、确定禁止规则的价值

　　"行政许可的内容是国家一般限制或禁止的活动。许可行为是对符合条件的对象解除限制或禁止，允许其从事某项活动，享有特定权利和资格的行为。……许可事项必须有明确的法律规定，许可是建立在普遍限制和禁止基础

---

〔1〕　《亚洲部分国家海关法》，何晓兵等译，中国社会科学出版社 2000 年版，第 25 页。
〔2〕　黄达强、许文蕙主编：《中外行政管理案例选》，中国人民大学出版社 1988 年版，第 220 页。

上的解禁行为。因而，对于大多数人而言，它是限制公民、法人活动自由的行为。如行政机关发放的营业执照，从表面上看，是允许相对人从事经营活动的书面证明，而实质上是对公民、法人随意自由从事经营活动的禁止和限制，非经行政机关允许从事经营活动即属无照经营的违法行为。"[1] 这是应松年教授对行政许可的一个生动解释，依这样的解释我们可以清楚地看出，行政许可也罢，行政许可法也罢，其前提条件都是行政禁止或者法律上的禁止。而禁止状态无一不是对行政相对人权利的限制状态，如《湖北省土地管理实施办法》（1997 年修订）第 29 条规定："土地利用总体规划确定的建设用地规模范围外的具体建设项目用地，按下列程序报批：建设单位报建设项目可行性研究报告批准文件或其他有关批准文件、建设项目用地预审报告、土地利用计划指标，向市、县人民政府土地行政主管部门提出建设用地申请。……"该规定非常明确地对建设用地使用者的权利作出了禁止性规定。我们认为，行政许可的源头是行政禁止，然而，行政法学界和行政法治实践中普遍关注的不是行政禁止的规制问题而是行政许可的规制问题。西方国家在对行政许可进行调控时，基本上是从确定禁止规则的角度入手的，一方面，其在法律规则中将行政相对人请求的事项予以明确规定，并使这种规定体现禁止的内容，让行政相对人首先明确知道何种事项属于禁止事项，何种权益需要通过解禁获得。另一方面，将行政主体可以禁止的权限范围列举出来，并不是从许可的角度概括列举行政主体在行政过程中的权限，这种反向的立法技术既使行政相对人明确了权益企求的程度、程序等，又使行政主体难以在行政许可中滥用权力。对此，奥里乌在《行政法与公法精要》一书中对法国在工业企业管理等行政许可事项中的立法状况作了概括："任何一个属于分类之内的工业企业不经许可不得开始经营，如不遵守，省长和市长都有权通过管理措施对其实行关闭。有时也有临时性的许可。停工六个月以上则需要重新申请经营许可。①第一类工业企业。第一类工业企业须远离某些居住区，这是各处方面都在寻求裁决的问题，各种规章制度的规定几乎无差别。在方圆五公里范围内的所有市镇进行公开的利弊调查之后，由省长签发许可。一个月之内，在同样范围内张贴经营要求。②第二类工业企业。'这些手工工厂和工场没有太大必要远离居民区，但是又只有在获得确认，它已实施了某些行动以免妨害邻近财产所有人，也不给他们造成损失的情况下，才可得以允许其经营，这是很重要的。''第二类中的工业企业的经营运行所需的许可由省长签发，由副省长提出建议。'其手续与第一类相同，除

---

[1] 应松年：《行政法学新论》，中国方正出版社 1998 年版，第 245 页。

了不贴布告及不要求省议会对反对意见提出看法。③第三类企业。'第三类企业包括的是一些可以在居民区存在且无害的工业企业，但需要受管理部门的监督。'签发许可的权力当局为副省长，需根据省长的预先意见，利弊调查并非必不可少。"〔1〕行政许可行政法控制的确定禁止规则的价值在实质上就是有关禁止和许可事项的决定权尽可能放在立法机关手中，行政机关即使有审批范围的设定权也必须作出严格限制，哪怕是最高行政机关的设定也不能例外。如在日本《大气污染防治法》、《水质污染防治法》关于公害排放标准的规定就采取了非常谨慎的做法，正如田尚彦所指出的："排放标准由总理府设定，但是，其具体的数量应设定为外界环境可以保持在比环境标准规定的状况更加良好的状态（对未设定环境标准的物质，要对人的健康和财产不产生有害结果）的标准。现行法采取的一部分排放标准的设定方法是，以白纸委托（一部分内容留着由被委托者补充的委任形式）给环境厅对该标准的函数加以决定，这从依法行政的观点看是不妥当的。有些应该在法律上明确记载委任的界限，排放标准从理论上说应该作为环境标准的函数加以决定，如果适当的设定了环境标准的话，排放标准就可以根据它在技术上决定出来，不容许行政机关超过以上标准对事业者课以过当的义务。排放标准的数值是有其自身的界限的，不应把它看作是白纸委托给行政机关的。"〔2〕行政许可事项的绝大部分并不一定反映在行政程序法中，恰恰相反，行政许可中实质性的规则都体现在各国的行政实体法，即部门行政管理的法律规范中。因此，部门行政管理法中设定的请求条件或者审批条件的具体标准就是禁止规则的一个生动体现。例如《加拿大投资法》第11条规定："根据规章规定，下列非加拿大人的投资应行申报：①设立新加拿大企业的投资；②以第二十八章第1款规定的方式取得加拿大企业控制权的投资，除该投资依照第14条的规定为应受审查的投资。"第12条规定："根据本章规定应行申报的投资，非加拿大投资人须在投资实施前或投资实施后三十日内，向投资局提出申报，提供规定的情报。"〔3〕笔者认为这是一种逻辑上的倒置。换句话说，在我们研究行政许可、行政许可法等时应先从行政禁止入手，行政禁止问题能够有效解决，那么行政许可问题就会迎刃而解。据此，笔者主张，行政法对行政许可的规制应以合理确定禁止规则为基本价值之

---

〔1〕［法］莫里斯·奥里乌：《行政法与公法精要》（下），龚觅等译，辽海出版社、春风文艺出版社1999年版，第696~697页。

〔2〕［日］原田尚彦：《环境法》，于敏译，法律出版社1999年版，第76页。

〔3〕姚梅镇主编：《国际投资法教学参考资料选编》（上），武汉大学出版社1987年版，第45页。

一，即行政法在对行政许可进行制约时应将目前的法律禁止和行政禁止予以区分，并对行政机关设定的禁止状态予以有效限制，《中华人民共和国行政许可法》在行政许可的设定权限制方面已经有所突破（该问题将在其他章节阐述），当然，行政禁止的其他规则还可以进一步研究。

第五节　行政许可行政法制约的内容构设

行政许可行政法制约的价值选择固然是非常重要的，而且这些价值可以有效指导对行政许可进行法律规范的调整。行政许可行政法制约中最为实质的东西应当是对行政许可进行行政法制约的内容构造。首先，我们必须把行政许可的改革工作纳入行政法手段之中，而不能纯粹以法律之外的手段改革行政许可。因为政策性的改革和行政性的改革只是一个短期行为，且不会有确切的内容，而内容的不可捉摸性必然使行政许可的改革限制在恶性循环状态中，如一些被取消的改革项目可能会在今后认为取消不当又被恢复，而一些新确定的审批项目可能会随着时间的发展而成为新一轮改革的对象。其次，我国现行的行政法体系必须给予行政许可制度一个明确的地位。在现行的行政法制度中，行政许可是在诸多部门行政法中都有规定，有具体的审批项目，但行政法体系并不认为行政许可是与其他行政行为并列的一种非常重要的行政行为，更没有将行政许可视为与行政复议等制度对应的行政法制度。那么，今后的行政法治实践必须确定行政许可在行政法体系中的名份，或者将其定性为一种行政行为，或者定性为一种行政法制度，因为只有这样行政许可的立法和执法，以及行政许可的救济才能受到行政法的有效调整。最后，行政法学理论亦应确立行政许可在行政法学体系中的地位。我国行政法学界关于行政采购、行政合同等都有较为完整的理论，而行政许可在行政法学体系中还没有一个较为完整的理论，在学者们撰写的行政法教科书和学术著作中甚至找不到行政许可的定义。因此，我们说，要对行政许可行政法制约的内容进行构造必须首先解决上列三个方面的问题。从笔者上文关于行政许可行政法制约的界定、行政许可行政法制约的现状以及行政许可行政法制约的价值选择等出发，我们可以对行政许可行政法制约的内容作出如下初步构设。

一、行政许可项目法典化

《中华人民共和国行政许可法》严格来讲只是行政许可的程序规则，不可能对有关行政许可的项目予以全部列举，行政许可的项目是指由法律或行政主体确定的与行政相对人某一方面的权利和利益有关的具体事项。作为一个审批项目，它既赋予了行政主体在其中的权限和职责，又为行政相对人确定了此方面权利享受的限制规则。例如，《中华人民共和国无线电管理条例》第 11 条规定："设置、使用无线电台（站）的单位和个人，必须提出书面申请，办理设台（站）审批手续，领取电台执照。"此条就确定了一个行政许可项目，即无线电台设置的审批事项。行政主体在这个条文中取得了审查和许可权，而行政相对人则增加了申请和提供有关材料的义务。行政许可项目在行政许可制度中是最为实质性的东西，与行政许可的程序等相比它显得最为关键。行政许可项目的法典化包括下列内容：

（1）行政许可的项目应当以正式的法律文件出现。不过从立法技术发达的国家和地区看，行政许可项目附着于部门行政管理法规范的立法技术居多，但一般都作了相对规范化的规定，如我国香港地区《郊野公园及特别地区规例》第 18 条规定："①凡申请根据本规例发给许可证，须以书面向总监提出，并须附上表所订明的适当费用，但许可证须免费发者除外。②总监在接获根据第 1 款提出的申请并获缴费用后，可——在总监认为适当的条件下批准许可证；或拒绝批准许可证。③许可证须在证上所述明的期间有效。④如许可证持有人有以下作为，则许可证须予撤销——违反任何一条规例，不论该人是否被裁定犯了本规例所订罪行；违反或没有遵守从批出该许可证的任何条件。⑤如总监信纳任何许可证已遗失、毁坏或意外污损，总监可发出该许可证的副本，如属须收费的许可证，则有关的人须缴会表所指明的原定费用或 ＄50，两者以数目较小者为准。⑥任何人因拒绝指出许可证或许可证的撤销或暂停有效的通知后 14 日内，以书面向布政司提出上诉，而布政司可维持、更改或取消该许可证的拒绝批出、撤销或暂停有效。⑦凡总监就任何根据本规则作出的作为或事情而向任何批给许可证，该许可证的批出，对该人根据任何其他成文法则而须取得其他牌照、许可证或同意的规定无损。"[1]

（2）行政许可项目应当相对集中在单一的行政法文件中。因为我国行政立法的水平还不够高，所以我们还不可能制定一个完整的法典把所有的行政许可项目都集中起来或统制起来。[2] 但是，我们可以根据不同的行政管理领域和不同的行政管理部门而相对集中行政许可项目。如文化领域的行政许可项目可以集中在单一的或者若干个行政法律文件中，土地管理的行政许可项目可以集中

---

[1]　王建新主编：《香港环境保护法实务》，人民法院出版社 1997 年版，第 528 页。
[2]　随着立法水平的提高，是否能制定一个完整的行政法典将所有的行政许可项目都规定下来则是一个值得探讨的问题，就目前各国行政法典化程度尚不够高的现实情况看，似乎难度较大。

在土地法或其他相关法律中。这样分门别类的集中既是应当的、必要的又是可行的。而目前行政许可项目十分零散，常常让行政相对人和行政主体无所适从。据笔者统计，我国文化领域的行政许可项目有30多个法律、行政法规和规章可以设定，并且事实上已经作了设定，这还没有包括地方立法中的设定。笔者认为，对行政许可项目相对集中并法典式的立法思路是使行政许可法律化的关键环节，这也应当成为行政许可改革的一个突破口。

二、行政相对人请求权明确化

行政相对人的请求权是行政许可中又一具有实质意义的部分，为什么这样说呢？因为行政许可从项目的确定开始就充满了对行政相对人权利的限制，而赋予行政相对人请求权利是对这种限制的一个制约。在具体的行政许可的行政法关系中，行政主体的审批权和行政相对人的请求权构成了该法律关系中两个重要内容，那么，行政主体在行政许可中的若干权利就是行政相对人的若干义务，反过来说，行政相对人的若干权利就是行政主体的若干义务。

何某不服县水利部门吊销河道采砂许可证决定案

[基本案情] 在2002年1月1日《长江河道采砂管理条例》实施以前，由于立法等方面原因，在航道、河道上采砂采矿，河道、航道、矿管部门均可根据法律法规授权直接受理申请，办理行政许可。由于上述三个部门各自受理申请，各自办证管理，三个部门行政管理交叉重叠，矛盾迭起，特别是矿管部门无法实施有多人申请采矿时必须履行的公开招标拍卖程序，这种情况使管理相对人无所适从，纠纷不断。为了解决纠纷，某县三个部门经协调，建立了"采砂、采矿预审制度"。即采矿人的申请由矿管部门受理，制作预审表，传送河道、航道部门审查，若不影响河道行洪及航道安全，且有多人申请，即由矿管部门会同河道、航道等部门依法公开招标拍卖，中标者持矿管部门发的采矿权预留通知，向河道、航道部门申办《采砂许可证》和《航道作业许可证》，申请人再持这两证到矿管部门办理《采矿许可证》，方可开采。这样规定后，某县采矿和采砂的管理有了明显的改善。但是在此规定实施以前，还有一些遗留问题未能解决，如果解决这些遗留问题的方式不妥，仍然会导致许多纠纷的发生。下面这个案件或许可以说明这一点。

某县公民何某等4人在1998年《市河道管理条例》颁布实施以前，就开始联合经营两艘吸砂船，共同在嘉陵江某段开采河砂。自1998年《市河道管理条例》颁布以来，何某连续三年即1998年、1999年、2000年均按《市河道管理条例》的规定在某县水利部门办理了《河道采砂许可证》，并按规定缴纳

规费，服从管理。何某 2000 年 7 月 3 日所办的《河道采砂许可证》的有效期为 1
年，即 2000 年 9 月 1 日起到 2001 年 8 月 31 日止。何某依法取得了《市河道采砂
许可证》后，于 2000 年 7 月 3 日又向某县矿管所申请办理《采矿许可证》。某县
矿管所拒绝给何某颁发《采矿许可证》。因为郭某此前在矿管部门公开招标拍卖
时中标，获得采矿权预留通知。因河道主管机关拒绝给郭某颁发《采砂许可证》，
所以郭某未获得《采矿许可证》。但因郭某预留的采矿范围与何某所持《采砂许
可证》的开采范围相同，因而出现在同一采砂点两个不同业主的情况。双方争执
不休，并发生冲突，经调解制止，要求双方各自完善手续后方可开采。

双方在完善手续中，由于部门拒办，双方各自起诉至法院，法院判令河
道、矿管部门分别作出行政行为，由于两部门未按判决作出行政行为，也未作
书面答复，何某声称自己有《采砂许可证》，矿管部门逾期不答复视为默许，
即进场开采，又引起郭某出面干涉，致使何某和郭某互不相让，矛盾加剧。

为了缓解矛盾，某县政府于 2001 年 2 月 26 日召开专题会议。会议认为，
双方采砂采矿手续都不齐，且由于立法等原因造成的多头管理，现已矛盾重
重，遂决定由河道、矿管两部门各自撤销发给二人的许可证，退还有关规费，
恢复发证之前的状态，对原争议河段重新进行公开招投标。为了落实县政府的
要求，某县水利部门于 2001 年 3 月 23 日、27 日先后两次向何某发出《关于停
止采砂作业的通知》。两次通知未果，某县水利部门于 2001 年 3 月 29 日召开
会议，以"两证不齐"为由作出了撤销何某《河道采砂许可证》的决定。

何某认为某县水利部门作出的决定没有法律依据，违反法定程序，向某市
水利部门申请行政复议，要求撤销某县水利部门的具体行政行为。

"在权利—义务关系中，主要是双方身份的彼此相对；我要求——但必须；
在享有特权——没有权利关系中，为我可以——你不能；在享有权利承担现任
关系中，为我能够——你必须接受；在享有豁免权无资格关系中，为我泰然免
受惩罚——你不能。"[1] 也就是说，一旦权利义务在行政法关系中明确后，其
就具有对等性，具体而言，在行政相对人请求权明确的情况下，行政主体就要
对这些明确的权利承担对应义务，也只有如此，行政相对人在行政许可事项中
才有可能有效制约行政主体的武断行为。然而，我国现行法律制度中，诸多行
政许可事项中行政主体的审批权是明确的，而行政相对人的请求权则是模糊
的。如《山东省殡葬管理规定》第 4 条规定："建设殡葬设施，应根据全省殡

---

[1]　[英] 戴维·M. 沃克：《牛津法律大辞典》，北京科技与社会研究所译，光明日报出版社 1988 年
　　版，第 773 页。

葬设施建设规则，履行审批手续：①建立殡仪馆，由县级人民政府、设区的市人民政府民政部门会同建设行政主管部门提出方案，报本级人民政府审批；②建立乡镇殡葬服务站，为农村村民设置公益性墓地，应经乡镇级人民政府审核同意后，报县级人民政府民政部门审批；③建设和扩建公墓，搬迁殡仪馆，应经县级人民政府、设区的市人民政府民政部门审核同意后，报省民政部门审批。"此条赋予了民政部门广泛的审批权，而没有同时赋予行政相对人请求权。这样的规定必然使行政主体在行政许可事项中有较大权威，并可以随时依其权威限制行政相对人的请求权。因此，我们认为，行政许可行政法制约的第二个方面的内容构造应当使行政相对人在行政许可事项中的请求权明确化，其可以以明确的请求权制约行政主体的审批权。埃及在制定《新闻法》时，强调了新闻行政机关在新闻行政管理事项中的行政许可权，同时也相应确立了行政相对人在该事项中的请求权，由当事人的请求权而发动整个行政过程。如《阿拉伯埃及共和国新闻法》第14条规定："打算出版新闻报纸的人，应当向最高新闻委员会提呈书面报告，由报纸的合法代表签名，报告内容包括报主的姓名、别称、国籍和居住地，报纸的名称、使用的语言、出版方式和的地点，总编辑和姓名和印刷该报的印刷所的地址。获得批准后，在本书报告所包含的内容发生变动的情况下，至少应在8天前书面通知最高新闻委员会。如果这一变动是预想不到的，在这种情况下，最多应在变动发生后8天内通知这一变动。"[1]

三、行政许可主体职级对等化

行政许可主体是行政许可运作过程的发动机，一个完整的行政许可行为应当在行政许可主体的作用下完成。而目前我国行政许可主体存在诸多问题。

（1）有些方面的行政许可主体不明确，如《山东省通信市场管理条例》第二章，在对"经营范围"进行审批事项作出规定以后，并没有同时规定经营者请求何种行政机关审批，如第8条规定："下列国内通信业务和通信附属业务向社会开设，由持有批准文件的经营者经营：①电话信息服务业务；②在线数据库信息服务业务；……"其仅规定了行政相对人应持有批准文件，而没有规定批准文件由谁颁发，主体的不明确必然会阻碍行政相对人权利的行使。

（2）有些方面的行政许可主体地位过高。行政许可应有利于行政相对人相应权利的行使，必须讲求行政效率，而目前某些方面的行政许可主体地位极高，如有些事项必须由中央机关批准，诸如某一组织要办刊物就必须由国家新闻出版署审批。有些则由省级行政部门审批。如《湖北省汉江流域水污染防治

---

〔1〕 萧榕主编：《世界著名法典选编（行政法卷）》，中国民主法制出版社1997年版，第59页。

条例》第 26 条规定："汉江流域严格控制新设或变迁排污口。新设或变迁排污口应当征得省水利行政主管部门同意后，报省环境保护部门审批。"权力过分集中的审批人为地加大了行政许可的成本，也使行政相对人行使请求权极不方便。

（3）有些方面的行政许可主体地位偏低。如在我国诸多方面由法律、法规授权的组织行使审批权。行政许可主体地位过低也会影响行政许可事项的正确实施。

（4）行政许可主体职责不明确，如有些事项两个以上的行政主体都有审批权，有些事项则牵涉到若干职能不同的审批主体，但对行政相对人而言仅仅取得审批事项中的一种权利，如向海洋倾倒一定废物的审批权一部分由海洋行政主管部门行使，一部分由环境保护部门行使，还有一部分由当地人民政府行使等等。

我们认为，应根据行政许可事项的性质统一职能，应根据行政许可事项的重要程度确定行政许可主体的职能权限。德国在一些特殊的行政管理事项中，确立了特别的行政许可主体，如《德国股份法》（1965 年 9 月 6 日颁布）就规定公司应由全体发起人和董事会及监事会的成员向法院申报商业登记，法院便成了设立公司的行政许可主体。法院除履行登记职能外，还履行着其他审批职能。第 38 条规定："①法院应审查公司是否按规定设立和申报。非为此种情形的，法院应拒绝登记。②设立审查人表示或显而易见，设立报告或董事会和监事会成员的审查报告不正确或不完整，或不符合法律规定的，法院也可以拒绝登记。设立审查人表示或法院认为，实物出资或实物承受的价值非为不显著地低于对此应给予的股票的最低发行价格或对此应给予的给付价值的，适用相同规定。③法院可以因章程条款的瑕疵、欠缺或无效而拒绝第 12 项的登记，但只以此项条款，其欠缺或其无效。"[1] 此种由法院履行行政许可职能的制度是我国在制定行政程序法时应当予以参考的。我们可以不将行政许可的权限全部赋予法院，但可以将法院引入到行政许可过程中来，在一定范围内介入到行政许可程序中。

四、行政许可过程连续化

行政许可是一个实体性法律行为和程序性法律行为的统一。就行政许可项目的确定和行政许可事项中相对人权利的赋予而言，行政许可无疑是实体性的，与当事人的实体权利有关，应当受到实体法的调整。而就行政许可的具体过程而言，行政许可则是一个程序性的权利问题，应纳入行政程序法的范畴。行政程序必须贯彻短而不间断的立法思想。《澳门行政程序法》第 57 条规定：

---

[1] 《德国股份法》，杜景林、卢谌译，中国政法大学出版社 2000 年版，第 16 页。

"行政机关应采取措施，使程序能迅速及有效进行，因而应拒绝作出及避免出现一切无关或拖延程序进行之情事，以及应命令与促成一切对程序之继续进行及对作出公正与适时之决定属必要之情事。"[1] 这一行政程序的总原则也当然适用于行政许可程序中。其所要求的就是程序的连续性。《德国行政程序法》关于行政许可中的加快程序更是体现了行政许可连续化的立法特性。

陈某不服某市交管局所为公共汽车颁发年检合格证案

[**基本案情**] 2000 年 11 月 5 日，某市巴士公司 37 路公共汽车发生交通事故，申请人陈某之女于某在事故中受重伤，住院 25 天后因抢救无效死亡。陈某认为，巴士公司未给 37 路公共汽车办理第三者责任保险，致使该车发生事故造成其女受伤后，巴士公司不能履行垫付医疗费的义务而影响其女治疗导致死亡，而该车未上保险，车管所却为其颁发年检合格证，违反了某市《机动车和机动车驾驶员管理办法》，要求撤销该车的年检合格证。

所谓短，就是行政程序确定的程序性行为应当环节尽可能少，如上海浦东在对行政许可改革时就对基本建设程序环节作了缩减，社会投资的生产性建设项目，行政许可时限不得超过 100 个工作日，实行土地招标拍卖方式用地的六类经营项目，行政许可时限不得超过 70 个工作日。所谓不间断，就是指行政许可的过程不能在运行过程中停止，一旦运行过程发生中断就必然导致相对人权益的实现阻滞。短而不间断是现代行政程序的基本要求，行政许可过程亦应当如此。目前我国行政法中关于行政许可程序的规定非常少，诸多行政许可项目甚至没有作相应的时限约束，如《湖南省高等级公路管理条例》第 17 条规定："在高等级公路规划区内修建建筑物或者其他设施，必须向省交通部门申报，由省交通部门依法审查同意，再向土地管理部门申请用地。"此条没有任何行政许可期限的规定，依这样的规定行政相对人的审批申请即使长时间拖延，行政主体也不用对此承担任何法律责任。由于行政许可中既有实体内容又有程序内容，因而作为行政许可的法律规范必须写明具体的程序，《宁夏回族自治区城镇规划区临时建设和临时用地规划管理办法》就对临时建设用地规划许可的审批规定了具体的程序，第 7 条第 1 款规定："在城市规划区内临时使用国有储备土地的，应当向城乡规划主管部门申请，取得临时用地规划许可证后，再到国土资源主管部门办理临时用地审批手续。临时使用他人取得使用权的土地的，应当先征得土地权属单位或者有关主管部门的同意，并签订临时用

---

[1] 应松年主编：《外国行政程序法汇编》，中国法制出版社 2001 年版，第 591 页。

地合同后，再向城乡规划主管部门申请办理临时用地规划许可证。"像这样具体的程序规划应当在我国其他行政许可事项中体现，只有通过严格的程序规则才能保证行政效率的提高，保护行政相对人的权益。

五、行政许可重大事项听证化

行政许可中的行政听证在诸多国家的行政程序法和其他一些单行法规中都有规定，《日本行政程序法》第10条规定："行政机关对申请而为处分时，依法令应斟酌申请人以外的第三人之利害，作为许可等之要件者，如有必要，应尽量以举办公听会或其他适当方法给予申请人以外第三人听取其意见之机会。"[1] 行政听证制度是行政程序制度的重要内容，在发达国家的行政法制度尤其行政程序立法中都有听证的规定。[2] 所谓行政听证，是指在行政机关的主持下，由行政主体和行政相对人对某一权益关系进行论辩、质证，将相应的权益关系予以澄清的行政过程。它是一种行政公开化的制度，在该制度之下，行政相对人有权参与到行政主体的行政行为之中，其它利害关系人也可以了解行政主体与行政相对人的是非关系。我国自《行政处罚法》将行政听证制度确定下来以后，在其它行政行为中也相继推行了行政听证。我们认为，这一制度作为行政程序的重要内容之一亦可以在行政许可事项中予以采用。这既是因为行政许可是政府行政行为中最为重要的一种，又是因为行政许可除关系到行政主体和行政相对人的权利义务关系外，还关系到其他利害关系人的权利义务关系。如《广播电视管理条例》第33条规定："广播电台、电视台对其播放的广播电视节目内容，应当依照本条例第32条的规定进行播前审查，重播重审。"第39条规定："用于广播电台、电视台播放的境外电影、电视剧，必须经国务院广播电视行政部门审查批准。用于广播电台、电视台播放的境外其他广播电视节目，必须经国务院广播电视行政部门或者其授权的机构审查批准。"那么，对于比较复杂的、重大的行政许可事项应当进行听证。此处所讲的听证与行政处罚法规定的听证有一定的区别，它应当是一种有广大公众参加的广泛的听证，而不是一种只由行政主体和行政相对人参加的比较狭义的听证。至于什么样的事项属于重大事项则是一个需要探讨的问题，笔者认为，应当以某一事项是否与广大公众的利益或者不特定的行政相对人的利益有关为标准，如有关价格方面的行政许可事项就关系到广大公众的利益，应当在行政许可过程中实行

〔1〕　应松年主编：《外国行政程序法汇编》，中国法制出版社2001年版，第443页。
〔2〕　《美国联邦行政程序法》在此方面更具有代表性。参见萧榕主编：《世界著名法典选编（行政法卷）》，中国民主与法制出版社1998年版，第1页。

听证。《中华人民共和国行政许可法》第46~48条对有关行政许可的听证事项作了规定，但是，关于行政许可听证事项的规定较为笼统，这是今后完善行政许可制度应当解决的问题。

六、行政许可的依据公开化

行政许可的依据包括两方面：①事实依据，指行政许可所依据的客观情况，这些客观情况由人、物、事、时等环节构成。其中的人指参加行政许可事项中的行政主体、行政相对人和与审批事项有关的利害关系人，三个缺一不可。传统行政法理论中仅把人限制在行政主体和行政相对人方面是有一定缺陷的，有时利害关系人比行政相对人受行政许可的事项影响更大，行政许可的事态与利害关系人比与行政相对人的关系更加密切。物指的是具有经济价值的财产，包括动产和不动产等。事则是指行政许可中涉及的诸种事态及其关系。时则是指行政许可发生的时间段，时既对行政行为的性质有决定意义，又对行政相对人的权益有决定意义，在行政许可中同样忽视不得。行政许可中的事项有些是由行政许可的请求人即行政相对人提供的，即行政相对人在请求行政许可时所提供的各种事实；有些是由行政主体提供的，如行政主体在进行行政许可时所提供的事实；还有一些是由与行政许可事项有关系的利害关系人提供的，如利害关系人对某种行政许可事项持有异议时所提供的事实。这些事实在一般情况下都是应当予以公开的，只有在法律规定涉及国家机密、商业秘密和个人隐私时才可以不公开。②法律依据，指行政许可所依据的法律、法规、规章。这其中有些是有关行政许可设定的规则。行政许可法律依据的公开化还包括行政许可过程中所依据的实体规则和程序规则的公开化。作为行政许可事实依据的公开化的方式应根据行政许可事项的内容作出确定，或者在审查过程中公布所有事实，或者在审查结果作出后公开审查过程中的事实和审查结果。行政许可法律依据的公开化的方式则可以通过政府公报或具体的行政许可事项进行全面公开。《日本行政程序法》中确立的一项制度值得我们研究，这就是行政许可中的"审查基准"制度。所谓审查基准，是指"行政机关作出行政许可时所依据的具有量化性的基本标准制度，要求行政机关对每一项审批应当有具体的参照标准，这些标准具有直接的可操作性。审查基准制度的实质是遏制行政许可中的自由裁量权，各个行政管理部门法将审查基准确定以后，行政机关应该置放在其办公场所以便权益请求人查阅，或者以其他方法公告之，给其他利害关系人也提供了解的机会。"[1] 行政许可最低基准的公开还有一个意义就是有

---

[1] 应松年主编：《外国行政程序法汇编》，中国法制出版社2001年版，第442页。

利于行政相对人进行监督。《泰国海关法》第 99 条规定："本法要求向主管官员作出申报的人，让他人或者准许他人申报的人或者与申报有关的人，提交或让他人提交或让他人提交报关单、证明书、商业记录或其他单证的人，提交虚假、不完整或者有欺骗性细节的报关单、申报单、证明书、商业记录或其他章证的；依照本法要求答复主管官员向其提出的任何问题而不如实回答的；拒绝或不按照规定保存商业记录、登记册、簿记、文件或其他本法要求的文书的；假冒、伪造本法规定的文件记录或其他文书，或者使用假冒、伪造的本法规定的文件、记录或其他文书的；更改已正式签发的、与本法有关的交易中使用的任何文件、记录或其他文书、或者假冒由任何海关官员为与本法有关的任何目的而使用的标志、签章、签名或者其他标志的，应当处以不超过 5 万泰铢的罚款，或者处以不超过 6 个月的监禁。"[1] 海关法规定的审查基准以及满足该审查基准所需的形式要件是行政主体在审批过程中对行政相对人监控的依据。

七、行政许可的结果法律效力化

行政许可的结果是指行政主体通过行政许可行为而作出的审批决定，它是行政行为的一种，应当具有与其他行政行为相同的法律效力。然而，在行政执法实践中，行政许可的法律效力均存在较为严重的问题，主要表现是行政许可的结果只对行政相对人具有法律效力，对行政主体则没有法律效力。发达国家的行政程序法为了防止行政机关蔑视行政相对人的权益请求行为，规定了一种特殊的效力制度，即默示批准制度。默示批准指行政机关在法定期限内没有对申请人的申请作出答复的，视为批准其申请。葡萄牙规定如果行政机关没有在该期间内作出决定的，在下列情况下，申请人可以推定其请求被批准：①私人工程的执照；②地段或分执照；③将工作特许外国人的许可；④外国人的投资许可；⑤不间断工作许可；⑥轮班工作的许可；⑦公私职务的兼任。"[2] 一方面，行政主体作出不予某行政相对人行政许可行为后，则会因其他不正当理由将同一不予许可的事实赋予其他行政相对人，这常常是基于各种不同的利益维护关系而为之的。另一方面，行政主体从行政权的单方面意志出发，把本来已经准许的行政许可事项予以解除，如政府行政系统赋予一些企业营业的权利，但事后不久又基于所谓的总体规划把已经赋予行政相对人的权利予以无条件收回。由于我国行政许可方面的行政赔偿和行政补偿制度尚未建立，行政机关终止行政许可事项的行为使行政相对人的损失没有正当途径予以补偿。我们认

---

〔1〕《亚洲部分国家海关法》，何晓兵等译，中国社会科学出版社 2000 年版，第 41 页。
〔2〕 应松年主编：《行政程序立法研究》，中国法制出版社 2001 年版，第 406 ～ 407 页。

为，行政许可行为对行政主体和行政相对人具有同等效力，一旦一个行政许可事项作出，对于作出它的行政机关和其它行政机关都有法律上的约束力，无正当理由、不通过法律程序不能改变审批事项。行政许可的行政决定一旦作出就意味着行政机关产生了一个新的法律责任，其既要对行政事项中的权利主体负责，又要对其他利害关系人负责。《佛罗里达州旅馆法》第 509 条规定："为了保护公众的健康、安全和福利，旅馆与餐馆管理处应该贯彻本章所规定的所有条款以及有关旅馆、餐馆管理和检查的其他法规。该处应该负责查清由它发给执照的企业均不参与做骗人的广告和不干不道德的事情。该处对在履行本处职责过程中所开支的全部经费应做到账目准确，并与银行和征收的所有费用开列清单，归档保存。"[1] 该条款表明，行政许可机关在审批过程中具有法律责任，在审批行为完成后，还因审批行为带来了后续的法律义务。笔者认为应尽快建立三种制度：一是行政许可结果的承诺制，即行政主体对行政相对人赋予了与某种审批事项有关的权利时，无正当理由不能剥夺行政相对人已经取得的权利，这种承诺是现代法治政府取信于民的重要途径。二是行政许可事项终止补偿制。[2] 行政主体赋予了行政相对人与审批事项有关的权利后，鉴于政府行政管理的总体需要，必须终止审批事项而对行政相对人的权利造成侵害时，应当按照《中华人民共和国国家赔偿法》的有关规定进行补偿，减少行政相对人因行政行为的干预而造成的损失。三是行政许可变更说明理由制。行政许可决定一旦作出，在一般情况下是不可以变更的，但有时为了行政管理的总体需要，可以将本来审批不予许可的事项重新予以许可，或者将已经许可的予以终止，或者变更许可中的法律关系客体、主体、权利义务等。从行政法关系单方面性的理论出发，这种变更是完全可能存在的。问题的关键在于这种变更必须有法律上的正当理由，同时这些理由必须让行政相对人和利害关系人知晓，行政主体说明变更理由就是让相关当事人知晓的重要途径。《中华人民共和国行政许可法》关于行政许可的法律责任有诸多规定，遗憾的是，没有规定行政主体擅自改变已经赋予相对人行政许可事项的责任追究制度，这应当在今后的行政许可法中予以完善。

---

[1] [美] 小雷亚蒙·C. 艾利斯，美国 A–H–MA 安全委员会：《安全与损失预防管理》，林珍珍等译，旅游教育出版社 1989 年版，第 253 页。

[2] 《美国联邦行政程序法》关于行政许可的效力还有一个有法理价值的规定："如果许可持有人已及时且有效地按照机关规章提出了更换许可证或领取许可证的申请，而且许可证所涉及的活动具有连续性，那么在该机关就此申请作出最终决定之前其仍然有效。"（《联邦行政程序法》第 558 条）

第二章 行政许可法律主体

第一节 行政许可的实施机关

一、行政职权机关

在原有体制下，我国行政许可制度的重要弊端之一就是许可实施主体的混乱，可以说只要掌握某一方面的权力同时也就有了相应的许可权，"公章满天飞"就是对这种现象的最好描述。例如，要开办一个小商品批发市场需要跑80多个部门，盖112个公章，交纳的费用达7万多元，耗费的时间达半年之久。所以，有些经营者宁可无证经营而被处罚，也不愿意办理证照，问其原因就是要跑的部门太多。为了从根本上遏制许可实施主体的不法定，《行政许可法》第22条规定："行政许可由具有行政许可权的行政机关在其法定职权范围内实施。"行政机关可以成为行政许可的主体，而且是行政许可的最主要主体。但是，这并不意味着行政机关是行政许可的唯一主体，也并不是说所有行政机关都可以无条件地成为行政许可的主体。所以，我们在理解《行政许可法》第22条时要把握以下几方面的内容：

1. 行政许可原则上由行政机关实施。行政机关与立法机关、司法机关等其他国家机关的显著区别就在于，行政机关是按照宪法和组织法的规定所设置的行使国家行政职权的国家机关。享有行政职权、管理行政事务、实现国家行政目的构成行政机关的重要特征。由行政许可行为的性质以及行政机关的职责所决定，行政许可的实施主体一般情况下是行政机关，其他机关、组织或者个人是不得涉及的。也就是说行政机关作为行政许可的实施主体原则上具有专属性。当然，行政机关是否成为行政许可的实施机关，还要取决于有关设定行政机关职权的组织法和规范行政机关行为的行政行为法以及规范相应程序的行政程序法是否授权。

2. 行政机关实施行政许可必须享有行政许可权。行政许可原则上由行政机关实施，但并不是说所有行政机关都享有行政许可权。一般而言，行政机关享有对某一事项的行政管理权，同时也就享有相应的行政许可权。但是必须注意的是，任何行政机关要取得对某个事项的具体的行政许可权，还必须有具体法律规范的明确规定，即行政机关实施行政许可必须以具有某个特定的行政许可权为首要前提。如果行政机关不具有行政许可权而实施了某项行政许可，则该行政许可即属违法。就这一点而言，行政机关的行政许可权与其他行政权力一样，必须有相应的法律来源。所谓行政机关具有行政许可权，简单地讲就是指具有外部行政管理职能的行政机关依法取得了一定的行政许可权，从而能够对行政相对人的行政许可申请进行审查，并有权作出是否许可的决定。

3. 行政机关必须在法定的职权范围内实施行政许可。行政机关在行使其任何职权时，都不得超越其法定的范围，这是依法行政原则的基本内容之一。实际上，任何法律在赋予某行政机关相应的行政许可权时，都同时规定了其许可的范围，没有也不应当有超越职权范围的行政许可权。行政许可由行政机关实施并不意味着行政机关可以任意实施行政许可，行政机关超越了其职权范围而行使的许可便是违法的。例如，为了保护和合理使用有限的土地资源，我国《土地管理法》第45条规定："征收下列土地的，由国务院批准：①基本农田；②基本农田以外的耕地超过35公顷的；③其他土地超过70公顷的。征收前款规定以外的土地的，由省、自治区、直辖市人民政府批准，并报国务院备案。"根据该条的规定，国务院和省、自治区、直辖市人民政府批准征收土地的权限范围是非常明确的。如省、自治区、直辖市人民政府批准了基本农田的征收或者基本农田以外的耕地超过35公顷的或者其他土地超过70公顷的，则超越了其职权范围，因而构成违法，这种情况属于下级机关行使了上级机关的许可职权，在学理上称之为纵向超越。再如，工商行政管理机关、科教文卫行政管理机关均享有行政许可权，但是如果县级工商行政管理机关向某个体户颁发了卫生许可证、或者某县级卫生行政管理机关向某单位颁发了办学许可证，则同样属于超越职权的行政许可，这种情况属于同级机关之间的超越，在学理上称之为横向超越。行政机关所享有的行政许可权限的范围与其管理事项一致，行政许可权限的大小与其管理职能的大小一致。

二、行政授权机关

行政许可权原则上专属于行政机关，但这并不意味着行政机关是行政许可的唯一实施主体。由于现代行政不仅面广量大，而且其纷繁复杂之趋势日益明显，因此，除法定行政机关外，法律、法规可以授权一定的组织实施行政许可。但是由于行政机关以外的组织一般不具有行政管理职能，因而也不具有行政许可权，所以行政机关以外的组织要获得行政许可权，必须具备一定的条件，主要包括授权本身应当具备的条件和获得行政许可权的组织本身具有的条件两个方面。《行政许可法》第 23 条规定："法律、法规授权的具有管理公共事务职能的组织在法定授权范围内，以自己的名义实施行政许可。被授权的组织适用本法有关行政机关的规定。"根据该条规定，行政授权机关成为行政许可的主体应当具备下列条件：

1. 就授权应当具备的条件来讲，只有法律、法规才能授权行政机关以外的组织实施行政许可。由于行政许可直接关系到公共利益和私人利益，而许可权的授予又意味着创设新的行政许可权，因此授予行政机关以外的组织行政许可权必须非常严格。根据《行政许可法》的规定，只有法律、法规才享有行政许可的授予权，也就是说，只有制定法律的主体、制定行政法规的主体和制定地方性法规的主体才有权授予行政机关以外的组织行政许可权。根据《宪法》和《立法法》的规定，行政许可的授权主体具体来讲有以下国家机关：全国人民代表大会及其常务委员会；国务院；省、自治区、直辖市人民代表大会及其常务委员会；省、自治区人民政府所在地的市人民代表大会及其常务委员会；国务院批准的较大市人民代表大会及其常务委员会；经济特区所在地的市人民代表大会及其常务委员会。除此以外的任何机关都不享有对行政许可的授权。此外，行政许可的授权在授权方式上必须明确具体，即不管是法律还是法规都应当将授权的内容、范围以及被授权组织的名称等予以具体规定。

这里特别要注意的是，不要将《行政许可法》中关于行政许可授权主体与有些法律中或者学界有时所讲的行政授权相混淆。例如《野生动物保护法》第 16 条规定："禁止猎捕、杀害国家重点保护野生动物。因科学研究、驯养繁殖、展览或者其他特殊情况，需要捕捉、捕捞国家一级保护野生动物的，必须向国务院野生动物行政主管部门申请特许猎捕证；猎捕国家二级保护野生动物的，必须向省、自治区、直辖市政府野生动物行政主管部门申请特许猎捕证。"这里所谓的授权是指行政机关根据法律或者法规的授权规定，将法律赋予其行使的行政许可权再授予有关组织行使。而《行政许可法》中的授权则是指法律、法规直接明确地将某项行政许可权授予某个符合相应条件的组织。

2. 就接受授权的组织应当具备的条件来讲，必须是具有管理公共事务职能的组织。具体而言，该条件又包括两个方面：①接受法律、法规授权实施行政许可的只能是组织。由于授予行政许可的实施权实质上就是行政许可权的转移，经过授权被授权者就获得了行政许可的实施权，成为行政许可的主体。因此，行政许可只能授予组织，而不能授予个人。因为只有组织才具备一定的机构、章程、固定的办公场所、稳定的工作人员等履行一定国家职能的条件，而这些条件个人是不具备的。②接受法律、法规授权实施行政许可的只能是具有管理公共事务职能的组织。社会组织的种类很多，包括行政机关在内的所有国家机关、以营利为目的从事一定经济活动的企业、不以营利为目的从事某项社会职能的事业单位以及包括政党、工会、共青团、妇联、学会在内的社会团体等都是社会组织，但是行政许可的实施权并不能授予所有的组织，而只能授予具有公共事务管理职能的组织。被法律、法规授予行政许可实施权的具有管理公共事务职能的组织应当具备法定的条件，这些条件主要有：该组织是正式成立的组织；该组织内部具有熟悉相关法律、法规和业务的正式工作人员；如果需要进行技术检查或者技术鉴定的，该组织应当有条件组织进行相关的技术检查和技术鉴定；能独立地承担因行政许可行为而引起的法律后果；其他单行法规定的条件。

随着公权力社会化的日益发展，大量非政府组织产生，这些非政府组织越来越多地承担着原来由政府承担的事务，这是符合社会发展趋势的。随着改革的深入，我国非政府组织也开始大量涌现。这方面的法律、法规也越来越多。例如《中华人民共和国拍卖法》第 16 条规定："拍卖师资格考核，由拍卖行业协会统一组织。经考核合格的，由拍卖行业协会发给拍卖师资格证书。"第 17 条规定："拍卖行业协会是依法成立的社会团体法人，是拍卖业的自律性组织。拍卖行业协会依照本法并根据章程，对拍卖企业和拍卖师进行监督。"根据《拍卖法》的上述规定，拍卖行业协会有权监督管理拍卖行业，有权对经过考核合格的人员发给拍卖师资格证书。再如，根据《中华人民共和国注册会计师法》的有关规定，注册会计师协会负责会计师的有关注册管理工作。

3. 法律、法规授权的组织必须在授权的范围内实施行政许可。根据授权规则，法律、法规在授予有关组织行政许可权时，都要对其实施行政许可的行为、种类和幅度等作出明确的规定，获得授权的组织必须在授权的范围内实施行政许可。如果获得授权的组织超越了法律、法规规定的行政许可的行为、种类和幅度实施了行政许可，则该许可就会因越权而无效。例如，《中华人民共和国拍卖法》第 11 条规定："拍卖企业可以在设区的市设立。设立拍卖企业必须经所在地的省、自治区、直辖市人民政府负责管理拍卖业的部门审核许可，并向工商行政管理部门申请登记，领取营业执照。"根据该规定，设立拍卖企业的许可由企业所在地的省级人民政府负责管理拍卖业的部门许可，其他部门和组织均无权许可，即使拍卖行业协会也没有该项许可权。虽然根据拍卖法的规定，拍卖行业协会享有对拍卖企业和拍卖师的监督管理权以及授予拍卖师资格证书的权力，但是拍卖法没有授予其设立拍卖企业的权力。因此，如果拍卖行业协会批准设立拍卖企业，则明显超出了其权限范围。

4. 法律、法规授权组织以自己的名义实施行政许可。经过法律、法规的授权，相应组织就取得了实施行政许可的主体资格，具有与有关行政机关同等的法律地位，因此，该组织就能够以自己的名义实施行政许可，并独立地承担因行政许可而引起的法律后果。例如，如果因行政许可而引起行政复议或者行政诉讼，则该组织就是行政复议被申请人或者行政诉讼的被告。正是基于此，《行政诉讼法》第25条规定"由法律、法规授权的组织所作的具体行政行为，该组织是被告。"

经过法律、法规明确授权的组织实际上取得了行政主体的资格，因此，在实施行政许可时也就取得了与行政机关相同的法律地位。基于此，《行政许可法》第23条规定，被授权组织适用本法中有关行政机关之规定。值得注意的是，该条的规定并不意味着仅仅是第三章关于行政许可实施机关的规定适用于被授权组织，而是说《行政许可法》中所有的规定均适用于被授权组织。例如，被授权组织在实施有关行政许可时必须遵循《行政许可法》中关于行政许可的程序、行政许可的收费等方面的规定。

三、综合执法机关

我国在《行政处罚法》中第一次作出了关于相对集中行政处罚权的规定，此后，国务院对相对集中行政处罚权问题多次作出了具体部署，特别是2002年8月专门下发了《关于进一步推进相对集中行政处罚权工作的决定》。该决定授权省、自治区、直辖市人民政府可以决定在行政区内有计划、有步骤地开展相对集中行政处罚权工作，在该决定中，国务院对开展相对集中行政处罚权工作的指导思想、范围以及有关要求等作了具体明确的规定。几年来的实践表明，相对集中行政处罚权的规定不仅有利于行政机关合理行使行政处罚权，防止多头处罚，有效维护行政相对人的合法权益，而且为建立综合行政执法机构甚至为行政机构改革指明了方向。长期以来我国行政许可制度中存在的重要弊端之一就是行政许可机关设置的混乱。行政许可机关臃肿，行政效率低下，行政相对人的合法权益得不到有效维护。有时行政相对人要办理某个事情，如开办一家企业要跑几十个部门，盖上几十个甚至几百个公章，这种现象越来越成为市场经济发展的障碍。为了解决这种因行政机关职能不清、权限交叉而产生的滥设许可、重复许可问题，从源头上消除因多个部门分别实施许可而产生的矛盾，提高行政许可效率，降低行政许可成本，加快市场准入，促进市场经济的迅速发展，《行政许可法》借鉴了《行政处罚法》的这一规定，在其第25条规定："经国务院批准，省、自治区、直辖市人民政府根据精简、统一、效能的原则，可以决定一个行政机关行使有关行政机关的行政许可权。"该规定是《行政许可法》第6条"实施行政许可，应当遵循便民的原则，提高办事效率，提供优质服务"之规定的具体表现之一。

由于行政许可权的相对集中行使涉及诸如行政职权的配置、综合许可机关的法律地位、综合许可机关与其他行政机关之间的关系等问题，因此，综合行使行政许可权既要考虑到有利于方便行政相对人、提高行政效率，同时又不能忽视行政许可的质量，不能为了合并而合并。只有一些既涉及多个行政机关，容易产生职权交叉、职责不清的领域的行政许可，如城市管理、交通运输管理、港口管理等综合管理领域，才可以经过法定程序后实行相对集中行政许可权。而对某些专业性、技术性较强领域的行政许可，必须由专门的职能部门来行使行政许可权，因为行政许可实质上也是行政机关进行有效管理的重要手段。鉴于此，我们必须正确理解《行政许可法》第25条的规定：首先，实施相对集中行政许可权应当遵循精简、统一、效能的原则。精简、统一、效能是我国行政组织法的基本原则，也是实施相对集中行政许可权应当遵循的基本原则。在这个问题上，相对集中行政处罚权几年来的实践有许多可资借鉴的经验，同时也有值得吸取的教训。例如，为了相对集中行政处罚权，许多地方都成立了新的综合执法机构，导致原有的机构不但没有减少，反而又增加了新的机构。这与我国行政改革的目标和方向是不一致的。因此，在实施相对集中行政许可权的过程中应当避免类似情况的发生，真正实现精简、统一、效能。其次，只有省、自治区、直辖市人民政府可以决定一个行政机关行使有关行政机关的行政许可权。由于一个行政机关行使有关机关的行政许可权涉及到行政许可权的配置问题，所以对此应当从严把握。根据许可法的规定，只有省级人民政府才有权决定由一个机关行使有关机关行使的行政许可权，省级以下的各级人民政府均无权决定由一个行政机关行使有关机关的行政许可权。第三，省、自治区、直辖市人民政府决定一个机关行使有关机关的行政许可权必须经过国务院的批准。《中华人民共和国地方各级人民代表大会和地方各级人民政府组织法》第64条第3款规定："省、自治区、直辖市的人民政府的厅、局、委员会等工作部门的设立、增加、减少或者合并，由本级人民政府报请国务院批准，并报本级人民代表大会常务委员会备案。"省级人民政府决定由一个机关行使有关机关的行政许可权虽然不是行政机构的增加、减少、合并，但其实质相当于政府职能部门的合并，同样不能违背组织法的规定。因此，根据地方政府组织法的规定，省、自治区、直辖市人民政府决定一个行政机关行使有关机关的行政许可权也必须经过国务院的批准。这是法定的程序。最后，一个机关符合许可法的规定而行使有关机关的行政许可权，实际上就意味着国务院已经对相关的行政许可权进行了重新配置。因此，被授权行使有关机关行政许可权的机关就取得了独立的行政许可主体地位。该机关在实施有关行政许可权时可以自己的名义进行，并独立地承担相应的法律后果。

应当注意的是，我国现行行政管理体制中存在着两种领导体制：一种是双重领导体制，即下级行政机关既要受同级人民政府领导，又要受上级主管部门领导，例如省、自治区、直辖市以下的地方税务机关实行上级税务机关和同级人民政府的双重领导、以上级税务机关垂直领导为主的管理体制；另一种是垂直领导体制，即下级行政机关只受上级主管行政机关的领导，不受地方人民政府的领导，例如海关、金融、国税、外汇管理机关等。这样在实行相对集中行政许可权时就会出现对垂直领导的机关如何处理的问题。按照常规的理解，既然是垂直领导，那么就不应当受所在人民政府的管理。也正是出于这样的考虑，《行政许可法（草案）》第三次审议稿第 30 条规定："经国务院批准，省、自治区、直辖市人民政府根据精简、统一、效能的原则，可以决定一个行政机关行使有关行政机关的行政许可权；但是，实行垂直领导的行政机关行使的行政许可权除外。"也就是说，省、自治区、直辖市人民政府在决定实行相对集中行政许可权时是不能涉及实行垂直领导的行政机关的。但是，目前我国实行垂直领导的机关又存在着两种情况：一种是实行中央以下的垂直领导，另一种是实行省、自治区、直辖市以下的垂直领导。如果按照草案的规定，两种垂直领导的行政机关均不能实行相对集中行政许可权。这样就未免绝对化了，而且对已经实行的综合执法的进一步开展是不利的。因此，在第三次审议时就有委员提出立法应当为地方已经开展的综合执法试点工作留有余地。于是，在正式通过的《行政许可法》中就去掉了原来的但书规定。[1] 应当认为，这样处理是比较恰当的。

四、共同行政许可

在行政机关实施行政许可的实践中，为了加强管理，保证行政许可的质量，有时会出现一个许可事项需要由某个行政机关内部的多个机构来办理，或者一个许可事项依法需要由两个以上的行政部门分别实施的情形。在这种情况下，如果机械地操作，那将会给行政相对人造成很大的不便，并增加行政相对人的负担，而且也不利于提高行政效率，并容易造成行政机关及其工作人员的

---

[1] 参见 2003 年 8 月 19 日全国人大法律委员会关于《中华人民共和国行政许可法（草案）》审议结果的报告。

腐败。近几年来，全国各地陆续建立的政务超市，就是试图通过简便的"一个窗口对外"、"集中、联合许可"、"首问负责制"的"一站式"方式，解决行政许可实践中行政相对人"跑断腿、磨破嘴"往往还办不成事情的问题。实践证明，这种方式是行之有效的。为了使这种方式制度化、规范化，《行政许可法》第26条规定："行政许可需要行政机关内设的多个机构办理的，该行政机关应当确定一个机构统一受理行政许可申请，统一送达行政许可决定。行政许可依法由地方人民政府两个以上部门分别实施的，本级人民政府可以确定一个部门受理行政许可申请并转告有关部门分别提出意见后统一办理，或者组织有关部门联合办理、集中办理。"

根据《行政许可法》第26条第1款的规定，行政许可需要行政机关内设的多个机构办理的，该行政机关应当确定一个机构统一受理行政许可申请，统一送达行政许可决定。这就是所谓"一个窗口对外"的"窗口式"服务方式。在行政管理实践中，行政机关根据工作需要，在其内部要设立若干个工作机构，以处理不同的行政管理事务。这些内设机构除法律、法规明确授权外，一般情况下是不能以自己的名义对外行使行政职权的，而只能以其所在机关的名义对外行使职权。在行政许可程序中，如果某个行政许可需要行政机关内部的若干个不同的机构来办理，则行政机关应当确定一个内设机构来统一受理相对人的申请，并在行政许可程序结束后统一送达行政许可决定。在理解《行政许可法》的这一规定时必须注意以下几点：①与《行政许可法》第25条关于一个机关行使有关机关的行政许可权的规定不同，第26条规定的是应当，也就是说当行政许可需要行政机关内部的多个内设机构办理时，行政机关应当确定一个机构来统一受理申请，送达许可决定。在这种情况下行政机关是不存在自由裁量的，必须这样去做。而在许可法第25条中规定的是，经国务院批准，省、自治区、直辖市人民政府可以决定一个机关行使有关行政机关的行政许可权，也就是说是否要由一个机关来行使有关行政机关的行政许可权，由省、自治区、直辖市人民政府自由裁量决定，并经国务院批准。②行政机关确定的内设机构仅仅是统一受理许可申请，并统一送达许可决定，而无权实施行政许可。也就是说该内设机构只是办理有关程序性的事项，而无权实施实质性的许可行为，具体许可还要由有权机构来办理。

根据《行政许可法》第26条第2款的规定，依法应当由地方人民政府两个以上部门分别实施的行政许可，本级人民政府可以确定由一个部门受理行政许可申请并转告有关部门分别提出意见后统一办理，或者组织有关部门联合办理、集中办理。这就是所谓办理行政许可的"一站式"服务规定。许可法的这一规定实际上是对实践中全国很多地方已经普遍实行的政务超市的进一步肯定和法律化。为了简化行政许可程序、方便行政许可申请人、提高行政效率，早在 20 世纪 90 年代中后期一些地方政府就陆续成立政府服务大厅或者行政许可中心，将行政相对人经常办理的有关事项集中在一起，以便于相对人办理审批。例如北京崇文区（现已撤销）早在 1998 年就成立了企业服务大厅，将 21 个政府职能部门合署办公，为企业提供办理工商注册登记、税务登记、企业法人代码登记、卫生许可证登记、科技企业登记、行业管理登记、审批以及有关政策咨询服务。再如，浙江宁波自 1999 年起为了实行"一窗口式受理、大厅式办理、敞开式审批、一个来回办结"，由房地产办证中心、户证中心、外商投资服务中心、建设项目审批办理中心、工商注册中心这 5 个服务中心，汇集40 多个部门，集中办理有关事项，大大方便了行政相对人，提高了政府工作效率。《行政许可法》第 26 条第 2 款规定了两种情况，即统一办理和联合办理。关于统一办理行政许可，必须注意以下几个问题：①由一个政府工作部门统一办理行政许可，仅限于地方人民政府的两个以上工作部门分别实施行政许可的情况。之所以将集中统一办理行政许可限于地方人民政府，是因为行政许可事项主要是由地方人民政府及其工作部门实施的，由国务院及其职能部门实施的行政许可是非常有限的，没有必要集中统一办理。②出现地方人民政府两个以上工作部门分别实施行政许可时，本级人民政府可以确定由一个部门受理行政许可申请，并统一办理。这里规定的是"可以确定"，而不像本条第 1 款规定的"应当"。也就是说，在这种情况下，本级人民政府可以根据具体情况来自由裁量决定是否要确定由一个部门来统一受理。因为不同部门之间的行政许可毕竟不同于同一机关内部不同机构之间的许可，不同部门之间的许可要比同一机关内部不同机构之间的许可复杂得多，所以不能强求统一的"一站式"，而要根据具体情况来确定。这样既体现了行政许可便民的立法宗旨，又使得行政许可具有很强的操作性。③本级人民政府确定的受理行政许可申请的部门，在受理行政许可申请后应当转告有关部门，待其分别提出意见后统一办理。确定由一个部门统一受理许可申请并不是说就由该部门办理所有许可事项，只是为了方便许可申请人，提高行政效率，由一个部门受理许可申请后，具体是否准予许可，还要由相关部门决定。因此，统一受理的部门在受理许可申请后应当转告有关部门，由有关部门进行审查并提出处理意见，然后再统一办理。

关于联合办理行政许可，同样要注意以下几个问题：一是联合办理行政许可，也仅限于地方人民政府两个以上工作部门分别实施行政许可的情况。二是出现地方人民政府两个以上工作部门分别实施行政许可时，本级人民政府可以组织有关部门联合办理、集中办理，并非一定要组织联合办理、集中办理。这种情况目前较为普遍的就是各地纷纷设立的行政许可中心，将工商、税务、卫生等行政管理职能部门集中在一起，以便行政相对人在很短的时间内办理有关许可事项。

五、专业技术组织

随着现代社会的发展，大量的非政府组织不断涌现，这些非政府组织越来越多地承担起原来由政府承担的管理事项，这已经成为世界性趋势。这种现象的产生不仅仅是因为政府承担有关管理职能成本过高、效率低下、服务质量不高，主要是随着现代市场经济的发展，政府应当转变职能，改进行政管理方式，从大量的社会事务中摆脱出来，将社会能自律的事务交由社会，逐步形成行为规范、运转协调、公正透明、廉洁高效的适应现代社会发展的行政管理体制。《行政许可法》顺应了世界潮流，规定了某些现在还主要由政府行使的行政许可权逐步向社会转移以及向核准式方向发展的条款。《行政许可法》第12条第4款规定："直接关系公共安全、人身健康、生命财产安全的重要设备、设施、产品、物品，需要按照技术标准、技术规范，通过检验、检测、检疫等方式进行审定的事项"可以设定许可。第13条规定："行业组织或者中介机构能够自律管理的"，可以不设定许可。第28条规定："对直接关系公共安全、人身健康、生命财产安全的设备、设施、产品、物品的检验、检测、检疫，除法律、行政法规规定由行政机关实施的外，应当逐步由符合法定条件的专业技术组织实施。专业技术组织及其有关人员对所实施的检验、检测、检疫结论承担法律责任。"这些规定表明，我国政府已经准备有意识地逐步从某些许可领域退出。

对《行政许可法》第28条关于专业技术组织实施核准式许可的规定，应当注意以下几个问题：

1. 在现阶段并不是所有直接关系公共安全、人身健康、生命财产安全的设备、设施、产品、物品的检验、检测、检疫，都应当由符合法定条件的专业技术组织进行，如果法律、行政法规规定应当由行政机关实施的，则必须由行政机关实施，而不能由专业技术组织来进行。从我国目前法律、行政法规的规定来看，对直接关系公共安全、人身健康、生命财产安全的设备、设施、产品、物品的检验、检测、检疫，一般都规定由行政机关实施。这种状况还将会存在一定的时间，因为我国市场经济的发育还远未成熟，相应的非政府组织在有关技术条件以及社会信用等方面也还不完备和规范，还没有足够的能力完全承担起对直接关系到公共安全、人身健康、生命财产安全的设备、设施、产品、物品的检验、检测、检疫工作，这方面的工作主要还是由行政机关来承担。因此，《行政许可法》的规定既考虑到我国的实际情况，又着眼于未来的发展，规定了目前由行政机关承担的大量的核准性许可工作，随着市场经济的发展和政府职能的进一步转变，将逐步转由社会力量来承担。由专业技术组织来承担上述工作，既有利于充分发挥专业技术组织的特长，充分利用社会资源，又有利于精简行政机构，提高行政效率，因而是符合市场经济规则和社会发展趋势的。

2. 承担对直接关系公共安全、人身健康、生命财产安全的设备、设施、产品、物品的检验、检测、检疫工作的专业技术组织应当符合法定的条件。《行政许可法》之所以规定上述工作应当逐步由专业技术组织实施，一个重要原因就是目前虽然存在各种专业技术组织，但是他们完成上述工作的条件并不都具备，如果不规定严格的条件而放任其承担上述工作，其结果非但不能促进市场经济的发展，反而会严重阻碍市场经济的进程。因此，必须严格规定相关专业技术组织的条件。例如《特种设备安全监察条例》规定，对涉及生命安全、危险性较大的锅炉、压力容器、电梯等特种设备的检验检测，必须由经国务院特种设备安全监督管理部门核准的特种设备检验检测机构依法进行。特种设备检验检测机构应当具备下列条件：有与所从事的检验检测工作相适应的检验检测人员；有与所从事的检验检测工作相适应的检验检测仪器和设备；有健全的检验检测管理制度、检验检测责任制度。就一般情形而言，有能力承担特殊设备、设施、产品、物品的检验、检测、检疫工作的专业技术组织必须具备下列条件：必须是依法成立的专业性技术组织；具有熟悉相关专业知识、专业技术标准、专业技术规范并具有一定专业业务能力的工作人员；具有对特殊设备、设施、产品、物品进行检验、检测、检疫所需要的专业性设备。上述三个条件只是最为基本的条件。此外，对特定对象的检验、检测、检疫，如果相关法律、法规还规定了特殊的条件，则该专业技术组织必须具备。

3. 专业技术组织及其工作人员对所实施的检验、检测、检疫结论承担法律责任。为了督促专业技术组织认真做好检验、检测和检疫工作，专业技术组织必须对其所做的检验、检测、检疫结论承担法律责任。这里所谓的承担法律责任，是指专业技术组织在对直接关系公共安全、人身健康、生命财产安全的设备、设施、产品、物品进行检验、检测、检疫时，如果因故意或者过失而导致检验、检测或检疫的结论与客观情况不符，致使不合格的设备、设施进入市场，造成人民群众生命财产损害，该专业组织及其工作人员要承担包括民事责任、行政责任和刑事责任在内的法律责任。如上述的《特种设备安全监察条例》就规定，特种设备检验检测机构和检验检测人员对检验检测结果、鉴定结论承担法律责任。

六、行政许可的委托

行政许可权在一般情况下只能由行政机关或者法律、法规授权的组织行使。但是在某些情况下享有行政许可权的行政机关，可以依法将本应由其实施的行政许可委托给其他行政机关实施。委托与授权之间的显著差异在于，被委托人的职权来源于委托人的委托，被委托人必须以委托人的名义在委托的权限范围内行使被委托的职权，其行政活动的法律后果由委托人承担。而被授权组织的职权来源于法律、法规的授予，被授权者以自己的名义行使被授予的职权，其行政活动的后果由其自己来承担。所以在委托的情况下并不发生职权、职责、法律后果的转移，而在授权的情况下则发生职权、职责、法律后果的转移。目前在我国行政委托的情形主要有四种：人民政府委托职能部门、上级主管部门委托下级主管部门、职能部门相互之间委托以及行政机关委托非行政机关行使有关职权。为了防止行政许可主体太多过滥以及委托不规范等情形，《行政许可法》第24条规定："行政机关在其法定职权范围内，依照法律、法规、规章的规定，可以委托其他行政机关实施行政许可。委托机关应当将受委托行政机关和受委托实施行政许可的内容予以公告。委托行政机关对受委托行政机关实施行政许可的行为应当负责监督，并对该行为的后果承担法律责任。受委托行政机关在委托范围内以委托行政机关名义实施行政许可，不得再委托其他组织或者个人实施行政许可。"该条对行政许可委托的权限、依据、程序、监督、责任以及相关规则作了明确的规定。

1. 关于行政许可委托的权限、依据、受托人和程序。行政许可的委托主体可以是行政机关，也可以是法律、法规授权的组织。虽然根据许可法第24条字面上的规定，行政许可的委托主体只限于行政机关，但是根据该法第23条"被授权的组织适用《行政许可法》有关行政机关的规定"之规定，法律、法规授权组织实施行政许可也可以依法委托。但不管是行政机关还是法律、法规授权组织实施行政许可委托都必须在其职权范围内。也就是说行政许可委托主体不能超越其自身的权限范围委托行政许可事项，超越法定职权范围的委托是无效的。

由于行政许可的事项既关系到行政相对人的合法权益是否得到实现，同时也关系到社会公共利益是否得到有效维护，所以行政许可一般情况下由法定的行政机关或者法律、法规授权组织行使，不能自行随意委托，这是由行政许可委托的公开性和规范性所决定的。根据许可法的规定，行政许可的委托一定要依据法律、法规或者规章的规定，如果没有法律、法规或者规章的规定而自行委托，则该委托是无效的。这里特别值得注意的是，行政许可的授权仅限于法律和法规，即具有管理公共事务职能的组织只有得到法律或者法规的明确授权，才能实施相关的行政许可权。而行政许可的委托依据可以是法律、法规，也可以是规章，即享有行政许可权的行政机关除了有法律、法规的依据就可以委托其他行政机关实施行政许可外，还可以基于规章的规定委托其他行政机关实施行政许可。

由于行政许可是政府行政管理的重要手段之一，涉及政府与市场关系以及行政主体与行政相对人权力（权利）与义务关系的合理配置，所以为了避免行政许可实施中的混乱，《行政许可法》将行政许可的委托对象即受托人严格限定在行政机关，即享有行政许可权的行政机关依据法律、法规或者规章的规定，只能将行政许可权委托给其他行政机关实施，而不能委托给其他组织或者个人实施，否则就是违法的。这一点与《行政处罚法》中关于行政处罚权的委托是不同的。《行政处罚法》第 18 条规定："行政机关依照法律、法规或者规章的规定，可以在其法定的权限内委托符合本法第 19 条规定条件的组织实施行政处罚。行政机关不得委托其他组织或者个人实施行政处罚"。第 19 条规定"受委托组织必须符合以下条件：①依法成立的管理公共事务的事业组织；②具有熟悉有关法律、法规、规章和业务的工作人员；③对违法行为需要进行技术检查或者技术鉴定的，应当有条件组织进行相应的技术检查或者技术鉴定。"可见根据《行政处罚法》的规定，行政机关可以将行政处罚权依法委托给依法成立的管理公共事务的事业组织行使。即受委托行使行政处罚权的主体只限于符合法定条件的依法成立的具有管理公共事务职能的事业组织，行政机关、企业和个人以及依法成立的管理公共事务职能的事业组织以外的其他任何组织都不能成为实施行政处罚的受托主体。目前行政机关依法委托其他行政机关实施行政许可的情况主要有以下几种：上级行政机关委托下级行政机关实施行政许可；上级行政主管部门委托下级行政主管部门实施行政许可；人民政府委托其职能部门实施行政许可；行政机关委托异地的行政机关实施行政许可等。例如，《森林法》规定，农村居民采伐自留山和个人承包集体的林木，由县级林业主管部门或者委托乡镇人民政府审核发放采伐许可证。《烟草专卖法》规定，经营烟草制品零售业务的企业或者个人由工商行政管理部门根据上级烟草主管部门的委托，审批发给烟草专卖零售许可证。必须注意的是，受委托实施行政许可的行政机关也必须具备一定的条件，并不是随便什么行政机关都可以接受委托实施行政许可的。

行政许可的委托作为一种法律行为，必须遵守委托的一般规则，例如为了明确委托机关和被委托机关之间的权利义务关系，行政许可委托必须采用书面形式。在所制作的委托书中一般要明确载明下列事项：委托机关和被委托机关的名称、地址、法定代表人姓名；委托权限以及适用范围；委托的期限；相关法律后果；委托机关和受托机关的签名、盖章等。这一点《行政许可法》中虽然没有明确规定，但是无论从理论上来讲，还是从实践中行政许可的严肃性来讲，行政许可委托的书面形式都是不可缺少的。《行政许可法》第 5 条规定："设定和实施行政许可，应当遵循公开、公平、公正的原则。有关行政许可的规定应当公布；未经公布的，不得作为实施行政许可的依据。"基于此，《行政许可法》第 24 条明确规定，委托行政机关应当将受委托行政机关和受委托实施行政许可的内容予以公告。为了确保行政许可委托的合法性，便于行政相对人了解行政许可委托的具体情况，并能有效监督行政许可的实施，行政许可委托机关不仅要公告受委托的行政机关，而且还要公告受委托实施行政许可的内容。许可法虽然对公告的规定比较抽象，没有作出具体的规定，但在实践中一般要将委托的法律依据、受委托机关的名称、地点、负责人、联系方式、委托的许可事项及其权限以及申请相关许可应当具备的条件等予以公告，公告应当以书面形式为之。行政许可委托的这一程序在行政处罚的委托中也是没有的，这表明了我国行政行为立法越来越注重于加强对行政权的控制。

2. 关于对委托行政许可的监督及其法律责任。享有法定职权的行政机关依法将行政许可权委托给符合条件的行政机关行使后，在委托行政机关和受委托行政机关之间就形成了特定的权利义务关系。为了确保行政许可权的合法、公正和有效行使，委托行政机关负有对受委托行政机关实施行政许可的监督义务，委托行政机关有权撤销或者收回委托行使的行政许可权，从而解除行政许可的委托关系，并有权追究受委托机关违法实施行政许可的法律责任。由于在委托机关和受委托机关之间形成的权利义务关系只对委托机关和受委托机关具有约束力，并不对外部行政相对人产生影响，也即在具体的行政许可法律关系中委托的行政机关是行政主体。因此，受委托的行政机关在委托权限范围内行使行政许可权所引起的法律后果，要由委托的行政机关来承担。例如如果委托实施的行政许可发生争议，则要以委托的行政机关作为行政复议的被申请人或者行政诉讼的被告，而不是以受委托的行政机关为行政复议的被申请人或者行政诉讼的被告。

3. 关于受委托行政机关实施行政许可的有关规则。受委托行政许可的行政机关在实施行政许可时必须遵守以下规则：受委托机关必须在委托范围内实施行政许可，不得超越委托范围，否则所实施的行政许可无效。这是由行政许可委托关系的本质所决定的；受委托机关以委托机关的名义实施行政许可。这是行政许可的委托与行政许可的授权之间的重要区别。既然行政许可的委托不发生行政主体资格的转移，那么，受委托主体在实施行政许可时当然要以委托机关的名义，而不能以自己的名义；受委托机关不得再委托其他组织或者个人实施行政许可。由于行政许可的委托是委托行使行政职权，不仅要有法律、法规或者规章的依据，而且受委托的行政机关也要由严格的条件限制，所以为了防止行政许可权的滥用，行政许可的委托不具有双重委托性，即受委托的行政机关必须亲自履行行政许可职责，不得再委托其他组织或者个人实施行政许可。这里值得注意的是，《行政许可法》规定的是受委托行政机关"不得再委托其他组织或者个人实施行政许可"。对于该规定不能仅从字面上来理解，即认为许可法规定的是受委托机关不得将许可权再委托给其他组织或者个人实施，而可以再委托给其他行政机关实施。这种理解是不符合《行政许可法》的立法精神的。这里的禁止再委托包括禁止再委托给其他行政机关行使，而不仅仅是禁止再委托给其他组织或者个人实施。

第二节　行政许可的当事人

一、行政许可的权益人

这里所谓行政许可的权益人是指行政许可的申请人。依据行政行为的分类理论，行政许可是依申请的行政行为。所谓依申请的行政行为，即行政机关实施行政许可行为是应行政许可申请人的申请而启动的，如果没有申请人的申请，则行政许可机关不会主动实施行政许可行为。申请人之所以要申请行政许可，当然是为了要从事特定活动而获得相关利益。如果没有行政机关的许可，则其不能从事相关活动，也就无从获得相关利益。《行政许可法》第 29 条规定，公民、法人或者其他组织从事特定活动，依法需要取得行政许可的，应当向行政机关提出申请。这里的公民、法人或者其他组织就是行政许可的权益人。行政许可属于依申请的行政行为表明：一是行政相对人要从事依法应当取得行政许可的特定活动，应当向行政机关提出申请；二是行政许可相对人如果向行政机关提出行政许可申请，行政机关则负有作为的义务；三是如果没有行政相对人的申请，则行政机关不能主动作出行政许可行为。上述三点中的前两点比较好理解。第一点是设置行政许可的目的所在，如果行政相对人不申请行政许可就从事依法应当取得行政许可的特定活动，则设置行政许可就失去了意义。第二点是由行政机关的职责所决定，如果行政相对人依法向行政机关提出申请，行政机关不作出相应的行为，则属于行政不作为。当然行政机关是否受理以及是否准予行政许可，要依法审查之后才能作出相应的决定。这两点表明，行政相对人要想成为行政许可的权益人，必须依法向法定机关提出申请，法定行政机关也必须依法作为。至于第三点实质上也是由行政许可的性质所决定。如果行政机关在行政相对人没有提出行政许可申请的情况下而作出许可决定，从表面上看好像是行政机关主动服务，实质上则是超越职权的行为。该行为同样会损害行政相对人的合法权益，因为行政许可申请是行政相对人依法请求行政机关作为的权利。只有在行政相对人行使了该权利后，行政机关才能作出相应的行为。例如，某乡政府在行政规划未经审批的情况下，征用本乡农民承包经营的林地，并且在未经林业部门审批的情况下下达了砍伐林木的通知，而且在农民拒绝砍伐的情况下进行了强制砍伐。农民不服，向法院提起诉讼。法院审理后作出了撤销被告的砍伐通知，并由被告赔偿原告损失的判决。[1] 因为按照我国《森林法》的规定，采伐林木必须申请采伐许可证，并按照许可证的规定进行采伐，农村居民采伐自留地和房前屋后个人所有的零星林木除外。农村居民采伐自留山和个人承包集体的林木，由县级林业主管部门或者其委托的乡镇人民政府审核发放采伐许可证。而本案中的被告乡政府在未经原告申请、自己也没有申请的情况下所下达的砍伐林木通知是违法的行政行为。该行为对农民的合法权益造成了损害，故应当予以撤销并赔偿损失。

在行政许可行为中行政许可权益人既享有权利，同时也承担相应的义务。在行政许可行为中行政许可权益人享有以下基本权利：

（1）行政许可权益人有权无偿获得行政机关提供的行政许可申请书格式文本。根据《行政许可法》第 29 条、第 58 条的规定，行政许可申请书需要格式文本的，行政机关应当向申请人提供行政许可申请书格式文本。申请书格式文本中不得包含与申请行政许可事项没有直接关系的内容。行政机关提供行政许可申请书格式文本，不得收费。

（2）行政许可权益人有权以多种方式提出申请。根据《行政许可法》第29 条、第 33 条的规定，行政许可的申请可以通过信函、电报、电传、传真、电子数据交换和电子邮件等方式提出。行政机关应当建立和完善有关制度，推行电子政务，在行政机关的网站上公布行政许可事项，方便申请人采取数据电

---

〔1〕 参见"农民告倒乡政府"，载《人民日报》华东版 1999 年 6 月 22 日。

文等方式提出行政许可申请。

（3）行政许可权益人有权委托代理人申请行政许可。根据《行政许可法》第 29 条的规定，行政许可申请人可以委托代理人提出行政许可申请，但是依法应当由申请人到行政机关办公场所提出行政许可申请的除外。

（4）行政许可权益人有权获得关于行政许可事项的有关信息。根据《行政许可法》第 30 条的规定，行政机关应当将法律、法规、规章规定的有关行政许可的事项、依据、条件、数量、程序、期限以及需要提交的全部材料的目录和申请书示范文本等在办公场所公示。申请人要求行政机关对公示内容予以说明、解释的，行政机关应当说明、解释，提供准确、可靠的信息。

（5）行政许可权益人有权陈述、申辩和听证。根据《行政许可法》第 36 条、第 46 条、第 47 条的规定，行政机关对行政许可申请进行审查时，发现行政许可事项直接关系他人重大利益的，应当告知该利害关系人，申请人和利害关系人有权进行陈述和申辩。行政机关应当听取申请人和利害关系人的意见。法律、法规、规章规定实施行政许可应当听证的事项，或者行政机关认为需要听证的其他涉及公共利益的重大行政许可事项，行政机关应当向社会公告，并举行听证。行政许可直接涉及申请人与他人之间重大利益关系的，行政机关在作出行政许可决定前，应当告知申请人、利害关系人享有要求听证的权利；申请人、利害关系人在被告知听证权利之日起五日内提出听证申请的，行政机关应当在 20 日内组织听证。申请人、利害关系人不承担行政机关组织听证的费用。

（6）行政许可权益人有获得救济的权利。根据《行政许可法》第 38 条、第 76 条的规定，行政机关作出不予行政许可的书面决定的，应当说明理由，并告知申请人享有依法申请行政复议或者提起行政诉讼的权利。行政机关违法实施行政许可，给当事人的合法权益造成损害的，应当依照国家赔偿法的规定给予赔偿。

行政许可的权益人在行政许可行为中承担的义务主要有：

（1）行政许可权益人有依法申请，并如实提供有关材料的义务。根据《行政许可法》第 29 条、第 31 条的规定，公民、法人或者其他组织从事特定活动，依法需要取得行政许可的，应当向行政机关提出申请。申请人申请行政许可，应当如实向行政机关提交有关材料和反映真实情况，并对其申请材料实质内容的真实性负责。

（2）行政许可权益人变更行政许可事项或者延续行政许可的有效期的，应当依法申请。根据《行政许可法》第 49 条、第 50 条的规定，被许可人要求变更行政许可事项，应当向作出行政许可决定的行政机关提出申请。被许可人需要延续依法取得的行政许可的有效期的，应当在该行政许可有效期届满 30 日前向作出行政许可决定的行政机关提出申请。

（3）行政许可权益人有配合行政机关依法检查的义务。根据《行政许可法》第 62 条的规定，行政机关可以对被许可人生产经营的产品依法进行抽样检查、检验、检测，对其生产经营场所依法进行实地检查。检查时，行政机关可以依法查阅或者要求被许可人报送有关材料，被许可人应当如实提供有关情况和材料。

（4）特定行政许可权益人有向用户提供服务的义务。根据《行政许可法》第 67 条的规定，取得直接关系公共利益的特定行业的市场准入行政许可的被申请人，应当按照国家规定的服务标准、资费标准和行政机关依法规定的条件，向用户提供安全、方便、稳定和价格合理的服务，并履行普遍服务的义务；未经作出行政许可决定的行政机关批准，不得擅自停业、歇业。

（5）行政许可权益人应当依法承担相关责任。根据《行政许可法》第 78 条、第 79 条、第 80 条的规定，行政许可申请人隐瞒有关情况或者提供虚假材料申请行政许可的，行政机关不予受理或者不予行政许可，并给予警告；行政许可申请属于直接关系公共安全、人身健康、生命财产安全事项的，申请人在一年内不得再次申请该行政许可。被许可人以欺骗、贿赂等不正当手段取得行政许可的，行政机关应当依法给予行政处罚；取得的行政许可属于直接关系公共安全、人身健康、生命财产安全事项的，申请人在三年内不得再次申请该行政许可；构成犯罪的，依法追究刑事责任。被许可人如果涂改、倒卖、出租、出借行政许可证件，或者以其他形式非法转让行政许可证；超越行政许可范围进行活动；向负责监督检查的行政机关隐瞒有关情况、提供虚假材料或者拒绝提供反映其活动的真实材料以及有法律、法规、规章规定的其他违法行为的，行政机关应当依法给予行政处罚，构成犯罪的，依法追究刑事责任。

二、行政许可的利害关系人

《行政许可法》的重要贡献之一就是对行政许可行为中的利害关系人给予了必要的关注。所谓行政许可的利害关系人，简单地讲，就是指与行政许可行为存在着直接的利害关系的公民、法人或者其他组织。行政许可的利害关系人也称为第三人。一般情况下行政许可对其直接相对人即上述的行政许可权益人产生影响，但是在有些情况下行政许可也会对行政许可权益人以外的其他公民、法人或者组织产生影响。例如，有关规划行政许可、建筑行政许可就有可能涉及规划许可或者建筑许可权益人以外的乡邻的利益。再如，环境保护部门作出的排污行政许可就有可能涉及排污口周边其他人的利益。这些人的利益与规划许可、建筑许可、或者排污许可有着直接的利害关系，因而成为相关行政许可的利害关系人。近几年来许多地方多次发生的房屋业主状告规划部门的案例，就表明行政机关在作出行政许可时除了要维护行政许可权益人的合法权益外，也不能无视利害关系人的利益。房屋业主在购买某房屋时，规划部门明明批准了该房屋拥有的绿化面积，可在业主入住后不久规划部门却又批准在原先的绿地上建造新的房屋，这种行为当然损害了原先入住的业主们的利益。应当注意的是，构成行政许可的利害关系人必须与行政许可行为有着直接的利害关系。

　　《行政许可法》赋予行政许可利害关系人相应的权利。例如，《行政许可法》第 36 条就赋予利害关系人陈述权和申辩权。根据该条规定，行政机关对行政许可申请进行审查时，如果发现行政许可事项直接关系他人重大利益的，应当告知利害关系人。利害关系人与行政许可申请人一样享有陈述权和申辩权，行政机关应当听取利害关系人的意见。如何理解许可法规定的"重大利益"，在实践中可能会产生分歧，因为《行政许可法》并没有作出明确具体的规定，事实上也无法对重大利益作出明确具体的规定。我们认为，在实践中行政机关应当从较多地考虑利害关系人的利益角度出发，给予利害关系人充分表达意见的机会，以求得行政许可的合法、公正，而不要过分地纠缠于所谓的"重大利益"。又如，《行政许可法》第 47 条赋予利害关系人听证的权利。根据该条规定，行政许可直接涉及申请人与他人之间重大利益关系的，行政机关在作出行政许可决定前，应当告知申请人和利害关系人享有听证的权利。利害关系人在被告知听证权利之日起 5 日内提出听证申请的，行政机关应当在 20 日内组织听证。在听证程序中利害关系人与行政许可申请人享有同样的权利。利害关系人与行政许可申请人一样也无须承担听证费用。这里同样涉及到重大利益问题，我们认为也应当作出如上的理解。再如，《行政许可法》第 69 条赋予利害关系人请求撤销行政许可的权利。根据该条规定，如果行政机关工作人员滥用职权、玩忽职守作出准予行政许可决定，或者超越法定职权作出准予行政许可决定，或者违反法定程序作出准予行政许可决定，或者对不具备申请资格或不符合法定条件的申请人准予行政许可，或者出现依法可以撤销行政许可的其他情形的，行政许可利害关系人可以向作出行政许可决定的行政机关或者其上级机关请求撤销行政许可。

　　在行政许可利害关系人权利问题上，《行政许可法》没有明确赋予利害关系人救济的权利，而只是在第 38 条赋予行政许可申请人救济权。但是这并不意味行政许可利害关系人不享有对行政许可的救济权。最高人民法院《关于执行中华人民共和国行政诉讼法若干问题的解释》第 12 条的规定："与具体行政行为有法律上利害关系的公民、法人或者其他组织对该行为不服的，可以依法提起行政诉讼。"根据该规定，行政许可利害关系人当然享有对行政许可的救济权。

第三节　行政许可的参加人

一、行政许可中的公众

行政许可行为表面看来好象只涉及到行政机关与行政许可权益人以及利害关系人之间的关系，实际上作为行政权实施方式的一种，行政许可行为不仅仅直接关系到公民、法人或者其他组织的权益，而且切实关系到公共利益和社会秩序。例如对使用枪支、爆炸物品的许可可以有效维护公共安全；对生产食品、药品等直接关系到人民生命安全行为的许可，可以有效防止不具备条件的生产、经营者从事相关活动，从而有效保障人民的生命健康。此外，国家还可以通过行政许可制度促进市场主体之间的公平竞争，确保某些活动从业人数保持在一定的范围内等。所以，《行政许可法》第 1 条将"维护公共利益和社会秩序"作为立法目的之一。基于此，无论是设定行政许可还是实施行政许可，都不可忽视公众的利益。

我国《宪法》第 27 条、第 41 条分别规定，"一切国家机关和国家机关工作人员必须依靠人民的支持，经常保持同人民的密切联系，倾听人民的意见和建议，接受人民的监督，努力为人民服务。""对于公民的申诉、控告或者检举，有关国家机关必须查清事实，负责处理。任何人不得压制和打击报复。"宪法的这两条实际上规定了国家机关在行使职权的过程中应当坚持公众参与原则。《行政许可法》虽然没有明确将公众参与原则作为行政许可的原则之一，但是该原则在其具体规定中却有着较好的体现。

（1）公众对行政许可行为有知情权。《行政许可法》第 5 条规定，设定和实施行政许可应当遵循公开、公平、公正的原则，有关行政许可的规定应当公布，未经公布的，不得作为实施行政许可的依据。行政许可的实施和结果，除涉及国家秘密、商业秘密或者个人隐私的外，应当公开。第 40 条规定，行政机关作出的准予行政许可决定，应当予以公开，公众有权查阅。第 46 条规定，法律、法规、规章规定实施行政许可应当听证的事项，或者行政机关认为需要听证的其他涉及公共利益的重大行政许可事项，行政机关应当向社会公告。这些规定使得公众能及时了解行政许可的有关事项。公众知情权的规定，使得行政机关必须保障公众能及时了解有关行政许可的情况。

（2）公众对行政许可有表达意见的权利。《行政许可法》第19条规定，起草法律草案、法规草案和省、自治区、直辖市人民政府规章草案，拟设定行政许可的，起草单位应当采取听证会、论证会等形式听取意见，并向制定机关说明设定该行政许可的必要性、对经济和社会可能产生的影响以及听取和采纳意见的情况。第20条规定，公民、法人或者其他组织可以向行政许可的设定机关和实施机关就行政许可的设定和实施提出意见和建议。可见，《行政许可法》对公众表达意见权利的规定是比较全面的，公众不仅可以对行政许可的实施情况发表意见，而且还可以就行政许可的设定情况发表意见。公众的意见成为行政许可设定机关对其所设定的行政许可进行评价，并及时予以修改或者废止的重要依据。公众有对行政许可表达意见的权利，使得公众对行政许可的知情权更加具有实质意义。表达意见的权利使公众能真正参与行政许可的决策过程，并对行政许可的设定和实施产生实质性的影响。

（3）公众对行政许可有监督检查的权利。《行政许可法》第61条规定："行政机关应当建立健全监督制度，通过核查反映被许可人从事行政许可事项活动情况的有关材料，履行监督责任。行政机关依法对被许可人从事行政许可事项的活动进行监督检查时，应当将监督检查的情况和处理结果予以记录，有监督检查人员签字归档。公众有权查阅行政机关监督检查记录。"第65条规定："个人和组织发现违法从事行政许可事项的活动，有权向行政机关举报，行政机关应当及时核实、处理。"公众享有对行政许可的监督检查权，能更好地促使行政机关履行对行政许可的监督职责，确保行政许可活动以及被许可人的行为依法进行，更好地维护公共利益和社会秩序。

当然，由于我国目前还没有建立行政公益诉讼制度，公众对与自己没有直接利害关系的行政许可还不能通过行政诉讼的途径予以监督。但是随着我国法治建设的日益完善和健全，特别是随着行政诉讼制度的不断完善，包括行政许可在内的行政公益诉讼制度将会逐步建立起来，社会公众对行政许可的监督将会进一步健全。

二、行政许可中的证人

无论从理论上还是从实践上来说，包括证人制度在内的证据制度都是行政程序制度的重要内容。但是，我国至今还没有制定统一的行政程序法，在《行政处罚法》、《行政许可法》等行政行为立法中，关于证据、证人等重要问题也没有给予必要的关注。这可以说是我国行政立法中的一大缺陷。而这种缺陷将会在很大程度上影响有关法律规范的有效实施。例如，在行政许可程序中，既然行政机关有权在对申请人的申请材料进行审查的基础上作出予以许可或者不予许可的决定，既然赋予行政许可申请人以及利害关系人陈述权、申辩权、听证权，既然在行政许可的监督检查中行政机关有权作出撤销、注销等决定，那么，就必然涉及到证据、证人问题。我们注意到，在美国《联邦行政程序法》、奥地利《行政程序法》、西班牙《行政程序法》、我国台湾地区"行政程序法"中都或多或少地规定了证据制度，尽管有的规定还比较原则，过于简单，但是毕竟给予证据问题以一定的关注。我国台湾地区"行政程序法"第 36～43 条"调查事实及证据"对行政程序中证据作了比较多的规定。其第 40 条规定："行政机关基于调查事实及证据之必要，得要求当事人或第三人提供必要之文书、资料或物品。"这里就涉及到证人问题。

证人问题主要涉及到证人的资格、证人作证的义务、权利以及证人作证的方式等。如前所述，我国目前还没有统一的行政程序法典，单行法中对行政程序的证据、证人等问题也未作明确的规定，我国《行政诉讼法》中也没有对证人问题作出明确的规定。但是在最高人民法院《关于行政诉讼证据若干问题的规定》中对行政诉讼中的证人问题作了比较多的规定。最高人民法院《关于执行中华人民共和国行政诉讼法若干问题的解释》第 97 条规定："人民法院审理行政案件，除依照行政诉讼法和本解释外，可以参照民事诉讼法的有关规定。"《民事诉讼法》第 70 条规定："凡是知道案件情况的单位和个人，都有义务出庭作证。有关单位的负责人应当支持证人作证。不能正确表达意志的人，不能作证。"最高人民法院《关于民事诉讼证据的若干规定》对民事诉讼中的证人问题也作了较多的规定。《刑事诉讼法》第 48 条也对刑事诉讼中的证人作了原则性的规定："凡是知道案件情况的人，都有作证的义务。生理上、精神上有缺陷或者年幼，不能辨别是非、不能正确表达的人，不能作证人。"在制定统一的行政程序法典之前，行政许可中的证人制度可以借鉴上述有关规定。根据上述规定，行政许可行为中的证人应当注意以下几个方面的问题：

（1）关于行政许可中证人的资格。能够成为行政许可证人的必须具备以下条件，即知道案件情况且能辨别是非、有正确表达能力。但是依照法律规定应当回避的人员不能成为相关行政许可程序中的证人。

（2）关于证人的义务与权利。凡是知道案件事实的人，都有如实作证的义务，行政机关应当告知其诚实作证的法律义务以及作伪证的法律责任。行政机关应当保障证人的生命财产安全，补偿证人因作证而产生的费用，并给予证人一定的报酬。

（3）关于证人作证的方式。在一般情况下，证人应当于行政许可程序中当面作证，只有在因身体状况不许可，或者因路途遥远、交通不便，或者因不可抗力等特殊原因而无法当面作证时，方可提交书面证言。

此外，如果行政许可涉及到专门性问题，行政许可申请人或者利害关系人可以向行政机关申请有关专业人员说明情况，行政机关也可以通知有关专业人员说明有关情况。

三、行政许可中的工作人员

行政许可依法设定以后，就要由行政机关（包括法律、法规授权的组织）来实施，而其具体工作实际上就要由有关机关的工作人员来完成。因此行政许可中的工作人员在行政许可实施行为中起着重要的作用。我国原有行政许可存在的诸多弊端，固然与体制不健全、法制不到位等根本性问题有关，但是与因法制不健全而造成的行政机关工作人员权力义务关系不明确、责任不具体等原因也不无关系。鉴于此，《行政许可法》对行政许可中工作人员给予了必要的关注，尤其是对行政许可中工作人员的行为准则作出了多方面的规定。

实际上在具体实施行政许可的过程中，法律规范对行政机关的许多有关权力和义务的规定同样适用于行政机关工作人员。此外，行政许可中的工作人员还应遵守更多的规则，承担更多的义务。为了防止行政许可中的工作人员利用行政许可"设租"、"寻租"，《行政许可法》第 27 条规定："行政机关工作人员办理行政许可，不得索取或者收受申请人的财物，不得谋取其他利益。"该条规定实际上也是《行政许可法》第 5 条"设定和实施行政许可，应当遵循公开、公平、公正的原则"，"符合法定条件、标准的，申请人有依法获得行政许可的平等权利，行政机关不得歧视"之规定的具体体现。为了确保第 27 条规定得到有效遵守，《行政许可法》第 73 条规定，如果行政机关工作人员在办理行政许可时，违反第 27 条的规定，就应当承担相应的法律责任。该条规定："行政机关工作人员办理行政许可、实施监督检查，索取或者收受他人财物或者谋取其他利益，构成犯罪的，依法追究刑事责任；尚不构成犯罪的，依法给予行政处分。"

为了确保行政许可的客观、公正，行政机关应当对许可申请人提交的材料进行审查，《行政许可法》第 34 条规定："根据法定条件和程序，需要对申请材料的实质内容进行核实的，行政机关应当指派两名以上工作人员进行核查。"行政机关对申请材料的审查一般有形式审查、实质审查等方式，形式审查一般采用当场检查也即简易程序的方式进行。对许可申请人的申请材料是进行形式审查还是进行实质审查，一般由行政机关自由裁量决定，但必须注意的是，根据《行政许可法》第 34 条的规定，对许可人的申请材料进行实质审查的，应当适用普通程序进行，而且行政机关必须指派两名以上工作人员。也就是说，如果要对许可申请人的材料进行实质性审查，必须要有两名以上工作人员进行，这既是行政机关的职责，也是行政机关工作人员必须遵守的规则。这样规定的目的是通过行政机关工作人员之间的相互监督，来增加核查程序的公开性，保证核查结果的公正性，有效防止核查中不正常现象的发生。

行政机关工作人员在执法过程中的回避问题也是值得注意的。《行政处罚法》第 37 条在规定行政机关对当事人进行调查或者检查时，除规定执法人员不得少于两人外，还特别规定"执法人员与当事人有直接利害关系的，应当回避。"而在《行政许可法》中则未作出关于行政机关工作人员在对申请材料进行核查时的回避的规定，是为不足。《行政许可法》第 48 条关于听证程序的规定中对行政机关工作人员的回避问题作出了规定，该条规定，行政机关应当指定审查该行政许可申请的工作人员以外的人员为听证主持人，申请人、利害关系人认为主持人与该行政许可事项有直接利害关系的，有权申请回避。行政机关工作人员的回避同样关系到行政行为的公正，故不可忽视。

根据《行政许可法》第 48 条的规定，在行政许可的听证程序中审核行政许可申请的工作人员应当提供审查意见的证据、理由，这是行政机关工作人员职责和义务。而且对行政机关工作人员所提出的意见，申请人和利害关系人可以提出证据，并进行申辩和质证。该规定不仅明确了听证程序中行政机关工作人员的职责和行政许可申请人、利害关系人享有的权利，而且体现了听证程序中行政许可审查中执法人员与行政相对人以及利害关系人之间平等的法律地位。听证程序中给予行政机关与行政相对人以及利害关系人平等的法律地位，是确保行政许可公正的必然要求。

为了从源头上预防和治理行政许可行为中的腐败现象，确保行政许可行为的合法、公正，有效维护公共利益，保障行政相对人以及利害关系人的合法权益，针对原有体制下行政许可过程中行政机关以及行政机关工作人员存在的乱收费、截留、挪用、私分、或者变相私分费用的问题，《行政许可法》第 59 条规定："行政机关实施行政许可，依照法律、行政法规收取费用的，应当按照公布的法定项目和标准收费；所收取的费用必须全部上缴国库，任何机关或者个人不得以任何形式截留、挪用、私分或者变相私分。财政部门不得以任何形式向行政机关返还或者变相返还实施行政许可所收取的费用。"为了确保该条款的有效实施，真正做到"收"与"支"相分离，《行政许可法》在第 75 条规定："行政机关实施行政许可，擅自收费或者不按照法定项目和收费标准的，由其上级行政机关或者监察机关责令退还非法收取的费用；对直接负责的主管人员和其他直接责任人员依法给予行政处分。""截留、挪用、私分或者变相私分实施行政许可依法收取的费用的，予以追缴；对直接负责的主管人员和其他直接责任人员依法给予行政处分；构成犯罪的，依法追究刑事责任。"

　　特别值得关注的是，《行政许可法》加强了行政许可行为中的程序性规定，并且为了确保所规定程序的有效实施，对行政机关及其工作人员违反程序性规定的法律后果作了明确而又严格的规定。《行政许可法》第 72 条规定："行政机关及其工作人员违反本法的规定，有下列情形之一的，由其上级机关或者监察机关责令改正；情节严重的，对直接负责的主管人员和其他直接责任人员依法给予行政处分：①对符合法定条件的行政许可申请不予受理的；②不在办公场所公示依法应当公示的材料的；③在受理、审查、决定行政许可过程中，未向申请人、利害关系人履行法定告知义务的；④申请人提交的申请材料不齐全、不符合法定形式，不一次告知申请人必须补正的全部内容的；⑤未依法说明不受理行政许可申请或者不予行政许可的理由的；⑥依法应当举行听证而不举行听证的。"《行政许可法》对行政机关及其工作人员程序违法之法律责任的规定要比《行政处罚法》的相关规定明确具体。《行政处罚法》只是在其第 55 条中规定，行政机关实施行政处罚违反法定程序的，由上级行政机关或者有关部门责令改正，并可以对直接负责的主管人员和其他直接责任人员依法给予行政处分，而且是将程序违法与其他违法情形一起规定的。在《行政许可法》中不仅将程序违法的法律责任单独规定，而且对程序违法的具体情形作出明确的规定，从而更加有利于行政机关及其工作人员严格遵守行政许可的程序。

第三章 行政许可法律行为

第一节 行政许可的设定行为

一、行政许可的设定权

行政许可的设定问题是行政许可法制定过程中争议颇多，难度较大的问题之一，它涉及到谁有权通过何种规范形式设定行政许可，什么事项可以设定行政许可，什么事项不可以设定行政许可，以及可以设定行政许可的事项如何归类等问题。

（一）行政许可设定权概念及特点

行政许可设定权是指有关国家机关依照职权和实际需要，在有关法律、法规或者规章中，自行创制设定行政许可的一种立法性权力。主要问题有：①设定行政许可的主体有哪些，是不是所有国家行政机关都有设定行政许可的权力？②何种等级效力的规范性文件中可以设定行政许可？③这种权力的范围有多大？依法规范行政许可的设定，对于合理划分国家行政管理权，保护公民、法人和其它组织的合法权益，维护社会公共利益，促进依法行政，保障和监督行政机关有效实施行政管理具有重要的意义。根据我国现行《行政许可法》的规定，在我国，行政许可设定权主要有以下几个特点。

1. 行政许可设定权的法定性。行政许可以前在我国之所以比较混乱，与我国行政许可设定权没有统一法律规范有关。在《行政许可法》实施以前，享有行政许可设定权的主体，不仅包括全国人民代表大会及其常委会、国务院及其部委、省级人大及其常委会、省级政府及其部门，而且包括市一级人大（含省会市、较大的市和经济特区）及其常委，市、县级人大及其常委，县级政府及其部门，甚至乡政府也拥有行政许可设定权。在现实中出现的许可行为混乱的现象与设定权的不统一不无关系。对行政许可设定权的规范是依法实施行政许可的前提。由于行政许可设定权是一种立法性权力，是行政许可实施的直接依据，因此，对行政许可的设定应当依法予以规范，通过法定形式赋予一定的国家机关行使才能有效，非法定机关一律不得行使行政许可设定权。这对于规范行政许可法律行为具有重要意义。

（1）行政许可设定权来源的法定性。对行政许可事项进行设定乃是一种立法权，立法权是属于国家的一项重要的政治权力。对行政许可设定权的赋予、分配应当由国家最高权力机关通过立法的形式予以规定。《行政许可法》第14条、第15条规定："法律可以设定行政许可。尚未制定法律的，行政法规可以设定行政许可。必要时，国务院可以采用发布决定的方式设定行政许可。实施后，除临时性行政许可事项外，国务院应当及时提请全国人民代表大会及其常务委员会制定法律，或者自行制定行政法规。""尚未制定法律、行政法规的，地方性法规可以设定行政许可；尚未制定法律、行政法规和地方性法规的，因行政管理的需要，确需立即实施行政许可的，省、自治区、直辖市人民政府规章可以设定临时性的行政许可。"从《行政许可法》的条文可以看出，有权对行政许可权设定的是法律，法规和规章。必要时候，国务院还可以发布决定的方式设定行政许可权。根据该法第17条规定：即除本法第14条、第15条规定设定权主体外，其他规范性文件一律不得设定行政许可。

（2）行政许可设定权行使方式和内容的法定性。国家并非对所有的行为都设定许可，只是对关系国家利益、地方利益或某一时期的行政行为进行规范，行政许可设定事项法定。行政许可设定机关必须遵行一定的程序行使设定权，同时不得违反上位法的规定。《行政许可法》第15条规定："临时性的行政许可实施满1年需要继续实施的，应当提请本级人民代表大会及其常务委员会制定地方性法规。地方性法规和省、自治区、直辖市人民政府规章，不得设定应当由国家统一确定的公民、法人或者其他组织的资格、资质的行政许可；不得设定企业或者其他组织的设立登记及其前置性行政许可。其设定的行政许可，不得限制其他地区的个人或者企业到本地区从事生产经营和提供服务，不得限制其他地区的商品进入本地区市场。"

2. 行政许可设定权的限定性。行政管理涉及经济和社会事业发展的方方面面，设定行政许可，应当遵循经济和社会发展规律，有利于发挥公民、法人或者其他组织的积极性、主动性，维护公共利益和社会秩序，促进经济、社会和生态环境协调发展。依据这一指导思想，针对我国过去行政许可权滥用的现象，《行政许可法》以法律形式予以明确了哪些事项需要设定行政许可，哪些事项不需要设定行政许可，对规定以外的事项一律不得设定行政许可。当事人可以据此向有关行政机关申请行政许可。《行政许可法》第12条就明文规定了六类事项可以设定行政许可：①直接涉及国家安全、公共安全、经济宏观调

控、生态环境保护以及直接关系人身健康、生命财产安全等特定活动，需要按
照法定条件予以批准的事项；②有限自然资源开发利用、公共资源配置以及直
接关系公共利益的特定行业的市场准入等，需要赋予特定权利的事项；③提供
公众服务并且直接关系公共利益的职业、行业，需要确定具备特殊信誉、特殊
条件或者特殊技能等资格、资质的事项；④直接关系公共安全、人身健康、生
命财产安全的重要设备、设施、产品、物品，需要按照技术标准、技术规范，
通过检验、检测、检疫等方式进行审定的事项；⑤企业或者其他组织的设立
等，需要确定主体资格的事项；⑥法律、行政法规规定可以设定行政许可的其
他事项。《行政许可法》第13条又规定了该法第12条所列事项如果能够通过
下列方式予以规范的，可以不设行政许可，包括：①公民、法人或者其他组织
能够自主决定的；②市场竞争机制能够有效调节的；③行业组织或者中介机构
能够自律管理的；④行政机关采用事后监督等其他行政管理方式能够解决的。
而且，《行政许可法》第15条第2款还明确规定有些事项地方性法规和省级政
府规章不得设定行政许可，也就是说，这些事项只能由法律、行政法规才可设
定，即：①应当由国家确定的公民、法人或者其他组织的资格、资质的行政许
可；②企业或者其他组织的设立登记及其前置性行政许可。

（二）行政许可设定权与规定权的区别

如上所述，行政许可设定权是指有关国家机关依照职权和实际需要，在有
关法律、法规或者规章中，自行创制设定行政许可的权力。设定权的性质属于
一种立法性权力，是国家机关依据职权自行创设规范性文件，它不同于以规范
性文件而出现的规定权。相对于行政许可设定权来说，国家机关对上位法关于
行政许可事项作出具体化规定是一种规定权，属于执法权力。这两种权力由于
其性质不同，在权力的享有主体和权力的行使对社会所造成的影响方面，都有
很大的不同。

行政许可设定权的授予直接关系到公民、法人或者其他组织在国家行政管
理活动中的权利和义务。因此，对行政许可设定权的分配必须以法律法规的形
式予以规定，其行使主体必须是特定的国家机关，不可以任意的扩大。根据我
国《行政许可法》的规定，能够行使行政许可设定权的国家机关只限制在以下
范围：全国人民代表大会及其常务委员会、国务院，省、自治区、直辖市的人
民代表大会及其常务委员会、省级人民政府。除此之外，其他任何机关和个人
一律不得行使行政许可设定权。

国家机关对上位法关于行政许可事项作出具体化规定的一种规定权，是作
为一项执法性的权力性质存在的，不直接涉及对公民、法人或者其他组织权利

的限制或者义务的创设，而是国家机关在法定的自由裁量权范围内具体落实法律、法规、规章的有关规定，因此，行使规定权的主体比较宽泛。一般情况下，在法定的自由裁量权范围内，有关执法机关可以把法定的行政许可事项予以具体化，只是不得增设新的行政许可或者增设违反上位法的其他条件。《行政许可法》第16条也对此加以规定："行政法规可以在法律设定的行政许可事项范围内，对实施该行政许可作出具体规定。地方性法规可以在法律、行政法规设定的行政许可事项范围内，对实施该行政许可作出具体规定。规章可以在上位法设定的行政许可事项范围内，对实施该行政许可作出具体规定。法规、规章对实施上位法设定的行政许可作出的具体规定，不得增设行政许可；对行政许可条件作出的具体规定，不得增设违反上位法的其他条件。"比如，《安徽省〈长江河道采砂管理条例〉实施办法》（省政府令第158号）规定，长江采砂规划确定的禁采区和禁采期，由省人民政府予以公告。省人民政府水行政主管部门可以根据本省行政区域内长江的水情、工情、汛情、航道变迁和管理等需要，在长江采砂规划确定的禁采区、禁采期外增加禁采范围、延长禁采期限，报省人民政府决定后公告。根据《长江河道采砂管理条例》（国务院令第320号）的规定，沿江省、直辖市人民政府水行政主管部门可以根据本行政区域内长江的水情行政许可事项已经作出规定的，地方性法规可以结合本地具体情况，在行政许可事项范围内对实施该行政许可作出具体规定，以增强可操作性；但是不得增设行政许可，不得增设违反上位法的其他条件。例如，已经制定的法律、行政法规对一些事项已设定了行政许可，地方性法规就不能再新增若干事项设定行政许可。

　　为什么这样规定呢？首先是因为地方性法规与法律、行政法规不得抵触，这是我国《立法法》规定的一项重要原则。其次是要维护全国法制的统一。法律、行政法规在全国范围内都要执行，不能一个地方一个样子。那么，如果认为法律、行政法规的某些行政许可规定不适应本地情况，应当依法向全国人民代表大会或者其常务委员会、国务院提出建议，对法律、行政法规进行修改。相对于上述规定权来说，在有关的法律、法规或者规章中，自行创制设定行政许可的权力属于立法权力。依法规范行政许可的设定，对于合理划分国家行政管理权，保障当事人的合法权益，促进依法行政，具有重要的意义。

　　（三）设定行政许可的法律形式

　　根据我国《行政许可法》规定，具有不同权限的国家机关行使行政许可的设定权是通过不同的法律形式表现出来的，其设定权的范围和法律表现形式也有所不同。行政许可设定权的分配情况如下：

1. 法律的设定权。法律可以设定各种法定的行政许可。行政许可是国家的一项重要行政管理权，它的实施将对公民、法人或者其他组织的权益有着直接而重大的影响。在申请行政许可的众多行政相对人中，尽管具备行政许可资格的相对人很多，但不是所有的申请行政许可的相对人都能获得行政许可。比如，对危险化学品的经营，在国家未实行危险化学品经营销售许可制度以前，人们实际上是任意行使危险化学品经营销售权而自由经营的，而一旦实行危险化学品经营许可制度后，对许多人来说，这种权利和自由就不再存在，而只能是其中一部分人得到行政许可。这就充分说明，行政许可具有一定的限制性，为使这种限制做到公开、公平、公正，客观上要求设定行政许可的国家机关及其所制定的规范性文件要充分体现人民意志，由人民自己决策。由于行政许可的设定涉及公民、法人或者其他组织在国家行政管理活动中的权利和义务，因此，对行政许可的设定也应由具有较高效力等级的规范性文件设定。根据《宪法》、《立法法》确定的立法体制和依法行政的要求，全国人民代表大会及其常务委员会行使国家立法权，其所制定的法律权威高、适用广，因而也最有权设定行政许可。因此，《行政许可法》规定，法律可以对本法规定的各类事项设定行政许可。按照《立法法》的规定，全国人大和常委会行使国家立法权和专属立法权。行政许可作为一项重要的行政权力，与公民、法人和其它组织的合法权益关系密切。这就要求，一方面，设定行政许可，包括法律设定行政许可，要有必要的限制，以维护公民、法人和其它组织的合法权益。另一方面，社会关系复杂多变，要求最主要的法律规范（即法律）适应实际的需要设定其它的行政许可。因此，行政许可法一方面规定法律设定行政许可的事项范围，另一方面，又规定法律可以设定其他的行政许可。

2. 行政法规和国务院决定的行政许可设定权。无论是行政法规，还是国务院决定都是由国务院制定的。国务院是国家最高行政机关，就国务院这一特殊的行政机关是否具有行政许可设定权的问题，在起草《行政许可法》时，有不同的观点。有的同志认为，行政许可设定权应由国家权力机关行使，行政机关不应行使行政许可设定权。理由是，全国人民代表大会及其常务委员会、有地方性法规制定权的地方人民代表大会及其常务委员会是权力机关，当然可以设定行政许可，在法理上是正确的。而行政机关是行政许可的执行机关，从理论上说，自己设定行政许可再由自己去执行，有可能导致结果的不公平。但也有的同志认为，行政机关是国家法律的执行机关，它依法对社会事务和国家事务进行管理，一部法律制定后，其必然存在一定的稳定性、权威性，不能够随意加以变动。但随着社会的不断发展，法律不可能包罗万象，其必然存在一定的滞后性，一旦出现一些临时的、紧急的情况时，法律就无法适应社会的发展了，所以在实践中会出现一些法律的真空地带。而行政机关作为执行机关，掌握着大量的实践素材，能更加及时地制定法规，更好地符合行政机关和行政相对人的合法权益。当然在行政机关制定法规、规章和决定时，我们要对其制定的规范，给予一定条件上的限制。

根据《宪法》和《立法法》的规定，行政法规的效力等级是仅次于法律的一种法律规范，有三方面的权力：一是职权立法，即在法律没有作出规定的时候，根据职权制定有关经济、文化、社会等方面的行政法规；二是授权立法，即根据全国人大及其常委会的授权制定行政法规；三是执行性的立法，即根据法律的规定，对法律作具体化的规定。《行政许可法》对行政法规在设定行政许可方面的规定体现了《宪法》和《立法法》规定的精神：一方面，行政法规设定行政许可的权限比法律以外的其它的法律规范要大；另一方面，它又受到一定限制，即法律已经设定行政许可的，行政法规只能作出一些具体的规定，不能增设行政许可。总之，行政法规可以设定《行政许可法》规定的可以设定的各类事项，但是，法律已经设定行政许可的，行政法规不能超越法律规定的范围，而只能作具体化的规定。

国务院的决定是指国务院制定的管理经济、文化、社会事务的行政法规以外的规范性文件。国务院发布决定的权力来源于《宪法》第 89 条的规定。赋予国务院决定以一定的行政许可设定权是必要的：①一些临时性的、紧急性的和尚未制定法律、行政法规事项，国务院还需要以行政许可的方式进行管理；②根据 WTO 规则，国外采取临时性的许可措施时，我国可以采取相应措施，如临时配额，临时许可证管理等；③有些比较敏感的问题，制定法律、行政法规的条件一时还不成熟，需要国务院决定设定行政许可进行管理；④国务院决定已经设定了不少行政许可，其中有不少在国务院行政许可制度改革中也认为需要保留；⑤在改革开放过程中，在国有企业改革、促进就业与再就业、社会保险等方面，有一些试点、试验的事项，先是用政策作指导，在局部地区、特定领域实施，积累经验，在制定法律行政法规前，也需要采取行政许可的方式实施管理，防止出现混乱。基于以上的考虑，《行政许可法》赋予了国务院以发布决定的方式设定行政许可的权力，但作了一定限制：只有在必要时（包括临时、紧急情况，为试点、试验的需要，一时难以制定法律、行政法规等情况）国务院才有权设定行政许可。实施后，除临时性的行政许可因条件、情况发生变化废止以外，国务院决定设定的其它行政许可在条件成熟时，国务院应当适时提请全国人大及其常委会制定法律加以设定，或者自行制定行政法规加以设定。

行政法规设定行政许可时，应当遵守以下原则：①功能性原则。行政法规可以在法律设定的行政许可事项范围内，对实施该行政许可作出具体规定。②补充性原则。尚未制定法律的，行政法规可以设定行政许可。③必要性原则。必要时，国务院可以采用发布决定的方式设定行政许可。实施后，除临时性行政许可事项外，国务院应当及时提请全国人民代表大会及其常务委员会制定法律，或者自行制定行政法规。④不抵触原则。行政法规对实施法律设定的行政许可作出的具体规定，不得增设行政许可；对行政许可条件作出的具体规定，不得增设违反上位法的其他条件。

3. 地方性法规的行政许可设定权。地方性法规可以在法律、行政法规专属设定行政许可事项之外，对依法可以设定行政许可的事项，当法律、行政法规没有设定行政许可时，设定行政许可作为补充。此外，《行政许可法》第15条第2款对地方性法规不得设定行政许可的事项也作了规定，即地方性法规不得设定应当由国家统一确定的公民、法人或者其他组织的资格、资质的行政许可；不得设定企业或者其他组织的设立登记及其前置性行政许可，不得设定限制其他地区的个人或者企业到本地区从事生产经营和提供服务的行政许可，不得设定限制其他地区的商品进入本地区市场的行政许可。之所以如此规定，就是为了维护市场经济秩序，促进全国统一市场的形成。

地方性法规设定行政许可时，应当遵守以下原则：①功能性原则。地方性法规可以在法律、行政法规设定的行政许可事项范围内，对实施该行政许可作出具体规定。②限制性原则。地方性法规不得设定应当由国家统一确定的公民、法人或者其他组织的资格、资质的行政许可；不得设定企业或者其他组织的设立登记及其前置性行政许可。其设定的行政许可；不得限制其他地区的个人或者企业到本地区从事生产经营和提供服务；不得限制其他地区的商品进入本地区市场。③不抵触原则。地方性法规对实施上位法设定的行政许可作出的具体规定，不得增设行政许可；对行政许可条件作出的具体规定，不得增设违反上位法的其他条件。④授权性原则。尚未制定法律、行政法规的法定许可事项，地方性法规可以设定行政许可。

4. 行政规章的行政许可设定权。根据《行政许可法》的规定，省级政府规章具有行政许可设定权。省级政府行政许可设定权，指规章在没有上位法规定的情况下，可以创设新的行政许可的权力。

法律、法规可以设定行政许可，在我国已是不争的事实，但地方政府规章是否拥有行政许可设定权，在起草《行政许可法》过程中意见不一。有两种观点很具有代表性：一种观点是地方政府规章不能设定行政许可。认为地方政府规章是政府制定的，政府本身不能自设行政许可，又自己实施行政许可，目前行政许可之所以过乱，这是主要原因。因此，主张地方政府规章无权设定行政许可。另一种观点是地方政府规章可以设定行政许可。认为行政许可已成为当今政府日益广泛使用的行政管理手段，考虑到我国法制建设和许可制度的立法现状，仅仅由法律、法规行使行政许可设定权，无法满足行政管理需要。而地方政府规章的法律地位是由《地方各级人民代表大会和地方各级人民政府组织法》、《立法法》规定的，地方政府规章规定的内容已经成为行政机关管理社会事务的重要依据，因而应当肯定地方政府规章享有行政许可设定权。完全限制地方政府规章不得设定行政许可，在实践中也没必要。如地方政府规章不得设定行政许可，那么现行大多数地方政府规章就要予以废止或者修改，这就可能使目前正常的行政管理秩序被打乱，政府在处理改革、发展、稳定和社会管理中出现的新问题、新情况的能力和效率也可能大大降低。因此，在地方政府规章的行政许可设定权上，要充分考虑当前的实际情况，赋予地方政府规章一定的行政许可设定权。

　　为了更好地研究、确立地方政府规章的行政许可权，全国人民代表大会常务委员会法制工作委员会于1997年对部分省市制定地方政府规章设定行政许可的情况作了调研：山东省人民政府制定的规章中有133件涉及行政许可，在规定的行政许可事项中，有50%没有法律或者法规作依据，而是参照部委规章或者几个部委联合发布的规章制定的。济南市人民政府制定的规章中有28件涉及行政许可，共规定了33项行政许可，其中15项有法律或者法规作依据，占54%；9项是参照部委或者几个部委联合发布的规章，占32%；市政府自行设定的行政许可有4项，占14%。青岛市人民政府制定的规章中有63件涉及行政许可，共规定了行政许可约12项。在这12项行政许可中，大部分都有法律或者法规作依据，只有少数颁发资格证书的规定是地方创设的，没有法律或者法规依据。如青岛市1985年制定的《青岛市冷饮产品生产管理办法》中规定的"冷饮产品生产许可证"就是青岛市为了管理的需要，在没有法律、法规的情况下自行设定的。大连市人民政府制定的规章中，涉及行政许可的内容大部分都有法律或者法规作依据，只有少数行政许可是市政府自行创设的。[1]

　　从以上情况可以看出，地方政府规章在没有法律、法规依据的情况下自行设定行政许可，其出发点主要有以下三种：①对带有地方特点的事务的管理需

---

[1]　张武扬主编：《行政许可法释论》，合肥工业大学出版社2003年版，第82～83页。

要，国家的法律、法规不可能涉及，需要地方自行设定的。如大连市政府制定的《蛇岛自然保护区管理办法》规定的"入蛇岛许可证"，为了保护蛇岛的自然环境，在一般情况下不允许登岛，只有在科学家为考察的目的而要求上岛的情况下，才通过颁发"入岛许可证"的方式，准许上岛。②对国家的法律、法规所设定的行政许可予以变更。比如《城市房地产管理法》第45条只规定了商品房的"预售许可证"，没有规定商品房的"销售许可证"。在实践中，一些开发商往往在没有按规定取得"土地使用权证书"、"建设工程规划许可证"的情况下，即开始施工建房，等房子建完了需要销售时，因没有售房许可证，才不得不回头去补办有关手续。在手续补办之后，因房子已竣工，所以房产管理部门不可能再给其颁发"预售许可证"，而只能颁发"销售许可证"了。鉴于实践中这种情况的大量存在，大连市通过制定政府规章，将房地产管理法中规定的商品房"预售许可证"改为"销售许可证"。③认为地方需要有所突破，在行政管理方面要加大力度，不必拘泥于国家法律、法规的规定。基于这种认识，一些地方在没有法律、法规依据的情况下，设定了一些许可，由于这些许可多与收费相联系，使得一些职能部门从中尝到了甜头。如大连市政府制定的《出租车治安管理办法》中规定的"出租车治安管理许可证"，凡在大连市从事出租车营运业务的人员，必须要求向出租车治安管理机关申请行政许可，才有资格从事出租车的营运工作。大连市政府制定的《出租车治安管理办法》就是在地方管理的过程中，结合实际中的需要制定的适合地方发展的规定。

综合以上情况，《行政许可法》赋予了省级政府规章行政许可设定权，理由如下：①从《地方各级人民代表大会和地方各级人民政府组织法》、《立法法》赋予行政机关职权与规章制定权上来看，法律、法规对行政机关职权范围内的事项作出了规定，行政机关应当严格依照法律、法规的规定行使权力，法律、法规没有规定的，有关行政机关对属于行政机关职权范围内的事项可以作出相应规定，以保证职权的落实。②从我国法制建设的客观进程上看，目前，国家管理的许多方面，除了依靠法律、行政法规外，还要依靠党的政策。而省级政府规章又是执行党的政策较便捷的方式，在这种情况下，应当为赋予省级政府规章一定的行政许可设定权留有余地，以使行政机关更好地执行党和国家的方针、政策。③从现行地方政府规章设定行政许可的实际情况看，取消省级政府规章行政许可设定权，可能会引起行政管理混乱。④从立法特点看，在新旧体制转换时，立法具有阶段性、过渡性特点，既要坚持改革方向，不能不加区别地把现实肯定下来，又要从实际出发，使制定的法律行得通，则需要把握好"度"的问题。此外，在省级政府规章设定行政许可时，也要注意区分两种情况：一是国务院部门规章与省级政府规章不同，行政许可设定权应当赋予具有较强地区特点的省级政府规章行使，国务院部门规章不得设定行政许可。二是针对不同的行政管理事项设定不同的行政许可种类。

根据《行政许可法》第 15 条的规定，省级政府规章在设定行政许可时，要满足以下几个条件：①行政许可事项必须是《行政许可法》第 12 条所列事项，即可以设定行政许可的事项；②可以设定行政许可的事项尚未制定法律、行政法规和地方性法规；③行政管理需要；④确需立即实施行政许可；⑤具有临时性。若制定的省级政府规章设定的行政许可实施满一年需要继续实施的，应当提请本级人民代表大会及其常务委员会制定地方性法规。

此外，《行政许可法》第 15 条第 2 款对省级政府规章不得设定行政许可的事项作了规定。即省级政府规章不得设定应当由国家统一确定的公民、法人或者其他组织的资格、资质的行政许可；不得设定企业或者其他组织的设立登记及其前置性行政许可；不得设定限制其他地区的个人或者企业到本地区从事生产经营和提供服务的行政许可；不得设定限制其他地区的商品进入本地区市场的行政许可。之所以如此规定，就是为了维护市场经济秩序，促进全国统一市场的形成。

行政规章设定行政许可时，应当遵守以下原则：①功能性原则。规章可以在上位法设定的行政许可事项范围内，对实施该行政许可作出具体规定。②授权性原则。尚未制定法律、行政法规和地方性法规的法定许可事项，因行政管理的需要，确需立即实施行政许可的，省、自治区、直辖市人民政府规章可以设定临时性的行政许可。临时性的行政许可实施满一年需要继续实施的，应当提请本级人民代表大会及其常务委员会制定地方性法规。③限制性原则。省、自治区、直辖市人民政府规章，不得设定应当由国家统一确定的公民、法人或者其他组织的资格、资质的行政许可；不得设定企业或者其他组织的设立登记及其前置性行政许可。其设定的行政许可，不得限制其他地区的个人或者企业到本地区从事生产经营和提供服务，不得限制其他地区的商品进入本地区市场。④不抵触原则。行政规章对实施上位法设定的行政许可作出的具体规定，不得增设行政许可；对行政许可条件作出的具体规定，不得增设违反上位法的其他条件。

5. 部门规章及其他规范性文件无行政许可设定权。《行政许可法》是规范行政行为的重要法律，一切有关行政许可设定的规定都必须符合《行政许可法》的规定。《行政许可法》规定了法律、行政法规、国务院决定、地方性法规和省级政府规章具有行政许可设定权，除此之外，部门规章和其他规范性文件均不得设定行政许可。根据《行政许可法》第15条、第17条的规定，不得设定行政许可的规范性文件有以下两类：

（1）国务院部门规章。《行政许可法》第15条规定，尚未制定法律、行政法规和地方性法规的，因行政管理的需要，确需立即实施行政许可的，省、自治区、直辖市人民政府规章可以设定临时性的行政许可。从此规定可以看出，《行政许可法》没有赋予国务院部门规章有行政许可设定权，也就是说，部门规章没有行政许可设定权。关于国务院部门规章是否可以具有行政许可设定权问题，在行政许可法立法中意见不一。《行政许可法》没有赋予国务院部门规章行政许可设定权，主要考虑的是，各部门不宜自我授权，为本部门或者本系统设定和扩大权力。至于各部门已经发布的确需继续实施的行政许可，在行政许可法实施后，可以由国务院制定行政法规予以确认，由行政法规加以规范。

（2）其他规范性文件。其他规范性文件主要包括：全国人民代表大会及其常务委员会、省级人民代表大会及其常务委员会以外的国家权力机关制定的规范性文件，国务院、省级地方人民政府以外的行政机关制定的具有普遍约束力的决定、命令、通知等，军事机关、审判机关、检察机关制定的规范性文件，社会团体、行业组织章程等。

另外，政党的文件也不能设定行政许可。政党的章程可以规定加入该党应当具备的条件，以及在什么情况下取消其党员资格，但不能对非党内成员进行强加或者取消某种资格。

二、行政许可设定的行为要件

（一）行政许可设定的原则

由于行政许可是一种行政主体直接管理国家社会事务的重要手段，直接关系到各方面的利益，因此，在设定其权力的过程中应遵循一定的原则。

1. 合法原则。行政许可涉及到政府与市场的关系、行政权力的运作方式事关公民、法人和其他组织合法权益的保护，事关政府职能的转变和社会主义市场经济的发展。因此，设定行政许可，应当符合我国法制统一和依法行政的一般要求，符合法定的权限和程序，防止为了地区、部门利益而随意设定行政许可。根据我国《行政许可法》的规定，只有法律、行政法规和地方性法规才可以设定行政许可，省级政府规章只能设定为期1年以内的临时性行政许可，其他规范性文件一律不得设立行政许可[1]。只有从源头上解决行政许可设定的过

---

[1] 参见《行政许可法》第14～17条。

多过滥，才能逐步改变和限制行政机关自我授权、扩大本部门权力的现象，这正是《行政许可法》意义之所在。法制统一原则要求，下位法的规定不得与上位法的规定及其精神相抵触，上位法对某一事项已经进行了规范但没有设定行政许可的，下位法不得自行设定行政许可。从而保证许可制度出台后不发生部门"依法打架"，相对人"受苦受累"的问题。

2. 公正、公平原则。行政许可设定的公正原则与公平原则是紧密结合在一起的，其内容是设定行政许可必须符合自然公正的要求，确认和保护机会平等。具体地讲，一方面，设定行政许可，不得限制其它地区的个人或者企业到本地区从事生产经营和提供服务，不得限制其他地区的商品进入本地区市场。另一方面，行政机关应当保障公民的基本权利，坚持用同一尺度平等对待所有相对人，符合法定条件的，行政机关只能按照时间先后标准或者条件优越标准来决定给予许可，不得歧视任何相对人。行政许可设定的公正、公平原则不仅包括实体上的公正、公平，也应当包括程序上的公正、公平。为保障行政许可程序上的公正、公平，通常应当明确下列制度，如回避制度、告知制度、禁止单方接触制度、调查制度、说明理由制度、听证制度、审裁分离制度、教示制度等等。

3. 公开原则。传统体制下的政府在神秘的氛围中保持"权威"，政府的许多活动都处于不公开状态。随着中国的"入世"，人们对于行政公开的需求也日益强烈。透明政府不仅是国家职能转变的基本内容，也是治愈政府腐败痼疾的一副良药。因此，设定行政许可应当增加透明度，保障相对人的知情权，如有关行政许可的规定应当公布，未经公布的，不得作为实施行政许可的依据。行政机关应当将法律、法规、规章规定的有关行政许可的事项、依据、条件、数量、程序、期限以及需要提交的全部材料的目录和申请书、示范书文本等在办公场所公示。行政相对人要求行政机关对公布的内容进行说明、解释的，行政机关应当予以说明、解释，提供准确、可靠的信息。行政许可的实施过程和结果应当公开，接受社会监督。

4. 便民、效能原则。便民、效能原则要求设定行政许可，应当体现人文关怀，减少环节、简化程序、提高效率、强化服务。如行政相对人可以通过邮寄、数据电文等方式或委托代理人提出行政许可申请；对文字、计算等方面的简单错误，行政机关应当通知申请人当场更正；行政许可申请能够当场作出决定的，应当当场作出行政许可决定；一个行政机关实施行政许可涉及机关内部几道环节的，应当"一个窗口"对外；依法需要几个机关几道许可的，可以由一个机关牵头征求其他机关意见后统一办理，或者实行联合办理、集中办理；

行政机关应当将已经外化为行政许可程序的大量程序性规定内化、复原为机关内部的审查、核准或会签程序。另外，行政机关不仅应当按照法定程序在规定的期限内办结行政许可事项，不得无故拖延，而且必须以较小的许可成本（即用最短的时间、最少的人力、物力和财力等）来实现既定的行政管理目标，使社会效益最大化。

5. 责任原则。长期以来，我们的行政机关及其工作人员始终认为政府就是用来行使权力、管理社会、约束相对人行为的。谈到权力，大家你争我夺，谈到责任，各个退避三舍。行政机关重审批、轻监管的现象比较突出，导致许可权的不作为和乱作为现象无制度和组织约束。"只要启动了权力，就应预设其责任"。因此，设定行政许可，应当同时用法律的形式将行政许可的责任属性固定下来，使行政机关行使的每一项权力背后都连带着一份责任：①对法律、法规和省级政府规章以外的其他规范性文件违法设定行政许可的，应当追究有关责任人员的法律责任；②实施行政许可应当与行使该权力的单位、个人的利益彻底脱钩，而与责任紧密挂钩，对玩忽职守不履行法定职责或者滥用许可权的，应当追究其法律责任；③对直接关系公共安全、人身健康、生命财产安全的重要设备、设施和场所，行政机关应当定期进行检查、检验，由于不依法履行监督职责或者因监督不力造成严重后果的，有关责任人员必须承担相应的法律责任。

6. 诚信原则。诚信原则即诚实信用原则，其基本含义是行使权利、履行义务，应依诚实及信用之方法。这一本来适用于民法的基本原则，因其内在的优秀品质而具有极大的普适性，所以逐渐扩充至私法的全部领域，进而援用于行政法领域。在我国目前法律权威不足、人们对法律和政府缺乏信心与信赖的情况下，在行政法中确立诚信原则就显得更为迫切和必要。[1]《行政许可法》首次肯定了行政许可领域的诚信原则（或者称信赖保护原则），要求行政机关实施行政许可必须做到诚实信用，行政机关作出许可决定后就不得擅自改变。如果相关的法律、法规修改、废止或者客观情况发生变化，为了公共利益的需要必须撤销或废止某一许可行为时，行政机关必须对相对人受到的损失给予补偿。当然，诚信原则不仅要求行政机关讲信用，行政相对人在与行政机关打交道过程中也必须讲信用。行政机关不能以政策变化、工作失误或经验不足为由，随意收回、变更或撤销已经作出的行政许可。同样，行政许可申请人也不能通过欺诈、胁迫或行贿的方式骗取行政许可，不能在明知行政机关某一行为

---

〔1〕 杨解君：《行政许可研究》，人民出版社 2001 年版，第 121～122 页。

违法或因重大过失不知该行为违法的情况下要求保护其利益。

7. 保护当事人合法权益原则。行政许可立法的宗旨之一就是保障公民的合法权益与自由。因此，在设定行政许可时，应当赋予行政相对人详细的实体权利和程序权利，以方便其申请和获得行政许可，如保障行政相对人对行政许可事项的知情权；对行政机关实施许可过程中的陈述权、申辩权、申请回避权、听证申请权；对行政机关不依法履行职责或者对行政许可决定不服时的行政复议申请权和行政诉讼权，以及其合法权益因行政机关违法实施行政许可受到损害时的赔偿请求权。通过这些规定最大限度地使相对人的合法权益免受损害或者在遭受损害时能够得到及时、有效的救济，从而监督行政机关合法、合理地行使行政许可权，不致脱轨而走向设定行政许可初衷的反面。

（二）行政许可设定的制度性保障

1. 行政许可设定的民主形式。行政许可设定民主的含义是指，设定行政许可的主体在设定行政许可时，应当广泛听取意见，让群众参与，实现行政许可设定的民主化。《行政许可法》第 19 规定："起草法律草案、法规草案和省、自治区、直辖市人民政府规章草案，拟设定行政许可的，起草单位应当采取听证会、论证会等形式听取意见，并向制定机关说明设定该行政许可的必要性、对经济和社会可能产生的影响以及听取和采纳意见的情况。"这一规定确立了设定行政许可的听取意见制度和说明理由制度，从而使设定行政许可民主化在法律上得到了保障。

行政许可法中的听取意见制度，是指行政许可立法过程中，起草单位应当采取各种方式、途径，广泛听取广大群众意见的制度。在我国，法律是人民意志的体现，因此，必须设置有利于充分反映民意的立法程序，这是社会主义民主政治的要求。有关行政许可事项的立法，与人民群众利益息息相关，直接影响公民、法人和其他组织的权利义务，对实施行政许可涉及的各方，必须通过适当的程序使其有机会反映利益要求并达成共识。有的许可事项，涉及专业性较强的问题，起草机关不十分了解各方面的情况，特别是随着改革开放的深入和社会主义市场经济体制的建立与完善，许多深层次的问题在立法中不断反映出来，行政许可立法中协调好中央与地方、国家集体和个人、长远与眼前等利益关系的难度越来越大。为了保证涉及行政许可事项的立法项目的质量，需要听取各方面的意见，尤其是专家和基层群众的意见。听取意见的形式是多种多样的，既可以采取论证会、听证会形式，也可以采取其他形式，如书面征求有关部门、组织、专家意见，将草案公布等等。行政许可设定广泛听取意见，不仅可以使设定行政许可的主体及时了解各方面的意见，对是否设定行政许可作出客观、适当、公正的判断，而且对提高群众参政议政，改善政府与群众之间的关系，达到相互了解，为将来在实施行政许可过程中促进行政相对人与行政许可实施机关的合作，创造了良好的社会基础。

行政许可法中的说明理由制度，是指行政许可立法过程中，由起草单位向制定机关说明设定行政许可的必要性、可行性及其他情况的制度。在行政管理中，为什么要设定行政许可限制公民、法人和其他组织的活动，拟提出行政许可的机关应当对此加以说明。说明理由制度能够有助于制定机关判断设定行政许可的必要性、可行性，从而减少不必要的行政许可。起草机关的说明主要解决两个方面的问题：①设定行政许可是否具备必要性。即对社会生活中存在的问题，现有的市场机制、中介机构的力量已经无法解决，必须需要政府予以干预，并且其他行政管理手段已经用尽仍不能解决问题。提出设定行政许可的机关应当有充分的信息可以说明设定行政许可的必要性。②设定行政许可制度是否具备效益性。为解决问题而设定的行政许可制度，对社会总体而言，应当效益大、成本低。如果设定某项行政许可所要解决的问题取得的社会总体效益小于实施行政许可后造成的社会总体成本，那么，设定行政许可制度必然妨碍社会进步，影响生产力发展，是不应当设定行政许可的。

落实设定行政许可听取意见制度和说明理由制度，实现行政许可设定民主化，要做到：设定行政许可的主体应当保障群众了解有关情况；设定行政许可的主体应当保障群众的辩论权、听证权等；设定行政许可的主体应当保障群众有充分的机会参与行政许可设定的整个过程；必须使群众意见充分反映到行政管理事项是否设定行政许可中来，即要将群众意见是否采纳情况向制定机关说明；必须建立一套有效的促进群众进行民主监督的激励机制，保障行政许可设定得以贯彻落实。

2. 对行政许可事项的定期评价。行政许可作为行政机关依法对社会、经济事务实行事前监督管理的一种重要手段，是不可缺少的。但是，作为国家行政管理的重要手段，它既有积极作用的一面，也有消极影响的一面。其积极作用表现在：国家通过对一些事项设定行政许可，能够有效地控制特殊行业或者特殊行为，实现国家对社会、经济事务的干预，达到维护社会公共安全、经济秩序及保障公民合法权益的目的。其消极影响表现在：国家通过行政许可必然限制或者剥夺一部分市场主体参与某些行业或者行为的能力，限制一部分市场主体的公平竞争权。因此，要对设定的行政许可的必要性、范围大小、实施手段等进行认真研究，看看是不是做到了与时俱进，是不是符合经济、社会环境的变化，是不是促进了生产力的发展。根据《行政许可法》第 20 条的规定，行政许可应当实行评价制度。对已经设定的行政许可进行评价，其审查要点是：①必要性。对过去有必要设定的行政许可的事项，现在是否仍有存在的合理性。②有效性。实施的行政许可手段是否达到了预期的管理目标，有关行政许可的制度设计是否需要重新设计。③效益性。实施行政许可取得的社会效益是否高于社会的守法成本。④公平性。实施行政许可的收益和成本负担，对不同的社会主体是否公平。⑤优先性。即在诸多行政许可事项有冲突时，应当考虑保留哪些对社会总体效益更大的行政许可。

根据《行政许可法》第 20 条的规定，行政许可评价制度的实施有三种机制：①行政许可的设定机关应当定期对其设定的行政许可进行评价。通过评价认为符合本法第 13 条规定情形的，即公民、法人或者其他组织能够自主决定的，市场竞争机制能够有效调节的，行业组织或者中介机构能够自律管理的，行政机关采用事后监督等其他行政管理方式能够解决的，应当对设定的该行政许可的规定及时修改或者废止。定期评价时间多长为宜，《行政许可法》未作规定，需要结合具体行政许可事项的实际情况决定。②行政许可的实施机关可以对已设定的行政许可的实施情况及存在的必要性适时进行评价，并将意见报告给该行政许可的设定机关。③公民、法人或者其他组织可以向行政许可的设定机关和实施机关就行政许可的设定和实施提出意见和建议。

3. 对行政许可设定的依法变通。《行政许可法》第 21 条规定："省、自治区、直辖市人民政府对行政法规设定的有关经济事务的行政许可，根据本行政区域经济和社会发展情况，认为通过本法第 13 条所列方式能够解决的，报国务院批准后，可以在本行政区域内停止实施该行政许可"。在行政许可制度改革过程中，国家设定的一些行政许可，有的是计划经济体制条件下形成的，不能适用市场经济体制的需要；有的行政许可实施起来已无实际意义，甚至阻碍了生产力的发展。鉴于各地经济发展不平衡，情况也不一致，为了促进地方经济发展，《行政许可法》授权地方人民政府经国务院批准可以依法停止实施某行政许可。

根据《行政许可法》的规定，依法停止实施行政许可有着严格的限制性条件，即：①停止实施行政许可的建议由省级人民政府提出。②行政许可是行政法规设定的。③行政许可应当是有关经济事务的。鉴于目前政府对经济事务管得过多，统得过死，影响较多的是企业经营自主权的发挥，公共安全、环境保护等方面政府监管力度仍需加强。此外，停止实施许可在实践中仍需探索，不宜放开，因此《行政许可法》只规定了有关经济事务方面的行政许可可以停止实施。④省级人民政府根据本行政区域经济和社会发展情况，认为停止实施的行政许可通过本法第 13 条所列方式能够解决。即公民、法人或者其他组织能够自主决定，市场竞争机制能够有效调节，行业组织或者中介机构能够自律管理，行政机关采用事后监督等其他行政管理方式能够解决。国务院批准一个地方停止实施某项行政许可是与该地区的经济和社会发展情况相联系的，只有条件具备的地方才能停止实施行政许可，条件不具备的地方不能停止实施行政许可。停止实施的行政许可应当报国务院批准，未经国务院批准的，不得停止实施。

（三）行政许可设定的行为分类

1. 行政许可类型的理论划分。在行政法学理论中，对于行政许可行为，依据不同的标准，可以作出如下不同的划分：①以许可的范围为标准，分为一般许可和特别许可。一般许可是指行政主体对符合法定条件的许可申请人直接发放许可证，无特殊性质的许可。特殊许可是指符合一般许可的条件外，对申请人还规定有特别限制的许可，又称特许。在许可的范围上，前者只要符合法定条件即可获得许可，后者必须符合特别限定条件。②以许可享有的程度为标准，分为排他性许可和非排他性许可。排他性许可又称独占许可，是指某个人或组织获得该项许可后，其他任何人或组织均不能再获得该项许可。非排他性许可又称共存许可，是指可以为具备法定条件的任何个人或组织所申请并获得的许可。在许可的程序上，前者具有独占性，后者可以共同享用。③以许可的书面形式及其能否单独使用为标准，分为独立许可和附文件许可。独立许可是指许可证已经规定了所有许可内容，不需其他文件补充说明的许可。附文件许可是指由于特殊条件的限制，需要附文件加以说明的许可。在许可的文件形式上，前者可以独立说明许可的内容，后者需要附加文件补充说明许可的内容。④以许可是否附有附加义务为标准，分为权利性许可和附义务许可。权利性许可也称无条件放弃的许可，指申请人取得许可证后，并不承担作为义务，可自由放弃被许可的权利，并且并不因此承担任何法律责任的许可。附义务许可又称有条件放弃的许可。指被许可人获得许可的同时，亦承担一定期限内从事该活动的义务，否则要承担一定法律责任的许可。在许可的条件上，权利性许可可以自由放弃许可的权利，义务性许可是在享有权利的同时承担一定期限内作为的义务。⑤以许可的性质为标准，分为行为许可和资格许可。行为许可是指允许符合条件的申请人从事某项活动的许可。资格许可是指行政主体应申请人的申请，经过一定的考核程序核发一定的证明文书，允许其享有某种资格或具备某种能力的许可，等等。

2. 《行政许可法》对行政许可的法律划分。《行政许可法》将行政许可分为五种基本的类型：普通许可、特别许可、行政认可、行政核准和行政登记。①普通许可。主要规范与设定直接涉及国家安全、公共安全、经济宏观调控、生态环境保护以及直接关系人身健康、生命财产安全等特定活动，需要按照法定条件予以批准的事项；②特别许可。主要规范与设定有限自然资源开发利用、公共资源配置以及直接关系公共利益的特定行业的市场准入等，需要赋予特定权利的事项；③行政认可。主要规范与设定提供公众服务并且直接关系公共利益的职业、行业，需要确定具备特殊信誉、特殊条件或者特殊技能等资格、资质的事项；④行政核准。主要规范与设定直接关系公共安全、人身健康、生命财产安全的重要设备、设施、产品、物品，需要按照技术标准、技术规范，通过检验、检测、检疫等方式进行审定的事项；⑤行政登记。主要规范与设定企业或者其他组织的设立等，需要确定主体资格的事项。

三、可设定行政许可的行政事态

（一）设定行政许可的一般原则和标准

国内外的经验表明，过多的政府管制，繁杂的行政许可手续，不利于经济、社会的发展。实践同样证明，并不是政府管制越少越好，适度的政府管制，便捷有效的行政许可手续，可以减少风险，也可以约束经济、社会领域的许多不法行为，比如攫取垄断收益、不正当竞争、通过损害消费者利益甚至是公共利益来谋取私利等。[1] 因此，行政许可的设立必须考虑其社会必要性，凡是属于公民发展性的权利和自由，且涉及到大多数人的生命、财产、自由和精神利益，即与社会公共利益或者长远利益有密切关联，有特殊义务及义务能力要求的权利和自由，关系国计民生的重要领域，才可以设立行政许可。在这些方面设置行政许可，有利于维护社会、经济秩序，向社会提供合格的产品和服务，促进公共福利事业。基于上述的考虑，我们在规定行政许可范围的时候应该考虑以下因素：

第一，确定行政许可的范围应当与社会、经济的发展相适应。行政许可是一种典型的行政规制手段。西方行政规制改革的经验表明，放松规制并不意味着所有规制措施的终结。西方国家在放松对自然垄断行业的经济性规制的同时，却加强了对社会性领域的环境保护、产品质量、劳动保护等方面的政府规制。从西方规制改革的经验和我国转型期社会、经济的特殊性来看，我们应当顺应"缓和经济规制、强化社会规制之趋势"，建立松紧相宜的规制制度。在

---

[1] 参见张伊亮："部分国家改革行政许可制度比较与浅析"，载《中国工商管理研究》2001 年第 8 期。

总体放松规制的前提下局部强化规制，即经济性规制应当减少或者缓和的同时，社会事务类规制应当重建或者强化，逐步解决行政规制中的"越位"和"缺位"问题。

第二，确定行政许可的范围，处理好公共利益与个体利益的关系。如果行政许可所涉及的范围过大过广，将会导致对公民、法人和其他组织的权利和自由的不适当的限制，从而影响其权益；而行政许可所涉及的范围过小过窄，则又意味着政府管理社会、经济的职能过分软弱，这有可能造成社会主体片面地追求个体利益而忽视促进公共利益的增长，甚至会引起经济的无序和社会的混乱。[1] 这就要求在确定行政许可的范围时，要符合兼顾公共利益与个体利益的价值取向。

第三，确定行政许可的范围还要兼顾行政效率与公民自由的关系。对行政许可范围的确定，应当能够满足在维持社会良好秩序的前提下，保障足够的社会发展动力，否则，将会束缚社会主体的积极性和创造性。良好社会秩序的维持需要提高行政效率，同时公民自由同样也是社会发展的终极目标之一。因此，行政效率和公民自由不能偏废。

法律在设定行政许可的范围时应依据上述指导原则，行政许可的设定还要按照一定的标准进行。行政许可的设定标准解决的是行政许可能不能设定的问题，而要解决这个问题，应当符合一般标准并排除特别标准。

1. 行政许可设定的一般标准（必要标准）。

（1）公益标准。凡实行行政许可的事项，必须是与大多数人的生命、财产、自由和精神利益有直接联系的事项，即具有公益性内容。也就是说，当个人、组织的行为可能严重影响国家、社会公共利益时，才有必要对其执业资格和自由加以限制，这种限制完全取决于立法对公益标准的判断。对于公益标准，不同的国家有不同的划分方法。在日本和法国，根据公益活动是否由国家经营支配而将其划分为两种：一种是一般人本可以自由进行的某种活动，国家如果要控制它则实行许可，只允许特定人从事该行为，如行医、进出口经营等；另一种是本就该由国家经营的某种公务活动，国家可通过特许方式允许特定人经营，如公共交通、城市公用事业、采矿业等活动。从我国行政许可制度建立的过程看，许可范围也同样基于公益标准，且表现为逐步扩大的趋势。[2]如在我国建国初期，实行许可制度主要限于枪支弹药、爆炸物品、计量、印铸

---

〔1〕 参见郭润生、宋功德："论行政许可及其规范化"，载《晋阳学刊》1998 年第 6 期。
〔2〕 应松年主编：《行政法学新论》，中国方正出版社 1998 年版，第 259～260 页。

刻字等涉及公共安全的管理领域。随着社会、经济和科技的发展与进步，现在行政许可制度在经济调控、社会管理、环境保护等领域也得到了大规模的运用和发展。

（2）适度标准。行政许可的设定范围，反映着一国政府干预社会、经济生活的程度，也是一国行政管理科学化、民主化的直接体现。[1] 所以，行政许可制度不能仅仅局限于弥补"社会不能"和"市场失灵"的功能定位上，而更应该注重以最小的代价去获取最大的效益这一手段的适当性，即要求在确定行政许可的范围时要适度。适度的行政许可既能促进公共利益的增长，又能兼顾社会个体利益。适度标准要求：①许可管制对公民权利和自由的限制程度必须与许可管制所要达到的目的之间成比例。对于放松管制足以能够达到目的的，应当放松许可管制的强度；②行政许可的范围应当在合理权衡各方面的利益后加以确定，既要保证国家对特殊行业、行为的控制，又不能过度干预，以充分保障公民自由和社会活力。

（3）成本效益标准。行政许可是一种成本很高的行政管理手段。有人从经济学角度分析了过去许可制度的弊端：①由于许可中信息不对称，产生机会成本，导致无效率的市场准入、国有资产流失。②由于行政权力过大，因缺乏监督而滋生腐败，产生第二层次成本。③繁琐的审批手续也加大了市场交易的成本。因此，设定行政许可应当分析成本，讲求效益，即除了对其必要性、有效性进行考虑外，还应当以成本的高低作为其可行性的标准。一般来说，行政许可的成本应当低于解决未设定行政许可事项所耗费的社会成本，设定行政许可应当能够将有限的资源配置给生产条件最好、技术最先进的企业或者个人，让他们创造出最多的社会财富。如果相反，该行政许可的设定即属于不适当和不必要。成本效益分析法最早在美国，现已在许多国家的行政许可立法中得到成功运用。1981 年，美国里根政府批准的第 12291 号行政命令规定，所有申请设立行政许可的机关，必须首先对其提出的审批项目所需花费的成本和可能得到的效果进行分析，向管理和预算局汇报，由该局审查该审批项目是否可以设立，最后上报总统批准的审批项目必须能够带来净收益。由此可见，在美国设定政府对市场的管制，是以能否最大限度增进全社会最大净收益程度为设定标准的。

2. 行政许可设定的特别标准（例外标准）。公益、适度和成本效益等标准只是行政许可设定的一般标准，符合了这个标准并不是说就可以设定行政许可

---

[1]　郭润生、宋功德："论行政许可及其规范化"，载《晋阳学刊》1998 年第 6 期。

了，还应该排除特别标准，即优先考虑以下因素：凡是通过市场机制能够解决的，应当运用市场机制解决；市场机制难以解决，但通过行业组织或中介机构能够自律管理的，应当交由社会自治，做到"尽可能的市场，必要时的政府"。市场机制、社会自治解决不了，需要国家干预的，应当首先考虑通过民事法律规范解决；必须运用行政权力的，也应当优先考虑使用制定标准、实施事后监督等其他行政管理手段来解决。具体地讲：①市场调节优先。社会主义市场经济同样具有资源稀缺性问题，人们必然会产生选择，如何有效地使用有限的资源生产出足够的满足社会需求的产品和服务，这就需要发挥市场在资源配置中的基础性作用。在社会主义条件下政府的积极作为对于推动经济发展和社会进步虽然起到了非常积极的作用，但实践证明也带来了市场机制不完善、生产水平不高、经济发展活力受到抑制等消极影响。因此，凡是通过竞争、价值规律等市场机制能够解决的事情，均应交由市场调节，属于市场主体依法自主决策的事项，政府就不必要进行干预和控制，从而扩大其能力空间。如果把强制性的公共权力带进市场调节的领域，那么，市场调节的规则必然会遭到破坏。②社会自治优先。著名经济学者刘易斯说过："政府的失败既可能是由于它们做得太少，也可能是由于它们做得太多。"笔者认为，政府在市场经济条件下既应该有所作为，又应该无所作为或者不作为。在政府行政和社会自治之间的边界划分上，应始终坚持社会自治范围最大化、政府行政范围最小化的原则。林肯说过："政府去做人民根本做不到的或以各自的能力不能做得很好的事"，诸如市场秩序、信用环境、公共设施等。对于依靠单个市场主体自身难以解决的问题，要充分发挥行业协会等中介组织的作用。在自身管理和行业自律方面有着独立职责和行业优势的中介组织，介于政府与个人之间，具有意见和利益表达的机能，还能在经济生活中发挥协调和维护秩序的作用。特别是在转变政府职能的改革中，它在承接政府转移出的一些职能方面可以发挥重要作用。对于不适宜以公共权力主体的身份去解决的经济活动中的矛盾和问题，应该让行业协会等中介组织通过制定行业标准、职业行为规范等自律机制加以解决。对于一些技术性、专业性较强的服务能否通过地认证和检验，中介组织比行政机关更有专业优势，无需行政机关直接介入。③民事规范调节优先。权利与权力一样，在行使过程中都有扩张和滥用的倾向，这也为国家权力介入其间提供了必要和可能。但有些权利在行使过程中，虽有可能发生扩张而对他人权益或社会公共利益造成一定损害，但如果这种损害是能够通过民事赔偿或者追究其他民事责任加以扼制、补救，且不至于造成难以挽回的重大损害的，就应当充分发挥民事法律规范的作用，通过社会仲裁、司法救济来调整，不需要再由第三方对其权利的行使进行事先的审核认定，即设定行政许可。如公民、法人订立一般合同的权利和自由等，国家无需加以干预。④行政干预方式从缓。在长期计划经济体制下，政府是以万能管理者的身份出现的，宏观上制定发展规划，微观上直接参与市场运作。而且政府行为往往被单一化为行政许可，行政许可制度成为计划经济时代政府以行政手段发展经济、管理社会事务的制度核心。实践证明，无论是出于善心还是恶意，政府对经济干预的强度过大都会阻碍经济发展，应当拓宽管理思路，创新管理途径和方法。在国家干预和调节社会、经济的管理手段的选择中，应当坚持其他手段优先、行政许可次选的原则。例如，凡是可以通过事先制定标准、实施事后监督，或者实行"宽入严管"，即通过事后备案、监督检查等手段能够发现并处理问题的，就不必设定行政许可。另外，行政机关并不需要总是运用行政许可等强权力手段来管理社会事务，还可以运用相对较缓和的行政手段，即运用一些非强制性的或者弱权力性的行为进行调节，如通过行政合同、行政指导、行政奖励等方式，也可以引导、激励相对人自愿选择作为或不作为，主动参与、自觉服从行政管理。同时，还可以通过配套的非行政性的市场化措施来调动相对人主动配合的积极性，使相对人的选择更具有理性，从而提高政府干预的功效，降低行政管理的成本。

　　不同国家由于经济发展水平和文化历史背景不同，对行政许可设定事项的立法政策也有所不同。在美国，设定行政许可的事项主要有两类：一类是经济事务方面的行政许可事项。目的是为了保护消费者权益和市场竞争秩序方面而对市场机制无法解决的自然垄断、过渡竞争、供给不足的产品和服务要设定行政许可；一类是社会管理方面的许可事项。目的是为了防止市场机制的消极影响而对有不良外部性影响的产品和行为、信息不对称的行业、稀缺物资以及公共物品的配置进行管制而设定行政许可。具体而言，美国的行政许可事项涉及以下几个方面：①企业管理方面的许可。在美国，成立企业只需一般申报即可，只有当企业的行为影响市场机制的发挥时，法律才设立批准、许可、执照等制度。②市场准入许可。在美国，政府对一些行业和职业实行许可管理，包括进入自然垄断行业的许可、进入结构竞争行业的许可和特定行业的从业许可。③进出口管理许可。包括：外资进入管制，外资出入美国比较自由，但不是完全没有限制。在通讯、交通运输、银行业等需要经过审批；商品进出口管制，美国对进口商品实行不同的配额，突出的是农产品和纺织品，以及来自于社会主义国家、美国认为是不友好的国家或者敌对国家的商品。④资源、能源和环境保护许可：一是资源方面的许可。联邦自然资源保护委员会负责颁发资源开采许可证。取得矿业权，需要向州政府提出申请。内政部土地管理局负责国有土地油气勘探开发的发证和租地工作。二是能源方面的许可。二十世纪五十年代以后，由于能源危机，美国对能源实施管制。三是环境保护许可。政府对江河湖泊、大气排污，实行许可证管理。处理有害的废物的所有人或者操作人必须持有许可证；公司建堆放废物的垃圾场，需要由市议会批准。⑤移民和出入境管理许可。

在日本，国家和地方公共团体为了实现一定的政策目的，防止企业和公民的活动可能会给公共利益和他人利益带来损害，或者为了保护经济、产业的健康发展而对企业和公民的活动都可以设定行业许可。这些许可在法律用语上有命令、禁止、认可、免许、许可、特许等。日本没有专门的行政许可法，但是单行的法律和政令中规定了大量的许可、认可等。行政许可大体可归纳为三类：①行政许可，一般规定行政机关对法律规定的一般禁止的行为在特定的场合、对特定的人解除其禁止的一种行政许可，如药店、当铺的营业许可，或称警察许可；②特许，是对国民设定其原本不拥有的权利或者权利能力的行政许可，如电气、铁路等企业的经营许可；③认可，是指行政机关补充第三者的合同行为、共同行为等法律行为，使其完成法律上的效力的行政行为，如农地权利转移的许可。在日本行政许可比较多的领域是通商产业、交通运输、卫生福利、农林水产、建设、金融等。

在德国，设定行政许可的事项有：①对公民行使权利可能对公共利益造成不利影响而进行预防性控制的事项设定行政许可。这也是德国法上典型的行政许可，主要有工商管理法上的营业许可、公害防治法上的设施许可和建筑法上的建设施工许可等。②对法律上原则禁止的行为，在特殊的情况下，根据当事人的申请对这种禁止予以解除，可以设定行政许可。这种行政许可称为例外的许可。

从世界主要国家设定行政许可的事项上来看，设定行政许可的主要是少数容易产生外部不良影响且损害后果难以有效补救的自然垄断、外部不经济、公共物品、非价格性物品、信息偏在行业或者活动等事项而对发生的随机性、偶然性问题，则往往采取事后监督管理方式解决，不设定行政许可。[1]

在行政许可法起草、审议的过程中，对行政许可法规定哪些事项可以设定行政许可，哪些事项不能设定行政许可，没有不同的意见，但对其具体表述则有不同的意见。一种意见认为，应当明确规定不得设定行政许可的事项，除此

---

[1] 汪永清主编：《中华人民共和国行政许可法释义》，中国法制出版社 2003 年版，第 29～33 页。

之外，都可以设；第二种意见认为，对可以设定行政许可的事项都只作原则性的规定，不必具体的说明；第三种意见认为，对可以设定行政许可的事项，能具体列举的尽量的列举，对不能列举的以兜底条款概括规定；第四种意见认为，把设定行政许可的事项与行政许可种类结合起来，对可以设定行政许可的事项按照行政许可的不同的种类作出原则规定，既可以解决针对不同事项如何设定行政许可的相应的种类，又解决了不同种类的行政许可规定相应的实施程序与监督机制的问题，同时规定对可以设定行政许可的事项也并不都要设，并明确的规定可以不设定行政许可的事项。行政许可法最后采纳了第四种意见。[1]

（二）在我国《行政许可法》中行政许可设定的四个标准

明确行政许可设定的标准，目的是规范立法行为，提高立法质量。为在实践中更好地掌握行政许可设定的标准，我国《行政许可法》第 11 条就对行政许可设定的标准作了比较明确规定，具体来说，在行政许可的设定上应当服从于下列四个标准：

1. 遵循经济和社会发展规律。我国现阶段实行的是社会主义市场经济。社会主义市场经济规律除社会化大生产共同的经济规律外，主要有价值规律、竞争规律、供求规律等。依据这些客观规律的要求，运用财政、金融、税收、利率、汇率、工资等经济杠杆，调节社会总劳动，达到资源的优化配置。遵循社会主义市场经济规律就是要尊重市场对资源配置起主导的基础性作用的规律。凡通过市场机制能够解决好的经济问题，就不能运用行政管理手段（包括行政许可）去解决。凡是市场、社会自律解决不了的问题，政府才能介入，才能决定采取事先许可、事中和事后监督等管理措施。例如，有关经营性土地使用权出让、建设工程招标投标、政府采购和产权交易等事项，可以而且完全应当通过市场机制来运作，不需要设置行政许可。

按照这个准则，考虑是否设定行政许可，核心是要确定清楚政府与市场、权力与权利、成本与效益之间的关系。在社会主义市场经济条件下，要发挥市场在资源配置中的基础性作用，行政许可就不能妨碍市场主体自主性的发挥。要实行政企分开、政事分开，属于企业的事、社会自主管理的事，都要还权于企业、社会。凡是市场机制能够解决的问题，不能设定行政许可；市场机制解决不了的，但是通过中介机构和行业组织自律能够解决的问题，应当通过行业组织、中介机构自律解决；只有在这些手段都解决不了的时候，才能考虑通过

---

[1]　汪永清主编：《中华人民共和国行政许可法释义》，中国法制出版社 2003 年版，第 34 页。

行政许可来解决。对可以设定行政许可的事项，也要进行成本效益评估，凡是设定行政许可也解决不了的问题，就不能设定行政许可。以行政许可配置有限资源的，也要通过公开、公平、公正的方法，以达到资源配置的高效率，防止权力寻租。设定行政许可要简化程序、减少环节、方便群众、强化服务、提高效率。要随着经济和社会的发展，适时地调整已设定的行政许可，该取消的取消，该废除的废除。合理地界定公权和私权，要充分地尊重和保护公民的合法权利，凡是公民能够自主的决定而不至损害国家、社会、集体的利益和他人的合法的自由和权利，且通过民事赔偿和追究其他民事责任能够解决并不至造成难以挽回的重大损失的，都不应当设定行政许可。只有当公民行使权利可能直接损害公共利益、社会秩序或者造成他人不可挽回的损失时，为了维护公共利益、社会秩序和他人的合法权益，才能设定行政许可进行干预。[1]

2. 有利于发挥公民、法人或者其他组织的积极性、主动性。无论是行政许可的"解禁说"还是"赋权说"抑或两者的统一，行政许可都关系公民、法人或者其他组织的权利和自由。因此，在确定范围时，要有利于发挥公民、法人或者其他组织的积极性、主动性。主体的积极性、主动性是与客观环境紧密相关的。除其内在动力之外，外在的环境，如自由发挥的空间有多大、时间有多长，政府和社会的干预有多大，外在的协调性如何，都与主体积极性、主动性的发挥有直接关系。外在环境差一分，内在动力就少一分。因此，在设定行政许可时，要从最大限度地保障公民、法人或者其他组织的权利与自由这个角度去把握。例如，设立公司、企业，除法律、行政法规或者国务院具有普遍约束力的决定规定的前置许可外，在开业或者设立登记前就不必再办理其他行政许可。反之，若在上述规范性文件之外再添加其他行政许可，则会产生消极影响，公司、企业等行政相对人可能会在许许多多的行政许可面前望而却步。这样一来，轻则损害公司、企业等行政相对人的利益，重则影响经济发展和社会进步。再如，对一些单纯靠市场机制不能很好解决的事项，适当设置行政许可，也有利于公民、法人或者其他组织的积极性、主动性的发挥。例如对有限自然资源的开发利用、公共资源的配置，通过招标投标的方式决定行政许可等，就能很好地调动主体的积极性、主动性。

3. 维护公共利益和社会秩序。这一原则体现了行政许可法的立法宗旨。设定行政许可不是为了维护某一特定对象的利益，而是为了维护公共利益和社会秩序。因而，行政许可范围应当围绕公共利益和社会秩序这一主线而确定。

---

[1] 汪永清主编：《中华人民共和国行政许可法释义》，中国法制出版社 2003 年版，第 34 页。

对公共利益和社会秩序可能会造成不良后果的生产、经营、生活行为，就应当设置行政许可。如化学危险品的生产、经营活动，污染物排放，集会游行等。

4. 促进经济、社会和生态环境协调发展。这一标准是前三个标准的延伸和升华。设定行政许可的最终目标就是要实现经济、社会和生态环境的协调发展，而不是单纯追求某一方面或某两方面的发展。"人为自然立法"必须首先做到"人守自然之法"。恩格斯曾说过："我们不要过分陶醉于我们人类对自然界的胜利。对于每一次这样的胜利，自然界都对我们进行报复……我们必须在每一步都记住：我们统治自然界，决不像征服者统治异民族那样，决不同于站在自然界以外的某一个人。——相反，我们连同肉、血和脑都是属于自然界并存在于其中的。我们对自然界的全部支配力量就是我们比其他一切生物强，能够认识和正确运用自然规律。"[1] 因此，确定行政许可范围，必须正确评估是否有利于经济、社会和生态环境这三者的协调发展。

（三）可设定行政许可的行政事态

我国在设定行政许可的范围的时候，就遵循了上述四个标准，并且法律明文规定了哪些内容可以设定行政许可，哪些可以不设定行政许可。我国《行政许可法》第12条规定："下列事项可以设定行政许可：①直接涉及国家安全、公共安全、经济宏观调控、生态环境保护以及直接关系人身健康、生命财产安全等特定活动，需要按照法定条件予以批准的事项；②有限自然资源开发利用、公共资源配置以及直接关系公共利益的特定行业的市场准入等，需要赋予特定权利的事项；③提供公众服务并且直接关系公共利益的职业、行业，需要确定具备特殊信誉、特殊条件或者特殊技能等资格、资质的事项；④直接关系公共安全、人身健康、生命财产安全的重要设备、设施、产品、物品，需要按照技术标准、技术规范，通过检验、检测、检疫等方式进行审定的事项；⑤企业或者其他组织的设立等，需要确定主体资格的事项；⑥法律、行政法规规定可以设定行政许可的其他事项。"这一规定明确了行政许可的设定范围。我们具体分析如下：

1. 直接涉及国家安全、公共安全、经济宏观调控、生态环境保护以及直接关系人身健康、生命财产安全等特定活动，需要按照法定条件予以批准的事项。这一类事项因较为普遍，所以行政许可法将其置于设定范围的首项。

（1）直接涉及国家安全的事项。国家安全包括国家主权、领土安全和国家

---

〔1〕　恩格斯：《自然辩证法》，人民出版社1984年版，第304~305页。

尊严等，涉及政治、军事、国防、外交等诸多领域。我国现行的法律法规对这一领域的一些重要事项设定了行政许可。例如，进入军事禁区的许可，涉外测绘的许可，有关外国人入境、出境和在中国境内居留的许可。

（2）涉及公共安全的事项。公共安全主要指社会及公众的安全。这一类事项直接关系到公民、法人或者其他组织能否有一个安定的周边环境进行工作、学习和生活，在很大程度上影响着社会的秩序，因而有必要设定行政许可。例如，有关公安消防机构对歌舞厅、影剧院等公众聚集的场所在使用或者开业前的检查许可，有关枪支使用的许可。

（3）涉及经济宏观调控的事项。市场经济宏观调控包括：①平衡社会总供给与社会总需求；②保证物价稳定与充分就业；③保持国民经济稳定持续的增长；④优化重大经济结构；⑤实现公正的收入分配；⑥保持国际收支平衡。实现宏观调控的政策和手段主要包括国民经济宏观计划、财政政策、货币政策、产业政策和收入分配政策等。在这些方面，国家设定了大量的行政许可，例如，重大建设项目的审批，关系国计民生的特殊商品的生产经营许可等。

（4）涉及生态环境保护的事项。保护自然资源和生态环境，这是实现可持续发展，保证生存条件，提高生活质量的必要措施。这方面的行政许可很多，例如，有关保护水资源的取水许可、保护海洋渔业资源的海洋捕捞许可、防止废物污染环境的废物排放许可等等。

（5）直接关系人身健康、生命财产安全等特定活动，需要按照法定条件予以批准的事项。人身健康、生命财产安全是公民的最基本的权益，法律必须加以保护。而现实中，很多活动都有可能直接影响到公民的人身健康和生命财产安全，因此，有必要通过设定行政许可予以确保。例如，有关射击训练、建筑施工、采矿安全的许可。

2. 有限自然资源开发利用、公共资源配置以及直接关系公共利益的特定行业的市场准入等，需要赋予特定权利的事项。

（1）有关有限自然资源开发利用、公共资源配置，需要赋予特定权利的事项。所谓资源，是指生产资料或生活资料的来源。它包括自然资源、公共资源、人力资源等多种资源种类。自然资源是指业已存在的天然的、非人为的自然界中的资源，例如风力、水力、矿物质等。公共资源则是指为人类社会公共生活所需要的作为生产资料或生活资料的来源。例如无线电频率、航空线路、道路运输线路、市政设施等。大多数自然资源和公共资源都是有限的，不能无限使用。因此，对于有限的自然资源、公共资源，有必要设定行政许可，并有数量限制。例如，有关采矿、取水的许可，无线电频率占用的许可。

（2）直接关系公共利益的特定行业的市场准入等，需要赋予特定权利的事项。市场经济是法治经济，奉行竞争原则，市场经济中的各个行业并不都是一视同仁，不设门槛随便进入的，在有些直接关系公共利益的特定行业，如出租车经营行业、公用事业经营行业等，就需要设定市场准入条件，赋予特定权利，以避免出现无序竞争的局面。

3. 提供公众服务并且直接关系公共利益的职业、行业，需要确定具备特殊信誉、特殊条件或者特殊技能等资格、资质的事项。这一类职业如医师、教师、律师、房地产评估师、注册会计师、拍卖师等。这一类行业单位如医院、学校、律师事务所、注册会计师事务所、拍卖行等，是直接为公众服务的，从业单位和从业人员是否具备特殊信誉、特殊条件或者特殊技能，不仅直接关系到特定对象的利益，而且直接关系公共利益。因此，有必要对从业人员实行资格认定，对从业单位实行资格资质认定。

4. 直接关系公共安全、人身健康、生命财产安全的重要设备、设施、产品、物品，需要按照技术标准、技术规范，通过检验、检测、检疫等方式进行审定的事项。实践中，如药品、食品的生产经营许可，消防、防雷、防震设施、电梯安装许可、生猪屠宰检疫等，都属于这种情况，需要由国家按照相关的技术标准、技术规范，通过检验等一系列手段来保证公共安全、人身健康和生命安全。

5. 企业或者其他组织的设立等，需要确定主体资格的事项。企业或者其他组织的设立，首先应当确认主体资格，由社会承认其资格资质，使其获得合法从事涉及公众关系的经济、社会活动能力的许可。实践中，如企业登记、事业单位登记、社会团体登记、民办非企业单位登记等等，都属于这一类情况。

6. 法律、行政法规规定可以设定行政许可的其他事项。法律的规定不可能完全包括现实中存在的各种情况。除前面五类事项外，还有一些事项也可以设定行政许可，但《行政许可法》中没有明确列举出来。这样做有三个目的：①现行法律、行政法规设定有关行政许可事项的规定依然有效；②以后的法律、行政法规还可以根据实际情况设定除前述五类许可事项外的其他事项；③地方性法规、省级政府规章、国务院发布的决定都不能设定除前述五类许可事项外的行政许可，已经设定的，要予以清理。

四、可以不设定行政许可的情形

由于行政许可是以限制公民、法人权利和自由为主导来发挥调节作用的。所以，行政许可法律制度应当在明确可以设定行政许可的范围的同时，也应当

划定行政许可设定的禁区:

(1) 属于最低限度维持公民生存和人格尊严的权利和自由,不得对其行使设定行政许可,如公民的生命权、健康权、姓名权、肖像权、名誉权等,属于绝对权,公民行使这些权利是不能附加法定条件的。

(2) 属于宪法规定的公民基本权利和自由,不得设定行政许可,如人身权、财产权、选举权、诉讼权、平等权、言论自由权、思想自由权、精神自由权等。宪政落后国家在立法上的最大缺陷就是无端地收缩宪法的权利许诺,多如牛毛的行政许可就使得宪法规定的权利和自由由多到少,甚至从有到无。[1]

(3) 宪法、法律规定的企业经营自主权和事业单位、社会团体对其内部事务的管理,不得设定行政许可。

(4) 属于村民自治、居民自治和政党事务管理等非行政领域的事项,不得设定行政许可。

(5) 不符合市场经济客观规律和社会发展规律要求的事项,不得设定行政许可。

(6) 不符合政府机构改革、行政机关职能转变要求的事项,不得设定行政许可。

(7) 不符合我国加入世界贸易组织所作的承诺和我国政府缔结或者参加的国际条约要求的事项,不得设定行政许可。

我国《行政许可法》第13条还明确规定:"本法第12条所列事项,通过下列方式能够予以规范的,可以不设行政许可:①公民、法人或者其他组织能够自主决定的;②市场竞争机制能够有效调节的;③行业组织或者中介机构能够自律管理的;④行政机关采用处事后监督等其他行政管理方式能够解决的。"该条规定是对第12条所作的一个补充性规定。作这样的规定,是因为《行政许可法》第12条的规定过于原则,比较宽松,操作性相对差一些,而且从具体的领域来看,有些领域虽然符合第12条的规定,但也未必要设定行政许可。另外,《行政许可法》第12条规定的可以设定行政许可的事项主要是考虑了我国当前经济社会发展情况,但随着经济和社会的发展,行政管理的很多领域会不断发生变化,有些现在不设行政许可的以后可能需要设,有些现在设了行政许可的以后也可能会取消。因此,第13条的规定考虑到上述情况,特别规定有下列四种情况的,可以不设行政许可:

(1) 公民、法人或者其他组织能够自主决定的事项。从法理上来说,政府

---

[1] 肖金明:"行政许可制度的反思和改革",载《中国行政管理》2001年第6期。

不能对公民、法人或者其他组织的所有事项都进行干涉，对于公民、法人或者其他组织民事方面的行为，政府一般不应介入，只有当公民、法人或者其他组织行使这些民事权利可能对他人利益或者公共利益造成损害，并且这种损害事后难以补救时，才能设定行政许可。

（2）市场竞争机制能够有效调节的事项。市场是商品交换关系或者供求关系的总和，是商品的交换场所。市场竞争机制按照等价交换的原则，充分发挥参与活动各方的积极性、主动性，通过竞争，使市场得以繁荣。在社会主义市场经济体制下，对于市场竞争机制能够调节的事项，如市场交易问题，不必设定行政许可。

（3）行业组织或者中介机构能够自律管理的事项。行业组织或者中介机构是联系市场主体和政府的桥梁，它具有自律性、服务性、公正性的特点。行业组织或者中介机构的自律行为有成本低、效率高的优点。我国目前市场竞争还不是很有序，一些行业协会或者中介组织还不是很公正、规范，政府包揽了许多应由行业组织或者社会中介机构去做的事务。这一点必须改变，对这些事项，政府也不必设定行政许可。

（4）行政机关采用事后监督等其他行政管理方式能够解决的事项。行政许可是一种事前监督方式，除此之外，还有事中和事后的监督方式。相比较而言，事后监督方式比行政许可的成本要低。因此，对于能够采用事后监督方式进行管理的事项，如对一般产品的生产等，就完全不必设定行政许可。

第二节　行政许可的监控行为

被称为美国宪法之父的麦迪逊曾说过："如果人人都是天使，就不需要任何政府了。如果是天使统治人，就不需要对政府有任何外来的或内在的控制了。"美国著名经济学家布坎南也曾指出个人行为"天生要使效用最大化，直到受到他们遇到的抑制为止"。因此，监督检查是行政许可制度的重要环节。随着社会现代化程度的不断提高，行政权由微观管理逐步向宏观调控转变，公民、法人和其他组织在社会活动中的自主性不断提高，加强行政许可的监督检查，可以保障被许可的公民、法人和其他组织在有关法律、法规范围内行事，从而达到维护社会秩序，促进社会发展的目的。行政许可监督检查制度的落实对于保证《行政许可法》的正确贯彻实施，促进社会主义市场经济持续、快速、健康发展具有重要意义。

行政许可监督检查的概念有广义和狭义之分。广义的行政许可监督检查，是指有权机关对行政许可机关的许可行为以及被许可人实施行政许可行为的监督检查。其中对行政许可机关许可行为的监督检查主体主要是其上级行政机关，对被许可人实施行政许可行为的监督检查主体主要是行政许可机关。狭义的行政许可监督检查仅仅是指行政许可机关对被许可人实施行政许可的行为进行监管的措施。行政许可法规定的监督检查，其性质是一种行政监督，该法第六章规定的监督检查是指广义上的行政许可监督检查。上级行政机关应当加强对下级行政机关实施行政许可的监督检查，及时纠正行政许可实施中的违法行为。行政机关应当建立健全监督制度，通过核查反映被许可人从事行政许可事项活动情况的有关材料，履行监督责任。

一、行政许可的层级监控

（一）行政许可监控的必要性

在《行政许可法》颁布以前，社会各方面对行政许可缺乏监督制约的以下两类问题反应非常强烈：①行政机关重许可、轻监督或者只许可、不监管，市场进入很难，而一旦进入却又缺乏监管。行政机关不注重监督手段、缺少有效的监督机制，对被许可人违法从事有关行政许可事项的活动不加强监督检查。一旦加强监督检查，行政机关就是搞突击战、运动战，要求申请人报送有关材料、产品或者进入企业进行现场检查、抽查，成本很大，但收效甚微。发现问题后，没有足够的强制手段，不能及时制止、有效制裁。导致许多事项，设了行政许可，发了行政许可证件，由于事后监督不到位，问题照样发生，事情还是没有管住、管好，经济、社会生活依然混乱。②在监督被许可人的活动方面，行政机关往往只有权力而没有责任，执法扰民现象比较突出。有的借监督检查向被许可人收取费用，"年检就是收费"，不交费不能通过年检，一交钱就能通过年检，行政许可监督检查成了腐败的温床。一旦其不正当要求没有满足，便天天查、事事查，妨碍企业正常的生产经营活动。

政府管理经济、社会，如果单纯凭借强制力采取计划、命令、垄断等方式，社会经济在短期内可能有所发展，但从长远来看终究会窒息社会成员的活力甚至丧失生命力。事实上，这种刚性的命令式管理手段已被各国抛弃。如果政府无为而治，放弃各种管理，那么社会经济发展又无规则可循，社会必将坠入无政府状态。只有采取一种刚柔并济的方式，才能达到最佳的管理效果。一方面对影响国计民生、人身健康、公共安全的事项需要严格管理，确保人民的生命、财产的安全和社会稳定。另一方面对一般社会经济活动采用确立标准规则的方法代替直接的行政管理，充分发挥市场经济主体的积极性。实践证明，已经被许多国家在众多领域采取的行政许可管理制度，是现代公共管理制度中可以把强制力控制和灵活适用结合起来的手段。改革开放后，我国社会经济文化事业日益繁荣，经济不断发展，这与摒弃传统的命令计划的管理方式，采用自由度更大的管理方式密不可分，但应该避免从一个极端走到另一个极端，避免从强制性命令计划走向放任自流，导致社会无序。行政许可作为一种全新的管理方式，在管与不管、如何管等方面应该有所规范，避免不利现象的发生，这就需要有效的监督机制。

（二）行政许可监控的内容

为了规范行政机关履行监督检查职责，行政许可法规定了以下几方面的内容：①上级行政机关应当加强对下级行政机关实施行政许可的监督检查，及时查处在实施行政许可过程中发生的违法违纪行政。②按照便民、高效的原则，完善监督检查的机制，提高监督检查效果。监督检查，主要通过书面审查材料的方式进行，必要时可以进行实地检查、定期检查；查处违法行为的行政机关应当将被许可人违法从事行政许可事项活动的事实及处理结果抄告作出行政许可决定的机关；鼓励个人和组织举报违法从事行政许可事项的活动。③按照行政许可的性质、功能，严格规定了被许可人依法从事行政许可事项活动的义务。行政机关监督检查时，被许可人应当如实提供有关情况和材料，接受行政机关依法开展的监督。此外，还规定了被许可人的相应义务。④赋予行政机关相应的执法手段，确保其履行监督检查职责。行政机关可以核查被许可人的材料，依法实地检查、检验；发现违法行为有权责令其停止违法行为并依法作出处理。⑤规范行政机关撤销权、注销权的行使，保护被许可人的合法权益。本法明确了行政机关可以撤销行政许可、应当撤销行政许可、不予撤销行政许可的各种情形以及应当注销行政许可的各种情形。同时规定，对因行政机关的原因撤销行政许可损害被许可人合法权益的行政机关要予以赔偿。

从被监督的对象来看，对行政许可的监控可分为以下两类：

1. 对行政许可机关的监督。行政许可法规定人民政府对其所属各部门和下一级人民政府实施的监督，即上级行政机关基于行政隶属关系对下级行政机关的监督。这种监督在性质上属于政府内部的层级监督，具有广泛性、及时性、直接性的特点。行政许可与广大人民群众的利益息息相关，行政机关如果行为违法，轻则影响被许可人利益，重则影响政府形象、侵害公共利益。因此行政机关必须加强内部监督与制约，确保行政许可权在合法、高效、便民的轨道上运行。按照《行政许可法》第 60 条的规定，国务院及其部门、县级以上地方各级人民政府及其部门都要建立监督制度，加强对下级行政机关及其工作人员行使行政许可权的情况的监督检查；要完善许可权的运行程序，强化监督，制定监督规范，形成有效的跟踪监督机制，从制度上严格防止行政许可权的滥用和在行政许可方面的腐败。

在实践中，为了加强对行政机关实施许可行为的监督，一些地方积极探索，也形成了一些好的监督方式。例如，有的地方建立了相应的责任制和责任追究制，坚持"谁审批、谁负责"，把责任落实到部门和个人，对行政许可机关在行使许可权过程中的违法违规行为，追究主管领导和直接责任人的行政责任或者法律责任。再如，有的地方建立健全有关制度，主动接受各方面对行政许可工作的监督，广泛听取社会各界对行政许可工作的意见和建议，充分发挥各级机关法制工作机构、各部门内部监察机构的作用；对违反规定的许可行为，实行社会举报制度；对许可管理和许可执行情况，实行社会咨询和定期检查制度，促进许可监督机制法制化。

2. 对被许可人的监督。行政机关依法对被许可人从事行政许可事项的活动进行监督检查时，应当将监督检查的情况和处理结果予以记录，由监督检查人员签字后归档。公众有权查阅行政机关监督检查记录。行政机关应当创造条件，实现与被许可人、其他有关行政机关的计算机档案系统互联，核查被许可人从事行政许可事项活动情况。行政许可机关履行监督职责应该注意以下几点：

（1）依据职权行使监督职责保障被许可事项得到正确、及时、有效的实施。这是行政许可机关的责任，也是被许可人的权利，特别是保障有关特许事项的事实，更是与国计、民生息息相关的问题。因此，行政许可机关对被许可事项的监督是一种职权行为，行政许可机关要依职权决定调查的种类、范围、顺序及方法，不受当事人请求的限制，这常常被称为职权调查主义。目前，职权调查主义已经被大多数国家行政程序法所采用。葡萄牙、德国、瑞士以及我国澳门地区，行政许可机关关于行政许可事项的调查都奉行职权调查主义。

（2）行政许可机关积极主动地履行监督职责，并不意味着行政机关只能单方面地去了解、掌握有关行政许可的实施情况。为了保护当事人的权益，当事人在行政程序中可以自行提出有关行政许可事实情况的材料，行政许可机关也应该充分发挥被许可人在行政许可监督中的参与作用。特别是对被许可人实施行政许可有关问题调查时，行政许可机关不能只调查对当事人不利的证据，对当事人有利的证据也要调查，职权调查是为了尽可能发现案件真实。

（3）行政许可机关应该履行有关行政监督的权力和责任。行政机关应当建立健全监督制度，通过核查反映被许可人从事行政许可事项活动情况的有关材料，履行监督责任：①依法对被许可人从事行政许可事项的活动进行监督检查时，应当将监督检查的情况和处理结果予以记录，由监督检查人员签字后归档。公众有权查阅行政机关监督检查记录。行政机关应当创造条件，实现与被许可人、其他有关行政机关的计算机档案系统互联，核查被许可人从事行政许可事项活动的情况。②可以对被许可人生产经营的产品依法进行抽样检查、检验、检测，对其生产经营场所依法进行实地检查。检查时，可以依法查阅或者要求被许可人报送有关材料；被许可人应当如实提供有关情况和材料。根据法律、行政法规的规定，对直接关系公共安全、人身健康、生命财产安全的重要设备、设施进行定期检验。对检验合格的，应当发给相应的证明文件。③实施监督检查，不得妨碍被许可人正常的生产经营活动，不得索取或者收受被许可人的财物，不得谋取其他利益。④被许可人在作出行政许可决定的行政机关管辖区域外违法从事行政许可事项活动的，违法行为发生地的行政机关应当依法将被许可人的违法事实、处理结果抄告作出行政许可决定的行政机关。⑤及时核实、处理个人和组织发现的违法从事行政许可事项活动的举报。⑥被许可人未依法履行开发利用自然资源义务或者未依法履行利用公共资源义务的，应当责令限期改正；被许可人在规定期限内不改正的，应当依照有关法律、行政法规的规定予以处理。⑦取得直接关系公共利益的特定行业的市场准入行政许可的被许可人，应当按照国家规定的服务标准、资费标准和行政机关依法规定的条件，向用户提供安全、方便、稳定和价格合理的服务，并履行普遍服务的义务；未经作出行政许可决定的行政机关批准，不得擅自停业、歇业。被许可人不履行规定义务的，行政机关应当责令限期改正，或者依法采取有效措施督促其履行义务。⑧对直接关系公共安全、人身健康、生命财产安全的重要设备、设施，应当督促设计、建造、安装和使用单位建立相应的自检制度。在监督检查时，发现这些重要设备、设施存在安全隐患的，应当责令停止建造、安装和使用，并责令设计、建造、安装和使用单位立即改正。

　　被许可人作为许可事项的实施者，有正当实施行政许可的权利，也有配合行政许可机关监督检查以及对自身合法实施行政许可作必要说明的义务，对实施公益性行政许可还要根据各自的特点履行相关的义务。根据《行政许可法》，被许可人在监督检查阶段的义务主要有：①被许可人应当如实提供生产经营的有关情况和材料；②依法履行开发利用自然资源义务或者依法履行利用公共资源义务；③取得直接关系公共利益的特定行业的市场准入行政许可的被许可人，应当按照国家规定的服务标准、资费标准和行政机关依法规定的条件，向用户提供安全、方便、稳定和价格合理的服务，并履行普遍服务的义务；未经作出行政许可决定的行政机关批准，不得擅自停业、歇业。④对直接关系公共安全、人身健康、生命财产安全的重要设备、设施，应当建立设计、建造、安装和相应的自检制度，不得有安全隐患等。

二、行政许可监控手段

1. 关于书面检查原则以及相关要求。为了避免对被许可人的干扰，防止执法扰民，根据《行政许可法》，行政机关可以要求被许可人报送有关书面材料，通过对这些材料的审查，监督被许可人是否按照许可的条件、范围、程序等从事被许可事项的活动。行政机关应当将监督检查情况和处理结果归档。这样规定，便于对实施监督检查的行政机关及其有关工作人员本身进行监督，增强其依法从事行政许可事项活动的自觉性，有利于减少欺诈现象，增强交易活动的安全性，保护交易的对方当事人。为了加强群众对行政机关和被许可人的监督，按照行政许可的公开原则，《行政许可法》还授予了公众查阅行政机关监督检查记录的权利。同时，行政机关应当创造条件，实现与被许可人、其他有关行政机关的计算机档案系统互联，核查被许可人从事行政许可事项活动情况。这是为了方便被许可人提供有关材料，方便行政机关进行监督，提高办事效率。

2. 行政机关实施抽样检查、检验、检测和实地检查、定期检验权适用的情形及程序。行政机关原则上应当通过书面检查的方式对被许可人的活动进行监督。但是，在某些特定的情况下，通过书面检查的方式难以达到监督效果。例如，电梯的运行状况是否符合要求，是否能够确保安全，就必须进行现场检查，而不能只依据被许可人的书面材料。所以，作为对书面审查方式的必要补充，《行政许可法》第 62 条第 1 款授权行政机关在必要时可以依法进行抽样检查、检验、检测和实地检查，以便于行政机关履行监督责任。抽样检查、检验、检测是选择被检查对象的某些部分、某些要素进行采样的检查、检验、检测，根据采样的情况来判断整个客体的情况。例如，对于进出口商品，经常是采取这种方式进行检验、检测的。但对于有的情况不能通过抽样检查进行判断，而必须进行实地检查。在对《行政许可法（草案）》的审议中，有的专家指出，现在行政机关实施的检查太多，不仅包括年检，甚至还想实施月检，立法对此要作限制，只有法律、行政法规中规定有检查的，才能有检查。法律没有规定年检的，不能搞年检。《行政许可法》吸收了这些意见，明确只有在法律、行政法规规定需要进行定期检验的，才能进行定期检验，并且限制了定期检验的范围，即只能对直接关系公共安全、人身健康、生命财产安全的重要设备、设施进行定期检验。有些设备、设施，如机动车船、电梯、锅炉等，不能通过一次检验就万事大吉，因为随着其使用时间和次数的增多，容易造成老化、发生故障，危及公共安全和人民的生命财产安全。所以，需要对这类设备、设施经常进行检验，及时发现事故隐患并作出相应的处理。对于检验合格的，行政机关应当发给相应的证明文件，避免重复检验。对于利用年检、年审乱收费的问题，《行政许可法》第58条第1款明确规定，除了法律、行政法规另有规定的外，行政机关对被许可人从事行政许可事项的活动进行监督检查时，不得收取任何费用。监督检查是行政职能，有关费用应当按照规定的资金渠道，由组织检查的行政机关承担。

3. 行政机关实施监督检查时应当遵守的纪律。《行政许可法》第63条明确规定了行政机关实施监督检查时必须遵守的禁止性行为规范：①不得妨碍被许可人正常的生产经营活动；②不得索取或者收受被许可人的财物；③不得谋取其他利益。在全国人大常委会审议《行政许可法（草案）》的过程中，有的常委提出，公务人员不得接受被许可人的宴请、财物或者其他利益是对公务人员的基本要求，《公务员法》等有关法律、法规对此已有明确规定，这已经是老生常谈。因此，不必要每部法律都规定这个问题，否则可能产生负面影响。这种观点有一定的道理。但是，考虑到目前行政机关在进行监督检查的过程中，有关公务人员趁机吃、拿、卡、要的现象较为普遍，有必要在《行政许可法》中作出专门规定，予以重申。

4. 行政许可监督检查实行属地管辖、有关行政机关之间应当相互协作。《行政许可法》第64条实际上规定了属地管辖的原则：被许可人违法从事行政许可事项活动的，由违法行为发生地的行政机关进行核实并依法作出处理。但违法行为发生地的行政机关应当依法将被许可人的违法事实、处理结果抄告作出行政许可决定的行政机关。这样，作出行政许可的行政机关可以及时了解被许可人的活动情况，并相应作出处理决定，以切实履行监督职责，实施有效监管。这样规定，还有利于明确监管责任，防止行政机关之间相互推诿扯皮，不能对违法行为及时作出处理。

5. 保障个人、组织对被许可人从事行政许可事项的举报、投诉权。在实践中，行政机关受到人力、物力、财力等条件的制约，不可能采取"人盯人"的方式对所有的被许可人实施普遍监督，也不可能随时监督。根据《行政许可法》的规定，行政机关应当采取多种措施对被许可人从事行政许可事项的活动进行监督。鼓励个人和组织进行举报和投诉，便是一种相当重要的监督方式，是发现违法活动的有效手段。行政机关对于举报和投诉应当及时作出反应。对举报和投诉反映的问题属实的，行政机关应当对不依法开展活动的被许可人和未经许可擅自从事依法应当取得行政许可的活动的公民、法人或者其他组织依法作出处理，并告知举报人、投诉人处理结果；对举报和投诉反映的问题不符合实际情况的，行政机关应当向举报人、投诉人说明有关情况。同时，行政机关应当为举报人、投诉人保密。

6. 对于有限自然资源的开发利用及公共资源的配置，行政机关只能授予有限的申请人对于这些事项的许可，其主要功能是分配稀缺资源，以提高资源利用的效益。被许可人取得行政许可往往负有依法开展有关活动，以充分利用自然资源或者公共资源的义务。获得了这类行政许可的被许可人如果不依法履行义务，其他希望利用这些资源的人却因没有取得行政许可无法介入，将造成社会资源的严重闲置与浪费，严重背离设定这类行政许可的目的。为此，法律、法规往往规定了被许可人开发利用资源的义务。如《基本农田保护条例》规定，禁止任何单位和个人闲置荒芜基本农田，占用基本农田满1年不使用的，应当组织耕种；1年以上未动工建设的，应当按照规定缴纳土地闲置费；连续2年未使用的，经国务院批准，无偿收回用地单位土地使用权。《矿产资源勘查区块登记管理办法》第18条规定，探矿权人应当自领取勘查许可证之日起6个月内开始施工。

根据《行政许可法》第66条规定，行政机关应当加强监督检查，重点是监督被许可人履行开发利用资源的义务。被许可人未履行义务的，行政机关应当督促其在规定的期限内履行义务；如果被许可人在规定期限内不改正的，行政机关应当依照有关法律、行政法规的规定予以处理。根据法律、行政法规的规定，依法需要收回行政许可的应当收回行政许可；依法不能收回的，行政机关应当依法采取其他有效措施确保被许可人履行义务。

7. 必须加强对直接关系公共利益的特定行业市场准入行政许可的被许可人履行义务的监督管理。直接关系公共利益的特定行业，就是通常所称的自然垄断行业，如铁路交通、民航、电信、邮政、电力以及城市供水、供气等行业。这些行业都是关系国计民生的基础行业，直接影响到经济发展和生产、生活。授予被许可人行政许可权，就是因为根据其申请材料及实际条件，该申请人比其他申请人条件更优，能够提供更为便捷、安全、稳定的服务。如果不对其加强管理，被许可人可能会滥用其垄断地位，降低服务质量，损害消费者的利益和社会公共利益，如以不合理的高价格提供服务或者擅自停业、影响社会经济活动的正常进行，或者欺压百姓、不提供普遍服务等。因此，对于这类行业，国家一般都对其服务标准、价格、服务质量及普遍服务的义务等作出了相应的规定。这些行业的被许可人不得擅自停业、歇业，因特殊原因需要停业、歇业的，也必须报经原作出许可决定的行政机关批准，并有相应的替代其履行公共服务职能的方案。对于在监督检查中发现的被许可人不按要求履行义务的情形，应当及时作出处理，责令其履行义务或者采取必要的措施，迫使其履行义务。

8. 关于行政机关督促重要设备、设施的设计、建造、安装和使用单位建立自检制度并对监督检查中发现的安全隐患及时采取措施的规定，对直接关系公共安全、人身健康、生命财产安全的重要设备、设施，除了依赖许可人的自检，行政机关还应当通过定期检验、不定期巡查，及时发现违法行为。根据《行政许可法》第68条第2款的规定，行政机关在监督检查时发现安全隐患的，应当责令停止建造、安装和使用，并责令设计、建造、安装和使用单位立即改正。对这些直接关系公共安全、人身健康、生命财产安全的行政许可事项，一旦安全隐患转变为安全事故，将造成极大的社会危害，并且其后果将无法挽回。因此，《行政许可法》将监督责任重点放在预防安全隐患的产生上，重在制止违法行为的产生。行政机关发现直接关系公共安全、人身健康、生命财产安全的重要设备、设施存在安全隐患的，应当立即责令被许可人及有关单位建造、安装和使用，不得一罚了事替代制止违法行为。

三、行政许可监控的法律效力

（一）行政许可的变更

《行政许可法》第8条规定："公民、法人或者其他组织依法取得的行政许可受法律保护，行政机关不得擅自改变已经生效的行政许可。行政许可所依据的法律、法规、规章修改或者废止，或者准予行政许可所依据的客观情况发生重大变化的，为了公共利益的需要，行政机关可以依法变更或者撤回已经生效的行政许可。由此给公民、法人或者其他组织造成财产损失的，行政机关应当依法给予补偿。"

行政机关在创设和维护法律秩序中扮演着重要角色的行政权力时，如果可以随心所欲地改变自己的行政决定，不仅会对法律秩序的稳定性构成威胁，而且还会大大降低法律所独具的可预期性，使政府丧失信用，使相对人对未来无法预期、无所适从。比如取得经营许可的相对人，可能很快会同第三方建立各种买卖或劳务合同等法律关系；取得某种资质资格认可的相对人，可能很快会进入某个特定行业或领域并与他人建立种种信任或任用关系。其次，行政许可原则上不得废止，还在于这是保障公民法人合法权益的客观需要。行政许可一般可分为资格许可和行为许可，前者适用于某些专业性技术性较强的行业或领域，申请人要获取许可，往往要经过各种严格的考试考核，这势必要耗费大量的时间、精力和资财。而取得资格许可、得到某种准入所带来的物质精神收益或社会地位的改观，则是难以用金钱衡量的。后者适用于某些特定资源或技术的开发、特定产品的生产经营和使用，申请人在获得许可前和获得许可后，往往会投入大量的资金、技术和人力，并取得现时的收益或可预期的回报。如果行政机关可以随意变更或废止许可，则意味着相对人已付出的一切努力都是白费心血，相对人已经取得的权益和收益将被置于某种不合法的不利状态。而这一切相对人并不存在任何过错或违法。显然这是十分不公平、不合理的。综上所述，行政机关对行政许可的随意变更或废止，会对国家的公信力及公民对法律的信心带来极大的伤害。特别是在中国刚刚开始实施依法治国方略，社会各界对依法行政期盼甚切，而法律在一些政府机关那里尚缺乏权威的今天，更不能对此现象掉以轻心。因此，我们认为不许变更或废止为一般原则，允许变更或废止为特殊例外，这应当成为中国行政许可法律制度中的一个重要原则。《行政许可法》已确定了这一原则，该法规定："除法律、法规、规章有明确规定的外，行政机关不得撤销、变更已经生效的行政许可。"虽然把"法律、法规"的变更废止权扩展到了"规章"，不免会影响法律的稳定性，但毕竟对于克服随意性而言，是前进了一步。同时，还对"确立企业或者其他组织特定主体资格的登记及其前置许可"、"自然人、法人或者其他组织资格、资质的认可"等事项的许可设定权，规定为由法律、行政法规绝对保留。这将有助于克服许可设定和变更的随意性。

对于已生效的行政许可，在相对方不存在违法事实且许可期限届满的条件下，行政机关宣布无效或收回许可，一般基于两方面的原因：一是由于行政机关违法作出许可决定，经有权国家机关发现后予以撤销。二是由于行政许可所依据的法律法规发生修改、废止或客观情况发生重大变化，许可设定权机关基于公共利益考虑单方面依职权给予变更。这里所说的第二个方面就是指由于行政许可所依据的法律法规发生修改、废止或客观情况发生重大变化，许可设定权机关基于公共利益考虑而予以改正。

行政许可原则上不得变更，但并不是绝对不能变更。《行政许可法》第8条的规定，就是对这种现象的认可。在行政许可领域中，确实存在着很多涉及公共利益的事项。例如：直接关系国家安全、公共安全的活动，直接关系人身健康、生命财产安全的产品、物品的生产和销售活动，有限自然资源的开发利用和有限公共资源的配置等等。当人们把这些事项规定到法律中并用国家许可制度加以调控时，至少就给公民和法人留下了大量无须许可就能自由为之的空间。但是，被法律所规定的这些事项，仍然属于不确定的法律概念。例如，什么样的具体活动或产品、要达到什么样的程度，才有必要设定许可或改变原许可？这就涉及到裁量标准和裁量程序问题。一般而言，由于行政机关拥有对公共事务管理的专业经验，拥有对公共信息的优先掌握，因而能够对"公共利益"做出正确的判断。但是，现实生活告诉人们，行政机关的判断和裁量也往往不具有合理性，甚至有时带有十分明显的偏见、偏差和偏私。最为常见的现象就是借"公共利益"之名，掩盖其部门利益、短期利益、某些"政绩"利益、某些特殊的垄断利益。当然，基于不同的立场和角度，也可能得出相反的结论。那么，人们是否就无法对抽象的公共利益确立起某些具有普适性的判断标准呢？对"公益"标准的探究，学界已有大量的研究成果。这里仅就行政许可领域中废止许可的裁量标准，提出一些具体的看法。[1]

1. 最低损害标准。即某项许可对不特定的第三方或公共领域已构成可以证明的现实威胁或最低限度的实际损害，行政机关才能改变已生效的许可。这一标准源于古老的"任何行为不得损害他人"的自然法精神传统。在实际生活中，一些关系人身健康和生命财产安全的产品（如药品、化学品、爆炸品、矿产品）的生产经营活动，一些会导致污染物排放或扩散的生产科研活动，受检测技术所限，在发放许可证之初可能对其危害性难以察觉，而这种危害性有时虽不明显但却持续地发生着。当人们的认识水平和技术水平有了极大提高，对原许可管辖事项所存在的危险和损害已取得充分的数据，对所依据的客观条件有了新的认识，这就构成"客观情况发生了重大变化"。这时，即便无人提出停止侵害的请求，即便被许可方不存在违法行为，行政机关也可以变更或收回已生效的许可，以最大限度地减少或消除损害。

2. 最低风险标准。即某项许可对国家安全和公共安全、对某些具有高风险特征的行业（如金融、证券、保险业，高科技或尖端技术产业）可能构成潜在的威胁，并将会产生难以弥补的损失时，行政机关才能废止已生效的许可。例如，为防范恐怖袭击而对某些危险品的生产、销售、使用、持有许可所采取的紧急的生产、销售、使用、持有许可所采取的紧急措施；为防范金融风险而对从业者已获许可的某些常规行为或活动所采取的控制措施等等。这时，虽然危险仅处于某种可能状态，损害并未实际发生，但政府基于对被许可行为所独具的风险性的专业判断，依据对所掌握的各种信息的分析和推断，认定如果不停止某许可的效力，将会使公共利益蒙受来自巨大损害风险的威胁，采取相应的中止、变更、收回或废止许可的措施，方能最大限度地降低或控制风险。

---

[1] 马怀德："违法实施行政许可造成损害 行政机关应当承担赔偿责任"，载新华网，2003 年 8 月 25 日。

3. 最大利益标准。即当某项被许可的行为当初虽能给相对人带来利益，但就该项行为所占用的资源与所取得的收益相比，远远低于后来社会所公认的平均水平或落后于该行业该地区的先进水平。如果被许可方所占用的资源是相对稀缺或相当稀缺的，被许可方又长期无法改进或提高其利用能力，那么，让被许可方继续占用和低效利用，不仅会直接影响稀缺资源的合理配置和开发利用，而且也不利于经济和社会的可持续发展，这显然是不合理的。这方面最典型的现象，就是一些有限自然资源如土地、矿产的占用开发许可被低效或无效利用，一些有限公共资源如道路、码头、公用设施、通讯频道的占用许可被低效使用。政府出于让有限资源发挥最大效用、以满足更多公众（包括子孙后代）需要的目的，当然可以对已作出的许可加以调整。例如修改土地利用规划、提高利用开发标准、淘汰某些落后技术或产品，甚至强制性收回许可并实施关闭。但是，这里有一条任何时候都不得逾越的底线：即变更或废止许可不得影响和损害被许可方的基本生存利益。确保公民的基本生存权和正当发展权，是政府在任何时候任何情况下都义不容辞的宪法责任。即便这种生存利益相对"公共利益"而言，可能只是少数人的私益，也不得随意加以剥夺。政府当然可以也应当积极发展公益，但公益是由无数个私益构成的，发展公益如果以剥夺少数人的基本生存权益为代价，这样的"公益"不仅值得怀疑，而且会丧失其公正性。修建一条高速公路或一座大型体育场馆，当然属于地道的"公共利益"，但如果由此导致被收回土地使用许可的少数人长期流浪飘泊、生活无着，这绝不是现代政治文明所能允许的政府行为。因此，世界许多国家基于"责任政府"、"信赖保护"的现代政治文明理念，均对因政府单方撤销或废止行政许可而对相对人合法权益造成的损害，实行国家赔偿或补偿制度。赔偿适用于因政府方违法行为被撤销所导致的损害，补偿适用于因政府方合法行为被废止所导致的损害，两种方式的立法目的和计算办法是不相同的。目前我国在这方面的规定不仅含混不清，而且基本上不实行赔偿，大多仅是适当补偿。我们注意到，在《行政许可法》中，终于对此作出了较明确的区别和规定。规定，因公共利益需要，行政机关可以依法收回、变更已经生效的行政许可，"由此给公民、法人或者其他组织造成财产损失的，行政机关应当依法给予补偿。"公民、法人或者其他组织的"合法权益因行政机关违法实施行政许可受到损害的，有权依法要求赔偿。"虽然上述规定尚存有一些瑕疵（如只对"财产损失"给予补偿，难以适用于无法用金钱衡量的资格、资质类许可），但毕竟比过去大大前进了一步。这些条文的实施，不仅有力地促进了行政机关格外慎重地处理许可事务，而且使那些获得赔偿或补偿的相对人得到相应的抚慰，从而增强对政府的信赖。

为了正确适用上述实体性裁量标准，科学判定和防止避免裁量权的滥用，就必须设立相应的裁量决策和实施的程序保障。这些程序保障措施主要应当包括：①科学决策和责任追究程序。政府许可频繁变更往往反映出政府规划缺乏科学性、前瞻性、权威性，因此，应当尽快完善确保政府科学决策并承担责任的法律机制。对涉及修改变更土地利用规划、城市发展规划、公共资源配置规划的重大事项，不仅应由本级政府经法定程序议决，而且必须依法履行有关审批程序。对发现的违法决策行为、违法发放或变更许可的行为，必须严格追究其责任人的法律责任。否则，就难以杜绝那种上届政府随意卖光土地和资源，下届政府只得被迫修改规划、收回许可、酿发纷争的现象恶性循环下去。②实行听证和说明理由程序。为了尽可能地增强政府对"私益"与"公益"权衡判断的合理性，增强政府所主张的"公共利益"的可核查性，应当切实保障公民对有关资料的查询权、有关信息的知悉权。对有关资源、环保、土地征用、城市建设等涉及相对人利益和社会公共利益的重大变更事项，政府必须依法告之并保障相对人申请举行听证的权利。在各种听证会、论证会、说明会上，政府应充分听取各方面的意见并做出答复。同时，政府应当向公众充分说明采取拟定措施的理由，力求使出台的措施更加妥当和完善，更具有公信力。③公开公正实施的程序。对撤销和废止许可的事项、依据、条件、标准、程序、时效等规定应当公布，并在正式实施前预留一段合理的期限，便于相对人做相应的安排准备。未经公布的决定一律无效。在实施中，应当对相同条件的当事人平等对待，不得实行差别待遇。同时，政府应当接受并保障相对人和社会公众对实施行为的监督，保障相对人和利害关系人申请行政复议、申请行政赔偿、提起行政诉讼、向国家权力机关提起申诉或控告等各项权利，积极应对出现的各种意外事态。

（二）行政许可的撤销

行政机关违法实施行政行为必须承担法律责任，这是依法行政原则的最基本要求，行政许可行为也不例外。行政机关违法实施行政许可行为的责任分为两种：一是撤销的责任，二是补救的责任。所谓撤销的责任是指行政机关有义务撤销违法的许可，恢复到许可以前的状态。主要是针对行政机关违法发放、变更许可行为而言的。当行政机关对不符合法定条件的申请人给予许可后，申请人取得了不应当取得的许可，就可能会给公共利益和他人利益造成损害和威胁，如果不及时纠正，必定会违背许可的目的。所以，行政机关一旦发现行政许可行为违法，为了保障公共利益，应当撤销该项违法的许可行为。当行政机关违法变更了一项合法的许可，导致他人利益遭受损失时，行政机关也有义务及时加以纠正。撤销责任的理论依据来源于依法行政原则。根据行政机关依法行政的原则，对于违法的行政行为，行政机关必须承担纠正的责任，使之恢复到许可之前的状态。例如，行政机关对于不符合生产条件的申请人发放了药品生产许可证，如果不加以纠正，许可证持有人就会根据许可的权利生产不符合条件的药品，必然会给社会公共利益造成损害。所以，只要行政许可行为是违法实施的，不管是程序违法还是实体违法，不管是相对人违法还是行政机关违法导致的许可结果，许可机关都必须撤销。如果许可机关不撤销其违法行为，上级机关有权撤销。作为许可行为利害关系人的第三人也有权要求行政机关撤销违法的许可行为。如果在违法的行政许可行为没有特定的受害人，那么，代表公益的其他国家机关，如检察院也可以要求行政机关撤销其违法的许可行为。撤销的途径可以是行政机关的自行撤销，也可以通过行政复议予以撤销，还可以通过行政诉讼途径予以撤销。撤销的具体方式可以是：撤销许可证照，撤销违法的变更、废止、核准、备案、登记等行为，确认某项许可行为无效或者违法，收回已经发放的许可文件等。当然，并不是所有的违法行政许可行为都可以直接予以撤销。因为撤销的责任不仅受依法行政原则支配，同时也受信赖保护原则支配。

综上所述，行政许可的撤销是指作出行政许可决定的行政机关或者其上级行政机关，根据利害关系人的请求或者依据其职权，对行政机关及其工作人员违法作出的准予行政许可的决定，依法撤销其法律效力的行为。但是，与民事行为不同的是，行政机关的行政行为有公信力，被许可人对行政决定合法性的信赖应当受到法律的保护。同时，基于被许可人取得行政许可，他人据此而与被许可人开展生产、经营活动，对由此而形成的社会关系的稳定性也应予以考虑。如果行政许可决定作出后，只要其违法就予以撤销，特别是因行政机关自己未履行审查责任而导致行政许可决定违法被撤销的，被许可人、社会公众实际上承担了行政机关违法行为的法律责任。行政机关行使撤销权应当慎重，必须依法进行。针对实践中存在的行政机关撤销行政许可的条件不清、责任不明、随意性较大等问题，按照既保护被许可人合法权益、又督促行政机关履行监督职责的原则，借鉴国外通行做法，《行政许可法》第69条从两个方面规范行政机关行使撤销权的行为：一是明确了撤销权行使的条件与程序。对违法的行政许可事项，基于保护公共利益的需要，该撤销的，行政机关应当予以撤销；撤销可能对公共利益造成重大损害的，不予撤销；可以撤销可以不撤销的，行政机关应当衡量各种利益后决定是否行使撤销权。二是因行政机关的原因导致行政许可决定被撤销时，规定行政机关应当赔偿被许可人因此受到的损害。

1. 依法可以撤销行政许可的具体情形及行政机关的责任。为规范行政许可撤销行使，《行政许可法》第69条第1款明确了依法可以撤销行政许可的五种具体情形：

（1）行政机关工作人员滥用职权、玩忽职守作出的准予行政许可决定。行政机关工作人员滥用职权、玩忽职守作出的行政许可决定，是其在没有按照法定程序，根据法定条件对被许可人的材料和情况进行审查的情况下作出的行政许可决定。如本地企业和外地企业同时申请有数量限制的行政许可。行政机关工作人员滥用职权、玩忽职守，由于没有遵守法定的程序，没有审查申请人是否符合法定的条件，一方面构成违法，另一方面，其决定的正确性、合理性也很难保障。

行政机关享有的许可权与其他权力一样都必须来自法律的授予，未经法律授权，行政机关不得实施任何许可。但是，当行政机关对自身权限的认识发生偏差而实施了法律并未授权的许可行为时，行政机关应当承担何种责任呢？首先，行政机关应当承担纠正责任，即撤销违法的许可行为或者确认该项许可为无权限的无效许可。其次，许可机关还应当承担善后责任，即补偿无过错的申请人由于获得许可或者失去无效许可遭受的损失。例如，城市市容监察大队并无临时建筑搭建的许可权，但是，当相对人对市容监察大队提起申请后，监察大队作出许可决定，允许申请人搭建临时建筑。很显然，按照职权法定原则，这是一项无效的许可行为，对政府机关并不应该产生任何约束力。但是，作为许可申请人或者第三人并不一定十分了解行政机关的职权分工，申请人本身并无过错，获得许可而产生的利益应当受到一定程度的保护。所以，在这种情况下，行政机关对自己实施的无权限许可应当承担一定的责任，但不是全部责任。如果在申请人对于许可权限有了解的情形下，即明知行政机关无许可权故意提出许可申请的，因此获得许可的利益不受法律保护。例如，申请人明知开办餐馆应向食品卫生行政部门提出许可申请，但故意向当地基层政府如乡政府提出，此种情形下获得的许可属于申请人有过错的无权限许可，行政机关不承担责任。

（2）超越法定职权作出的准予行政许可决定。行政机关实施行政许可行为，必须遵守职权法定和不得越权的原则。行使不属于自己职权范围内的行政许可事项不得实施许可行为。行政机关是否超越法定职权，其标准只能是法律、法规以及规章。超越法定职权主要有三种情况：超越法定的事项管理权；

超越法定的地域管理权；超越法定的级别管理权。任何行政许可机关都必须在自己的许可权限范围内实施许可行为，对于不属于自己职权范围内的许可事项，不得实施许可行为。如果行政机关超越权限实施许可行为，那么，该越权行为当然属于违法行为，应予撤销或者宣告无效，这也是纠正违法越权行为的重要方式之一。然而作为许可行为相对人的被许可人，在获得许可的同时也获得了某种利益，如果行政机关纠正其违法的许可行为必然给受益人造成损失。例如，受益人已经开始修建被许可的设施，已经从事受到许可的某种活动并且收取利益。当许可被撤销后，受益人的这些利益必然受到影响，甚至未来的某种利益也将受到影响。所以，行政机关的越权许可虽然违法，但是否能够就此承担纠正责任，撤销已经实施的许可，还必须考虑相对人的值得保护的信赖利益和撤销带来的公共利益孰轻孰重，当值得保护的信赖利益大于撤销的公益时，许可不得撤销。当信赖利益小于撤销行政行为获得的公益时，可以撤销许可但应对受益人给予补偿。如果受益人的信赖利益不值得保护时，行政机关可以撤销许可，不必补偿。

（3）违反法定程序作出的准予行政许可决定。程序是行政机关实施行政行为的步骤、方式、方法等的总称。违反法定程序作出的准予行政许可决定，行政机关违法实施许可的行为有多种，除了以上涉及的无权限和越权许可之外，还存在一种程序违法的许可。程序违法的许可是指违反了法律规定的程序要件，如违反法定时限实施的许可，省略、颠倒行政步骤的许可，形式要件不足的许可和缺少程序要求的许可等等。由于程序违法的许可对行政行为的实体结果有不同程度的影响，所以，行政机关对此类违法许可承担的责任也有所不同。如果程序违法对实体结果不产生实质性影响，也就是程序可以补正和治愈的，那么，并不发生行政机关纠正的责任。受益人获得的许可也并不因此撤销，故也不存在善后补偿的责任。"补正和治愈内容上限于特定的程序违法，即申请手续、说明行政行为的理由、参加人听证、委员会或者其他行政机关的参与等"。

如果程序严重违法足以导致实体违法的，行政机关必须按照依法行政的原则纠正违法实施的许可行为，即撤销违法的许可行为。当然，在这种情况下，是否所有的许可决定都必须撤销，许可的受益人是否能够对许可被撤销后产生的损害要求补偿，仍然要视受益人的信赖利益与撤销许可后的公共利益的轻重而定。违反法定程序的认定要以法律、法规、规章为据，包括《行政许可法》和有关规定行政机关实施行政许可应当遵守的程序的法律、法规、规章。

（4）对不具备申请资格或者不符合法定条件的申请人授予的行政许可。行政机关只能对符合法定条件、标准的申请人作出准予行政许可的决定。申请人的申请资格是申请人是否具备提出行政许可申请的条件，申请人不具备申请资格的，行政机关不得受理其行政许可申请，自然谈不上是否符合取得行政许可的条件了。申请人不符法定条件的，依法不应当取得行政许可，行政机关准予行政许可，当属违法。但是，需要注意的是，申请人是否符合法定条件，其认定依据也只能是法律、法规和符合法律规定的规章，行政机关在无法定授权的情况下，自行规定的条件不能用来作为认定申请人是否应当取得行政许可的条件。

（5）依法可以撤销的其他情形。基于行政许可种类繁多，事项各异，为避免列举不全，从立法技术上考虑，《行政许可法》第69条第1款在列举了四项可以撤销行政许可的情形外，还规定了一项兜底条款。当然，按照依法行政的要求，可以撤销行政许可的其他情形，也得由法律、法规、规章作出规定，而不能由行政许可的实施机关自己说了算。

2. 撤销行政许可的启动。行政许可不仅关系被许可人的利益，也涉及其他公民、法人或者其他组织的利益与公共利益。利害关系人既有权利举报违法行为，也能够较为方便地发现违法行为。因此，《行政许可法》赋予利害关系人在发现违法行为后请求行政机关依法撤销行政许可的权利，督促行政机关及时纠正违法行为。

发现依法可以撤销行政许可情形的，作出行政决定的行政机关有权力也有责任依法决定是否撤销行政许可。对依法应当撤销行政许可的事项，行政机关不撤销的，其上级行政机关有权撤销。这也是上级行政机关对下级行政机关实施监督的内容之一。

3. 关于撤销行政许可的具体法律适用问题。行政机关违法作出行政许可决定，按照依法行政、有错必纠的原则，对作出的行政许可决定理应一律撤销，为什么《行政许可法》第69条第1款规定，对出现撤销的事由，行政机关"可以撤销行政许可"而不是"应当撤销行政许可"，《行政许可法》第69条第2款规定了"应当予撤销"而不是"可以撤销"，《行政许可法》第69条第3款还规定了"不予撤销"？《行政许可法》作出如此规定，主要是考虑到撤销行政许可行为的复杂性，需要行政机关结合具体情况、考虑相关因素决定是否撤销行政许可：

（1）要具体分析撤销行政许可决定的利益影响。撤销行政许可不仅涉及行政机关与被许可人的利益，有的还直接涉及第三人与社会公共利益。原则上，行政行为作出之后不得撤销，即使是违法行政行为也不宜轻率地撤销，以维护政府行为的公信力，保护公民、法人或者其他组织的信赖利益。但是，任何事情都不是绝对的，如果被许可人取得了不应当取得的许可，可能会给公共利益和他人的合法权益造成损害或者损害威胁，而这种应当撤销的行政许可给被许可人带来的利益无论在质上还是在量上都明显低于、小于撤销行政许可决定带来的积极利益，根据"两利相权取其大、两害相权取其轻"的原则，行政机关应当作出撤销的决定。实践中经常出现行政机关作出行政许可决定后发现行政许可决定违法。如行政机关对未达到规定年龄的未成年人发放了驾驶执照，申请人已经经营汽车客运多年，若干年后才发现这一事实，是否要撤销过去颁发的驾驶执照？再比如，某一公司申请在长江大堤附近进行房地产建设，而建设行政部门未征求水利行政机关的意见，作出准许行政许可的决定。该公司投资3000万元建起房屋后，水利行政机关提出该行政许可违反《防洪法》，要求予以撤销。是否撤销行政许可决定，行政机关需要衡量撤销行政许可所保护的利益与不撤销行政许可所要保护的利益，当前者明显大于后者时才能撤销行政许可。过去，根据我国《行政诉讼法》的规定，违法的行政行为应当予以撤销，在行政管理实践中也是本着违法必究的原则，一发现违法的行政行为就要撤销该行政行为。根据《行政许可法》的规定，今后，行政机关需要慎重行使撤销权，必须权衡各种利益后作出合理的决定：撤销行政许可维护公共利益造成重大危害的，不予撤销；撤销行政许可维护公共利益明显小于维持行政许可决定保护的被许可人的利益及维护社会关系稳定所体现的利益的，不予撤销；只有当撤销行政许可保护的公共利益明显大于维持行政许可体现的利益时，行政机关才可以撤销行政许可。

（2）要具体分析作出违法行政许可决定的原因。行政机关作出的行政许可决定违法，其原因是多样的。有的是被许可人的原因造成的，如被许可人以欺骗、贿赂等不正当手段取得行政许可；有的是行政机关的原因造成的，如行政机关工作人员没有准确理解法律或者错误认定事实，而对不符合法定条件的人准予行政许可。按照责任自负的原则，行政机关应当对其审查行为负责，而申请人应当对其申请材料、提供情况的真实性负责，对被许可人以欺骗、贿赂等不正当手段取得行政许可的，则行政机关应当予以撤销，对因行政机关审查不严造成行政许可决定违法的，则要结合利益衡量原则决定是否撤销，而不能一律予以撤销。

（3）具体分析违法行政许可决定的性质及其危害程度。行政许可决定违法的表现形式多样，有的是实体违法，有的是程序违法。对程序违法不影响行政许可决定正确性的，如果通过事后补正能够纠正行政许可程序违法的，显然没有必要撤销行政许可决定；对相对人确实不符合条件，则有撤销行政许可的必要，例如，行政机关对不符合生产条件的申请人发放了药品生产许可证，如果不加以纠正，许可证持有人就会根据许可的权利生产出不符合要求的药品，这必然会损害人们的身体健康乃至生命，损害社会公共利益。所以，为了保障公共利益和他人的合法权益，必须及时予以撤销。

4. 关于行政许可被撤销的赔偿责任。

（1）被许可人的补偿请求权。如前所述，行政机关撤销违法实施的行政许可行为后，因此遭受损害的行政许可的受领人即被许可人是否有权获得补偿呢？按照信赖保护原则的要求，受益人当然享有补偿请求权。但是，如果受益人对违法行政许可行为的作出负有责任的话，即行政许可的违法性在客观上可归责于受益人，或受益人知道且预见到该项许可将被撤销的话，他将丧失补偿请求权。如果被许可人以诈欺、胁迫或者贿赂的方法使得行政机关实施许可行为的，该许可被撤销后，遭受损害的被许可人无权请求行政机关给予补偿。如果被许可人对重要事项提供了不正确资料或者进行了不完全陈述，致使行政机关依照该资料或者陈述作出行政许可决定的，被许可人也没有补偿请求权。但是，如果被许可人的行为是行政机关促成的，例如申请表格有错误，对问题有错误的诱导，致使被许可人作出错误说明的，被申请人仍然享有补偿请求权。如果被许可人明知行政行为违法，或者因重大过失而不知道的，也不享有补偿请求权。例如，房产证持有人在申请办理房产证时弄虚作假，伪造了有关文件，致使房产管理机关向其颁发了房产证，房产管理机关发现后撤销了该房产证。此时，作为行政许可行为的受益人虽然遭受了损害，但由于许可行为的违法性归责于被许可人本人，所以他不享有补偿请求权。

（2）第三人的补偿请求权。许可行为中，存在一种特殊的行政行为，即"有第三人效力之行政处分"。此种行为的"规制内容，不仅对相对人产生授益或加负担之效果，并且同时对第三人之法律地位产生影响"。

此类行为涉及行政机关、相对人及第三人之间"三极"的法律关系，故行政机关实施此类许可行为时，不仅要对被许可人负责，而且还要对第三人负责。例如，行政机关核发建筑许可时，建设许可证的申请人是相对人，相邻人就是该许可行为的第三人。如果行政机关应相对人的申请核发变更该许可，虽然相对人因此收益，但第三人的合法利益可能受损，此种情形下，第三人可以通过行政和司法救济撤销该许可。但是，如果因为涉及重大公共利益或者相对人的个人利益，该许可未能被撤销，那么就应当由行政机关根据信赖保护原则对第三人遭受的损失给予补偿。又如，公安交通管理机关对车辆交易行为负责审批和登记，如果车辆交易的卖方通过伪造相关文件的方式取得汽车交易的核准文件并把其盗窃来的赃车卖给另外一方，那么，作为买主的一方虽然不是汽车交易过户登记的申请人，但应当享有撤销登记后损失的补偿请求权。债务人将抵押物办理登记抵押登记的，抵押人是登记行为的申请人，登记机关是实施登记行为的行政机关，如果登记机关撤销其违法登记行为，有可能损害第三人即抵押权人的合法权益，所以，也应当赋予登记行为的第三人即抵押权人以补偿请求权。在抵押登记行为中，登记部门的违法过错类型通常有以下几种：强行为抵押合同的当事人设定抵押期限；登记内容出现差错；抵押人与登记部门的工作人员互相串通，进行欺诈或者虚假登记等。

按照依法行政的原则，对于违法和错误的登记行为必须予以撤销，但是，撤销或者变更该登记行为只能纠正该违法行为，并不能弥补第三人（抵押权人）的损失。所以，应当给予抵押权人一定的补偿。有人认为，如果错误或者违法的抵押登记行为归责于行政行为的相对人即抵押人，那么，抵押权人的损失应当由抵押人承担，而非登记部门承担。事实上，登记部门与抵押人、抵押权人之间的关系是行政法律关系，而抵押人与抵押权人之间是民事法律关系，二者是不同的。许可登记部门实施许可登记行为时负有注意的义务，如果未尽到该义务而许可了不该许可的事项，当然要对因此遭受损害的受益人或者第三人承担责任。特别对没有过错的第三人而言，撤销登记的行为必然使其遭受损失。这种损失不是抵押人直接造成的，而是由于抵押权人因为相信了登记部门行为的合法性造成的，所以，应当由登记部门承担抵押权人的损失。当然，抵押人并不需要直接就登记的合法性向抵押权人承担责任，但应当就其在抵押中的欺诈、伪造行为向登记部门承担责任，并且因此丧失信赖保护请求权。

关于补偿的标准问题。行政机关撤销或者不撤销违法的许可行为，都有可能造成相关人的财产损失。对于这类损失，行政机关应当按照信赖保护利益的原则决定是否给予补偿。至于按照何种标准给予补偿则取决于损害的程度和法定的标准。按照台湾地区行政程序法的规定，撤销给付裁决以外的其他授益行政行为时，所应给予的补偿，是用于填补当事人因信任该行政行为的存在而发生的财产上的不利益损失。对当事人的补偿，不得超过因行政行为的存续所能有的利益。因此，只补偿所谓的"消极利益"或"信赖利益"，至于"积极利益"或"履行利益"，则构成补偿的最高限额。

例如，城建部门向房地产开发公司核发了建筑许可证，后因该证违法而予以撤销。如果许可证持有人对该行为具有值得保护的信赖利益，则应当给予补偿。补偿的范围，则应视房地产开发公司是否已经开始建设或者已经完工，以及支付的规划费、与客户解约的费用和建设费用而定。但开发公司不得要求补偿该项目完成后可得的利益。又如，抵押人以 500 万元的自有设备为抵押物向银行申请贷款，并通过抵押登记部门登记，如果抵押登记部门的工作人员与抵押人恶意串通，将他人的财产作为抵押物登记在抵押人名下，后登记部门撤销登记，最终导致银行无法收回贷款又难以实现抵押权时，登记部门应当承担何种损失？我们认为，抵押登记部门应当承担共同赔偿责任，即抵押人应当与登记部门共同对抵押权人的损失予以补偿。如果登记部门的错误登记行为完全是由登记部门自己的过错造成的，那么，登记部门应当承担全部责任。如果错误登记完全归责于抵押人，那么，登记部门应当承担补充赔偿责任。

《行政许可法》第 69 条第 4 款规定，行政机关撤销行政许可损害被许可人的合法权益的应当依法予以赔偿。这一规定主要是为了保护公民、法人或者其他组织对行政行为合法性的信赖。信赖保护原则要求行政主体遵守和履行承诺，不随意改变其已经作出的决定。行政机关作出行政许可决定后，发现行政许可决定违法予以撤销时，被许可人可能已经基于信赖行政许可决定的合法而投入大量的人力、物力、财力开展依法取得行政许可的事项。如果行政机关骤然撤销行政许可以维护公共利益，那么对被许可人因此而产生的损害，应当予以赔偿。赔偿应当以被许可人因此受到的实际损害为限。

保护公民、法人或者其他组织的信赖的前提是其信赖合理、值得保护。对于被许可人以欺骗、贿赂等不正当手段取得行政许可的，其行为本身就违反了信赖原则的要求，其基于行政许可取得的利益自然不受保护。行政机关依法撤销被许可人取得的行政许可，即使对被许可人造成财产损害的，也应由被许可人自负，行政机关不予赔偿。

5. 违法许可行为的撤销期限。对于违法的许可行为，行政机关有权随时予以撤销。但是，考虑到行政行为作出之后即刻产生行政法效力，对相对人和其他人都有约束力，为了避免使相对人的法律地位长期处于不安状况，作出许可行为的行政机关或者其上级机关应当在一定期限内撤销违法的行政许可行为。按照德国《行政程序法》第 48 条第 4 项的规定，行政机关知道有构成撤销的理由的事实后，应在 1 年内撤销。当事人请求损害赔偿，也应于行政机关告知后 1 年内提出。如果违法行政行为是由于当事人的欺诈、胁迫或者贿赂作出的，行政机关的撤销不受 1 年期限的限制。

（三）行政许可的注销

在行政法学上，注销、废除、撤销、废止和吊销是不同的法律概念，德国行政法学家哈特穆特·毛雷尔认为，废除是一个上位概念，是指行政机关或者法院通过专门宣示消除行政行为法律效果的行为。撤销和废止是废除的下位概念，它们由作出行政行为的机关在法律救济程序之外采取。撤销针对原本违法的行政行为，废止针对原本合法的行政行为。撤销的目的在于纠正错误，因此某行政行为一旦被撤销，该行政行为自始无效。[1] 废止的目的在于使行政行为适应新的情况，因此某行政行为一旦被废止，该行政行为嗣后无效。我们可以借鉴德国学者对撤销、废止两个概念所作的界定，专门用以指称被宣布为许可无效的两种行政行为。同时，我们还可以对"废除"这一概念加以重新界定，专门用来指称对某项既存的行政许可制度全部予以取消，任何公民或法人均可自由从事原本需要取得许可批准的相应活动。对"吊销"这一概念，明确规定只适用于被许可方存在不履行法定义务或有违法事实的情形，是行政机关对相对人的一种行政处罚措施。而"注销"则只适用于当有权机关作出撤销、废止、吊销等决定或其他法定条件成就时，原发证机关予以记录并宣示的情形，它既非一种纠错，也不是一种处罚，其法律后果是使许可最终丧失效力。

注销行政许可，是指基于特定事实的出现，而由行政机关依据法定程序收回行政许可证件或者公告行政许可失去效力。行政许可作为行政机关行使公权力作出的行政行为之一，其公信力高、权威性强。被许可人从事依法应当取得行政许可的活动的，行政机关的行政许可决定、行政许可证件是证明其行为合法性的重要凭证。被许可人以外的其他人是基于被许可人取得的行政许可决定、持有的行政许可证件而信任其具备法定条件，从而与其开展生产经营活动的。为了维护正常的行政管理秩序，维护市场交易安全，在出现特定事实而使行政许可失去效力的时候，行政机关就应该办理有关手续从而注销行政许可，向社会公示行政许可失去效力的事实。已经作出的行政许可决定自注销决定生效之日起失去效力，公民、法人或者其他组织继续从事该项活动的行为属于违法行为。

行政许可注销在实践中的主要问题是：行政机关随意注销行政许可，对行政许可尚未失去效力的也予以注销；有的注销行政许可后不收回行政许可证件，或者只通知被许可人，不向社会公示，导致注销行政许可后被许可人仍然可以从事有关应当取得行政许可的活动。为了保护被许可人的合法权益，维护社会公共利益，行政机关注销行政许可必须依法进行。为此，《行政许可法》规定了注销行政许可适用的情形和行政机关应当依法办理有关行政许可注销手续的义务。

---

[1] 〔德〕哈特穆特·毛雷尔：《行政法学总论》，高家伟译，法律出版社 2000 年版，第 170~175 页。

　　出现了使行政许可失去效力的特定事实是行政许可被注销的原因。这一事实，有的是被许可人违法从事有关活动，有的只是客观事实而与被许可人行为的违法与否无关。鉴于注销行政许可后，公民、法人或者其他组织继续从事应当取得行政许可的活动属于违法行为，因此，对注销行政许可适用的情形应当予以规范，以防止行政机关滥用权力侵害被许可人的合法权益。《行政许可法》总结实践经验，规定了应当注销行政许可的七种情形：

　　1. 行政许可有效期届满未延续的。行政许可有效期届满后，被许可人拟继续从事有关活动的，应当依法向作出行政许可决定的行政机关提出延续行政许可的申请。行政机关应当根据《行政许可法》第50条的规定，结合有关法律、法规的具体规定，对被许可人的申请作出处理。被许可人未申请延续行政许可的，或者其延续行政许可的申请未被行政机关批准或者未依法被视为准予延续的，其已经取得的行政许可自有效期届满之日起失去效力。出现这种情形时，行政机关应当依法注销行政许可。

　　2. 赋予公民特定资格的行政许可，该公民死亡或者丧失行为能力的。赋予公民特定资格的行政许可，即对人的行政许可，是基于被许可人的自身条件而作出的，如取得律师资格是因为个人符合法律规定的条件。有关这类资格的行政许可，只能证明被许可人是否具备取得行政许可的条件。该行政许可既不能转让，也不能继承，是与该公民的人身联系在一起的。公民取得特定资格，都是为了从事一定的活动，既然公民死亡或者丧失了行为能力，他就不能从事与该特定资格有关的行为了，其取得的行政许可也不再具有效力，应予注销。

　　3. 法人或者其他组织依法终止的。行政许可是与该法人或者组织有密切联系的，既然该法人或者组织终止了，其取得的行政许可相应失去效力。

　　4. 行政许可依法被撤销、撤回，或者行政许可证件依法被吊销的。不具备取得行政许可条件而取得行政许可的，应当依法由有关行政机关予以撤销；具备取得行政许可的条件但因行政许可所依据的法律、法规、规章修改或者废止，或者准予行政许可所依据的客观情况发生重大变化，基于公共利益的需要，行政机关可以依法撤回行政许可；被许可人取得行政许可后从事违法活动，依法需要吊销行政许可的，行政机关应当吊销行政许可。在这三种情况下，被许可人取得的行政许可均不再有法律效力。

　　5. 因不可抗力导致行政许可事项无法实施。不可抗力，是指不可预见、不能避免、不能克服的客观情况。如行政机关赋予企业取水许可，因当年天气干旱，没有充分的水源供被许可人取得。这种情况下，被许可人不可能再实施该行政许可，维护该行政许可的效力已经毫无意义。

6. 法律、法规规定的应当注销行政许可的其他情形。例如，基于政府机构改革中政府职能事项的调整，行政许可的主管机关可能发生变化，行政许可的实施机关发生改变可能需要换证的。换证后，被许可人取得的由先前行政机关颁发的行政许可决定就不再有法律效力。

7. 出现依法应当注销行政许可的其他情形。例如，基于政府机构改革中政府职能事项的调整，行政许可的主管机关可能发生变化，行政许可的实施机关发生改变可能需要换证的。换证后，被许可人取得的由先前行政机关颁发的行政许可决定就不再有法律效力。出现依法应当注销行政许可的情形的，行政机关应当依法办理有关行政许可的注销手续，如收回颁发的行政许可证件，或者在行政许可证件上加注发还；对找不到被许可人的或者注销行政许可事项需要周知的，行政许可还应当公告注销行政许可。为保护被许可人的合法权益，规范行政机关注销行政许可的行为，行政机关注销行政许可，应当作出书面决定，告知申请人注销的理由、依据。

第三节　行政许可的收费行为

许可费用是行政机关向获得许可证从事特定活动的相对人征收的费用。从行政许可收费性质上看，是行政主体或者受行政主体委托的公务主体，对在国家行政活动中特定受益人的特定受益，依法强制收取相应对价的一种具体行政行为。[1] 国外也有行政机关实施许可时适当收费的法律规定，如澳大利亚维多利亚省烟草法规定，申请年检烟草许可证须交纳 50 澳元费用加 30% 的销售额。英国的许可收费一直在依据一个 1889 年的判例的原则，即市镇政府有权向被许可人收取合理费用，但这些费用以市镇对许可行业的必要管理为限，包括发放许可证件、行政检查费等。奥地利《行政程序法》中规定，各关系人均应自行负担在行政手续中为其本人所支出的费用。行政机关在行政程序中职务行为的费用，应依职权自行负担。行政机关的行为系授予当事人权利或为私人利益而为者，以此种费用未经法律明义免除者为限，行政机关可以授予当事人特别行政费用。[2] 由此可见，国外的行政许可收费，一般只用来支付许可机关必要的监督管理费用。此费用必须与许可事项密切相关，并且不得超过许可行为实

---

〔1〕 应松年主编：《行政法学新论》，中国方正出版社 1999 年版，第 276。

〔2〕 应松年主编：《行政法学新论》，中国方正出版社 1999 年版，第 276。

际所需成本，避免给申请人带来不必要的负担。

在我国，过去在行政许可实施过程中，一直存在着滥收费、收费养人、养人收费的情况，收费甚至成为一些行政机关设定和实施行政许可的内在动因。为了从源头上预防和治理腐败，从根本上消除设定行政许可的经济动因，我国《行政许可法》对行政许可收费问题作了进一步的规范，这对于治理滥收费等现象具有很强的现实意义。

一、行政许可的费用支出

（一）目前行政许可中的收费现状

建国初期，我国只规定企业登记、房产登记、婚姻登记、医疗服务和中小学学杂费等少量的收费，统称为"规费"，由财政部门管理，纳入财政预算。到 20 世纪 80 年代，为加强国家行政管理，促进社会事业和经济的发展，解决财政经费不足的问题，也仅允许少数行政事业单位收费，增加了少量收费项目。由于利益的驱动，有些部门和单位开始逐渐钻国家简政放权、允许行政事业单位收费的空子，以维护公共利益为理由，设立了行政许可权，同时以解决经费不足、发展自身事业为由，设立新的收费项目。把收费作为许可的条件甚至惟一条件，有收费项目权的行政许可机关还擅自扩大范围或提高标准收费。近年来，在某些行政许可领域，上述许可和收费之间的恶性循环甚至达到白热化程度。其突出表现是，收费项目越来越多，收费标准也越来越高。因此出现了愈演愈烈的自定行政许可事项、增加审批环节、增加收费项目、提高收费标准、"搭桥"收费等现象。

出现这种现象的原因主要有以下几点：①行政许可立法和行政收费立法严重滞后，法律对许可行为和收费行为的规范失控，对收费的用途管制失控。②财政供养人员太多，人浮于事，冗员庞杂，开支巨大，不得不通过收费来解决人员开支，从而导致借许可进行收费的项目越来越多。③公民、法人和其他组织的法制意识还比较淡薄，行政复议、行政诉讼制度并没有发挥其应有的保障公民、法人或者其他组织合法权益的作用，致使违法设立行政许可和收费的行为得不到有效遏制。

借行政许可乱收费的现象不仅严重扰乱了正常的、公正的社会资源分配秩序，损害了政府公共资源的配置效率，支解了财政职能，减少了政府可支配财力，削弱了政府宏观调控能力。而且破坏了投资环境，增加了市场主体的负担，进而阻碍市场经济的良性发展，同时行政许可过程中的乱收费现象还直接导致了政府行为所引发的"黑色经济"的泛滥，激化了官民矛盾，严重损害了中央权威，已经带来了严峻的社会问题，因而亟待采取措施予以规范。中国加入 WTO 工作组报告书指出，行政许可中的收费应当与处理行政许可申请所需要的行政费用相当，除非该费用是通过拍卖或者投标等竞争性方式确定的。这就要求我国严格规范行政许可制度，实施行政许可收费的，行政机关必须向被许可人说明收费的具体法律依据和收费标准，并严格实行收支两条线，所收取的费用必须全部上缴国库。同时，行政机关实施行政许可需要的费用应当列入预算，由财政部门予以保障，按照批准的预算予以核拨。

正基于以上情况，我国《行政许可法》第 58 条明确规定："行政机关实施行政许可和对行政许可事项进行监督检查，不得收取任何费用。但是，法律、行政法规另有规定的，依照其规定。"

（二）收取费用的目的和原则

实施行政许可是国家的一项公共行政管理活动，所需费用应当列入本机关的预算，由本级财政予以保障。那为何要向相对人收取费用？其理由主要是保证国家内各方面利益的平衡以及国际收支的平衡。法律、行政法规之所以规定某些项目应当收费，主要在于专项支出必须由专项收入来满足，也即受益者付费制度。如果说税收是"普遍性收入"，行政收费则是一种"特别收入"，是由于行政机关在针对特定人提供特定服务产品过程中的特别支出引起的。如果这种特别支出不由特别受益人或特别义务主体来承担，而用普遍性的税收来满足，则明显有失公平。再者，当受益人范围很小，或者受益人只限于一定的行政区域时，如制定专门法律将这种费改为税，在操作上也不可行。因此，完全禁止行政许可中的收费也是不必要的。

行政许可收费的目的通常有两种，一种是为了平衡公共资源开发使用的受益人与未受益人之间的利益关系，控制行政特许权的行使，补偿自然资源的使用耗费，保护自然资源的合理利用和良性发展，将自然资源配置到最能发挥其效益的人手中。例如，征收土地出让金、水资源费等各种特许权使用费。另一种是为了弥补成本支出，向享受了公共部门提供的公共产品或者准公共产品的公民、法人和其他组织收取补偿性质的费用。一方面，行政许可申请人使用某种国家资源，而这种国家资源又具有市场价值时，行政许可对于得到该许可的相对人来说应该是一项授益性具体行政行为。国家对普遍禁止的事项为特定相对人解禁，使其获得某种权利或从事某种活动的资格，该行政相对人即可获得他人无法获得的权益。为公平合理负担起见，该行政相对人应当缴纳一定的许可费；另一方面，国家为相对人实施行政许可行为而所作的活动有可能付出特别支出，如审查费、检测费、鉴定费等。这种情况下国家将会通过对相对人收取许可证申请费来得到补偿。所以，从理论上说对行政许可收费是符合利益对等原则的。同时，这对于减轻全体公民的负担，督促申请人依法行使申请权也是有积极意义的。

行政许可收费并非没有限制，《行政许可法》对收费的规定正是为了规范收费行为，协调国家与利益主体的关系。根据立法精神，行政许可收费应坚持如下原则：收费法定原则、有受益原则和补偿原则。

收费法定原则是指收费的项目、标准以及收费的程序都必须有明确的法律依据。行政机关实施行政许可收取费用，必须有法律法规作为依据，没有依据的和法律法规明确规定不得收费的行政机关不得擅自收取，对于费用的支配应符合法律的规定。同时，法律、行政法规规定应当收费的项目，要明确行政许可的收费标准。此处要特别强调的是收费的法律依据。此前，行政许可收费规定的收费依据为法律、行政法规、国务院有关规定、国务院财政部门与价格部门共同发布的规章或者规定，以及省、自治区、直辖市的地方性法规、政府规章或者规定。《行政许可法》更进了一步，实施行政许可收取费用，必须有法律、行政法规的规定，其他规范性文件的规定不得作为收费依据。现行有关法律、行政法规对实施行政许可收取费用作了一些规定，如《进出口商品检验法》第39条规定："商检机构和其他检验机构依照本法的规定实施检验和办理检验鉴定业务，依照国家有关规定收取费用。"《计量法实施细则》第40条规定，建立计量标准申请考核，使用计量器具申请检定，制造计量器具新品申请定型和样机试验，制造、修理计量器具申请许可证，以及申请计量认定证和仲裁检定，都应当缴纳费用。因此，现在我国收费制度管理更加规范和严格。

如果说收费法定原则是保障行政主体不滥用职权乱收费的话，受益原则和补偿性原则更是对受益人权利的进一步保障。受益原则是指谁受益便向谁收费。根据受益原则，不受益的就没有交费的义务，一定的收费与受益人所获的利益有对称性，此与税的无偿性原则不同。补偿性原则是指，收费是为了弥补成本支出或为了平衡利益关系，应限于核发许可所产生的物资消耗和相关成本费用，因而与包括补偿成本和一定利润的市场价格不同，它不以营利为目的。

二、可收取费用的行政许可

一般而言，费与税的标准是立法机关和行政机关确定的，行政相对人没有讨价还价的余地，因为它不是由双方当事人在平等自愿的基础上协商达成的。在《行政许可法》的起草过程中，有关行政许可收费范围和标准曾有几种观点：①行政许可不得收取任何费用；②行政许可收费只能收取许可凭证费和法律法规规定的其他收费；③行政许可收费可以收取技术监测费、公告费、许可凭证费和法律、法规规定的其他收费，但技术检测设施以财政拨款建设并实行事业管理的，利用该设施进行的检测、鉴定等不得收费，法律、法规另有规定的除外。我们认为，规定行政许可原则上不收费是正确的，这是行政机关职能性质决定的，对于一定范围的收费也是必要的（上文已有论述）。根据《行政许可法》的精神，从行政许可收费范围看，行政许可机关理论上可以依法征收以下几个方面的费用。但是，至于行政机关实施行政许可究竟应当收取哪些费用，应当以法律、行政法规的规定为依据，并要按照公布的法定项目和标准收取。

1. 行政许可过程中专为当事人利益而产生的费用。在行政许可立法的过程中，曾经有人提出可以收取行政许可证工本费，认为这样做对公民的财产权利影响并不大，公民的负担不致加重，而且有利于实现税赋公平的原则，督促行政许可机关节约开支。这种意见最后被否决了。但是对于实施行政许可过程中产生的检测费和公告费等是否应当收费，我们认为，原则上不宜征收，除非这种费用是专门为当事人利益而产生的。例如保健食品审批过程中，卫生部评审委员会认为申请的保健食品功效成分需要复验的，由卫生部指定的检验机构进行复验，这种复验费用是专为申请人利益而产生的费用，理所当然应由保健食品申请者承担，收费的标准由法律、行政法规规定。再如，动植物进出口许可过程中，进行动植物检疫的费用，同样有必要按照"特别受益者付费"的原则，向携带或承办运输植物及其产品进出境的单位和个人征收。与此相反，结婚登记前的身体检查费就不宜征收，因为受益人不是特殊人群，而是普遍的公众，应该通过财政资金来安排，以避免各地收费的混乱。

2. 准公共产品利用行政许可中的收费。准公共产品可以细分为两类。一类是具有竞争性而不具有排斥性的准公共产品。例如，闹市区内拥挤的街道，人多车多，交通堵塞，因此对这些街道的消费已经具有了竞争性，消费者的使用影响到了其他消费者的使用，但是并不能因此排斥某些人的消费。因此，在出租车营运领域中都实行许可证制度，并依法征收许可费（许可费应专项用于发展城市交通，改善城市公路状况），以便在保证有效竞争的基础上，对出租车数量进行有效的控制，避免资源浪费而导致城市交通拥挤。另一类准公共产品是具有排斥性而不具有竞争性的产品。对此，当投资者收回投资或者偿还贷款并依法获得一定的利润以后，政府应当依法责令其停止收费。准公共产品利用许可中收取的费用是以法律、行政法规的形式确定收费项目，由政府物价部门确定收费标准，由行政部门或行政部门授权的组织向享受这些准公共产品的受益人收取的费用，例如学费、特许权使用费等等。之所以征收准公共产品利用费而不征收准公共产品利用税，主要是因为准公共产品的使用人流动性大，或者人数不多，或者使用人仅限于某一行政区域，如果变局部的费为全国范围的税不仅有违公正、公平，存在操作上的困难，而且很难通过法律就不同的准公共产品确定税额。而规范行政收费则更符合"取之于民，用之于民"的原则，更有利于缴费者对费的使用进行监督。

3. 自然资源利用许可的收费。森林、矿山、河流、草原等自然形成的资源，本身蕴含着巨大的利益，其经营和开发也一般由政府来组织进行。但是，这种政府开发经营往往不能做到充分和全面，如果不对自然资源进行有效管理，则可能造成居住在这些国有自然资源附近的人们对资源的滥用。政府将一些国有自然资源有偿交给企业和个人开发经营，收取一定的费用便成为一种很好的选择，也可平衡受益人与其他未受益人之间的利益关系。

大多数自然资源都具有稀缺性或不可再生性，属于国家公产的范围。由于采取资源使用收费制度引入了竞争机制，因而可以确保稀缺的国有自然资源管理得以合理开发和有效利用，防止对资源的过度开采和破坏性浪费，并保证寻求可代替产品的经费投入。因此，近几年的资源管理立法都规定了自然资源有偿使用制度。例如，《土地管理法》（2004 年修订）第 2 条规定，国家依法实行国有土地有偿使用制度；《水法》规定，对城市中直接从地下取水的单位，征收水资源费等。正因为行政收费有其不可代替的作用，所以，将来在自然资源利用许可中，仍然有必要保留这种收费制度，只不过必须尽快完善收费体制，加强对收费使用和管理的监督。

三、免收费用的行政许可

（一）我国《行政许可法》免收费用的原则

1. 行政机关实施行政许可和对行政许可事项进行监督检查，不得收取任何费用。但是，法律、行政法规另有规定的，依照其规定。也就是说，行政机关实施行政许可以及依法履行法定职责对被许可人从事行政许可事项活动情况进行监督检查，以免费为原则，其无权收取任何费用。免费这个大原则的例外是，法律、行政法规对行政机关收取某些费用作了明确规定。这种规定应该具有明确的收费范围和标准。

2. 行政机关提供行政许可申请书格式文本，不得收费。这是一项强制性规定。按理行政机关提供申请书格式文本是可以收取适当的工本费的，但鉴于我国目前行政许可实践中乱收费或者搭车收费问题比较严重，为了避免行政机关在实践中利用提供申请书格式文本之机收取不正当的高额费用或者变相收费，《行政许可法》将免费向申请人提供申请书格式文本规定为行政机关的一项义务。

（二）对行政许可收费的监督管理

行政机关实施行政许可所需经费应当列入本行政机关的预算，由本级财政予以保障，按照批准的预算予以核拨。法律规定，行政机关实施行政许可，依照法律、行政法规收取费用的，应当按照公布的法定项目和标准收费；所收取的费用必须全部上缴国库，任何机关或者个人不得以任何形式截留、挪用、私分或者变相私分。财政部门不得以任何形式向行政机关返还或者变相返还实施行政许可所收取的费用。按照这一法律规定，行政机关实施行政许可，擅自收费或者不按照法定项目和标准收费的，由其上级行政机关或者监察机关责令退还非法收取的费用；对直接负责的主管人员和其他直接责任人员依法给予行政处分。截留、挪用、私分或者变相私分实施行政许可依法收取的费用的，予以追缴；对直接负责的主管人员和其他直接责任人员依法给予行政处分；构成犯罪的，依法追究刑事责任。法律还规定，行政机关实施监督检查，不得妨碍被许可人正常的生产经营活动，不得索取或者收受被许可人的财物，不得谋取其他利益。行政机关工作人员办理行政许可、实施监督检查，索取或者收受他人财物或者谋取其他利益，构成犯罪的，依法追究刑事责任；尚不构成犯罪的，依法给予行政处分。从 2004 年 7 月 1 日起，中央部门和单位申请设立行政许可收费项目必须具有法律、行政法规依据，否则财政部和有关部门将不予受理或审批。

规范行政许可收费行为是行政机关的法律责任。各级财政及其有关部门应当配合清理行政许可事项，做好现有行政许可收费的清理整顿工作，严格依法审批行政许可收费项目。除法律、行政法规另有规定外，凡是行政机关实施行政许可和对行政许可事项进行监督检查的，一律不得批准收费；凡是行政机关提供行政许可申请书格式文本的，一律不得批准收费。

依法审批的行政许可收费必须按照财务隶属关系分别使用财政部和省级财政部门统一印制的票据，行政许可收费收入要严格按照有关规定上缴国库，纳入财政预算，实行"收支两条线"管理，并与实施行政许可的行政机关利益实行彻底脱钩。行政机关实施行政许可所需经费列入行政机关部门预算，由同级财政予以保障，按照批准的预算予以核拨。

（三）关于行政许可收费制度的改革问题

对于目前法律、行政法规规定可以收取的费用是否都有必要，有无必要增设或者减少，是我们应当重点研究的问题。从我国改革开放和市场经济发展的趋势来看，通过修改或者废止法律、行政法规，减少实行行政许可的事项，规范和减少行政收费项目，是今后行政许可制度改革的一个必然趋势。此外，法律、行政法规规定收取的行政许可费用应当采取何种方式收取，也是当前研究的热点问题。

关于费改税问题。对于行政许可中必须收费的事项，有人提出实行费改税，统一由税务部门收取。目前来看，有些行政收费的确可以改为征税。例如，在全国范围内向污染排放单位征收排污费，其目的是由污染排放单位补偿公众所受损害，并将排污费专项用于治理空气、水污染等。而治理各种污染是涉及所有公民利益的问题，应该用财政资金来解决，因而将排污费改排污税是必要的，也是可行的。再如，公路养路费、车辆通行费、港口建设费、河道工程修建维护管理费和教育附加费等，随着我国费改税工作的推行，其中有些费种将依法转为税，比如养路费要改为燃油附加税等。行政机关无论收取何种费用，都必须严格依法进行，不得自立名目，擅自设定征收标准和范围。

但完全实行费改税，将所有行政许可中的收费并入相应的税种，也可能会产生一些问题。首先，由于税收是纳入国家预算统一管理的，财政支出预算一旦不合理，则仍然可能导致一些单位在履行职责时因经费不足，从而又转回原来乱收费的怪圈，违法创收以维持机构的运作。其次，乱收费状况在我国存在多年，已成为一些地方和部门收入的重要组成部分，牵涉到诸多方面的利益分割和权力分割问题。因此，要实行费改税，就必须取得广泛支持才能获得成功，这需要等待市场经济的进一步完善，要探索科学合理的方式方法，要做大量耐心细致的基础工作。最后，并非所有的费都适合于改税。实行费改税应当具备以下条件：①该收费项目本质上就是一种税收，它们不具有利益补偿性，并不与获得某种准公共产品或特许权对接；②征收范围广泛，覆盖较多的缴纳单位或个人，具有普遍性；③该收费项目具有长期的和稳定的收入来源，并且规模较大，对于财政收入具有重要意义；④该收费项目已有一套较为规范、具有可操作性、公平、高效的征收办法。《行政许可法》对于费改税的问题没有具体涉及，但是对于应该收取的费用，提出了如下要求：①应当按照法定项目和标准收费；②收取的费用必须全部上交国库，任何机关或者个人不得以任何形式截留、挪用、私分或者变相私分；③财政部门不得以任何形式向行政机关返还或者变相返还实施行政许可所收取的费用。由此看出，完全费改税是不现实的，正确的做法是完善现有制度。

总之，为了规范行政许可收费的行为，应该逐步建立起相应的配套制度。例如，实行收费许可证制度。只有领取了法律、行政法规规定的收费许可证，才可向申请人收费；收费时必须使用财政部门统一监制的应填写收费对象、依据、项目、费率的收据；收费项目必须透明、收费标准必须公开，依法接受监督。对于数额较大的，实行单位开票、银行代收的收缴分离制度。建立财政专户储存制度。专款专用，收支两条线，严格财经纪律，杜绝收费与本部门的经费划拨和职工的奖金、福利挂钩现象；管理机关对收费的使用必须主动接受国家机关、社会公众尤其是缴费主体的全面监督；任何机关、单位或者个人不得以任何形式截留、私分或者变相私分实施行政许可所收取的费用；不得从行政许可收费中支付行政经费，办公房或住宅的建设、维护、改造费用和其他用于收费机关自身需要的费用；不得向行政许可机关返还或者变相返还实施行政许可所收取的费用等。

第四章 行政许可法律程序

　　自 20 世纪 90 年代以来，特别是自 1996 年《中华人民共和国行政处罚法》颁行以来，通过既定的行政程序来规制行政权力的行使已成为国人的基本共识。正如著名学者季卫东教授所言："程序的实质是管理和决定的非人情化，其一切布置都是为了限制恣意、专断和裁量。"[1] 尤其是随着行政自由裁量权的急剧增长，"只有依靠程序公正，权力才可能变得让人能容忍。"[2] 在我国以往的行政许可制度实践中，许可程序的不公开、不透明，审批环节之多、手续之繁琐、时间之漫长都是普遍存在的突出问题。一项许可往往要经过几十、几百道手续，一个项目从申请到审批完毕耗费数月甚至数年都属常事。由于缺乏必要的程序制约，行政许可在很大程度上已经蜕变为滋生腐败的温床，这不仅败坏了政府的形象，而且也加重了行政许可申请人的负担，进而引起了人民群众的强烈不满。

　　正是基于对我国行政许可领域程序失范问题的高度重视，《行政许可法》以专章的形式、超过三分之一的篇幅对行政许可的实施程序进行了极为详尽的规定。可以说，一部《行政许可法》就是一部集中规范行政许可权行使程序的法。简言之，行政许可的法律程序就是国家为保障行政许可权公正和有效行使而规定的，实施行政许可行为所应当遵循的步骤、顺序、形式、方式和时限。在"行政许可的实施程序"一章中，立法者分别从"申请与受理"、"审查与决定"、"期限"、"听证"、"变更与延续"、"特别规定"等六个方面对行政许可行为的一系列程序做出了明确规定。其中，体现程序正当性精神的说明理由制度、一次告知制度、陈述申辩制度、听证制度等都"榜上有名"，充分反映了立法者的创新意识。

---

〔1〕 季卫东："程序比较论"，载《比较法研究》1993 年第 2 期。
〔2〕 〔英〕韦德：《行政法》，徐炳译，中国大百科全书出版社 1997 年版，第 93 页。

第一节 行政许可的申请与受理

在行政法学上，按照行政行为是否能够依职权主动做出可以将行政行为划分为依职权的行政行为和依申请的行政行为。行政许可就是一种典型的依申请的行政行为，行政许可机关应当遵循"不告不理"的原则，因此，申请人提出申请是行政许可的前提条件。行政许可的申请是指公民、法人或者其他组织向行政机关提出拟从事依法需要取得行政许可的特定活动的请求并期望行政机关做出许可决定的行为。申请程序因相对人行使申请权而开始，申请权是一种程序上的权利，只要相对人实际地行使了该项权利，行政机关即负有针对该项申请做出答复的义务。无论相对人是否符合实体法上所规定的许可条件，在程序上都享有该项权利。当然，相对人的申请行为并不必然导致许可的获得，只有当许可申请被行政机关受理之后才有可能使许可程序得以继续进行下去，申请者也才有可能获得最终的许可决定。可见，相对人的申请行为和行政机关的受理行为在整个行政许可程序中占据着极为重要的地位：前者宛如相对人从事某种特定活动的意愿与行政机关依法行使许可权之间的一座"桥梁"，后者则是行政许可程序进展的"关节点"。为此，《行政许可法》第29条至第33条对行政许可的申请与受理做出了明确规定。

一、行政许可申请的形式

由于申请行为是行政许可的前提条件，因而申请人提出申请必须符合一定的要求。一般来说，这些基本要求包括：申请人必须有明确的申请许可的意思表示；申请人必须在法定的期限内提出申请；申请必须符合法定的形式要件，等等。鉴于行政许可是一种要式行为，因而《行政许可法》专门就申请的形式问题做了规定。

在大多数情况下，公民、法人或者其他组织向实施许可的行政机关申请从事某种活动都必须以书面的形式提出，申请人除按要求填写格式申请书以外，还要提交法律、法规、规章所规定的证明其符合行政许可条件的有关材料。申请书一般要载明申请人个人的基本资讯（如姓名或名称、工作单位和地址、年龄、性别、电话号码等），申请许可的具体内容、要求及理由，从事特定活动的能力证明或基本条件等。例如，按照我国《律师法》第6条第1款规定："申请律师执业，应当向设区的市级或者直辖市的区人民政府司法行政部门提出申请，并提交下列材料：①国家统一司法考试合格证书；②律师协会出具的申请人实习考核合格的材料；③申请人的身份证明；④律师事务所出具的同意接收申请人的证明。"当法律允许以口头方式提出申请时，申请人也可以直接通过口头形式向行政机关提出许可申请，行政许可机关只要制作笔录载明相应事项并经申请人签字后即可。

在通常情况下，书面形式的申请都是由申请人向行政机关提出纸质的申请书和有关材料。随着现代通讯技术尤其是互联网技术的飞速发展，申请人还可以根据《行政许可法》第29条第3款的规定，通过信函、电报、电传、传真、电子数据交换和电子邮件等更为先进、快捷的方式提出申请。通过上述方式提出申请，主要适用于只需要申请人提交有关的书面材料，不需要提交实物、样品的行政许可。很明显，行政许可法的上述规定目的在于鼓励申请人及行政许可机关充分利用现代高科技手段，提高行政工作的效率，尽量节约社会成本。

为了体现行政许可的便民原则，行政许可法还规定申请人可以委托代理人提出行政许可的申请，即申请人本人可以不亲自到场。需要指出的是，在委托办理的情况下，代理人应当向行政许可机关出具授权委托书及其身份证件。当然，在依法应当由申请人到行政机关办公场所提出行政许可申请的情况下，申请人必须亲自办理。例如，根据我国《婚姻登记管理条例》的规定，当事人无论是申请结婚登记还是离婚登记，都必须由双方亲自到一方户口所在地的婚姻登记机关办理。

为了方便申请人通过书面形式提出行政许可的申请，《行政许可法》还规定了四项与此相配套的保障制度：①行政机关免费提供申请书格式文本制度。为了节约申请人的时间，提高行政机关的办事效率，行政机关应当向申请人提供载明所有与许可事项有关的内容的申请书格式文本，不能要求申请人自行设计格式申请书。行政机关所提供的申请书格式文本中不得包含与申请行政许可事项无关的内容，且不能收取任何费用。②行政机关公示与教示制度。前者要求行政许可机关将法律、法规、规章规定的有关行政许可的事项、依据、条件、数量、程序、期限、费用以及需要提交的全部材料的目录和申请书示范文本等在其办公场所及政府网站上进行公示；后者要求行政许可机关应当认真答复申请人所提出的各种疑问，提供准确而可靠的信息。只有当行政许可机关切实地践行公示及教示职责时，申请人才能更加便利地获取相关的行政资讯，从而使自己的申请尽可能得到满足。③许可申请人对申报材料真实性负责制度。行政许可法律程序首要的规制对象当然是许可机关，但这并不表明申请人就不受许可程序的制约。在行政许可过程中，法律对申请人最重要的程序要求就是保障申请材料的真实性，避免行政许可机关因受蒙骗而做出许可决定。否则，申请人要承担虚假陈述的法律后果。④与许可事项无关材料排除制度。为了维护申请人的合法权益，避免行政许可机关"法外"要求申请人履行义务，《行政许可法》第31条规定，行政机关不得要求申请人提交与其申请的行政许可事项无关的技术资料和其他材料。

二、行政许可申请的处理

当申请人将申请书及其他有关材料提交给行政许可机关之后，行政许可机关就应当对这些材料是否齐全、是否符合法定形式进行审查，并根据具体情况做出相应的处理决定。根据《行政许可法》第32条的规定，行政许可机关在对申请材料进行形式上的审查之后，可能会做出以下五种不同方式的处理：

（一）即时告知不受理

如果申请人申请的事项依法不需要取得行政许可的，行政机关应当即时明确告知申请人不受理。这是因为，申请人往往对其所要从事的活动并不清楚是否需要办理行政许可，特别是近年来我国从中央到地方都进行了数轮以大量削减审批事项为核心内容的行政许可改革，许多原本需要取得行政许可才能从事的活动，现在已经不再需要许可，但由于信息传播途径的不畅，申请人对这些变化并不了解，因而仍有可能按照过去的惯例向行政许可机关提出申请。例如，自2002年11月起，新开办的药品生产企业已经不再需要经过国家药监局的立项审批，如果申请人在此后仍然向国家药监局提出立项许可，则许可机关应当即时如实告知申请人不受理。此外，如果申请人申请许可的事项依法属于禁止从事的活动（如申请开办色情服务场所），行政机关也应当告知申请人不能申请行政许可。

（二）即时做出不予受理决定，并告知向有关行政机关申请

申请人只能向法定的行政许可机关提出申请，也只有法定的行政机关才能接受其管辖范围内的申请并进行审查。如果申请事项依法不属于接受申请材料的行政机关职责范围的，该机关就应当即时做出不予受理的决定，并告知申请人向有权行政机关申请。由于申请人常常不清楚行政机关之间的职责分工，因而"走错门"的现象在实践中还是很普遍的。例如，按照我国《互联网上网服务营业场所管理条例》的规定，开办网吧要依次到文化部门办理同意筹建批文、再到公安机关办理信息网络安全和消防安全审核、再到文化部门办理网络文化经营许可证、最后才能到工商部门登记注册，如果某公民直接向工商部门申请开办网吧，那么工商机关就应当即时做出不予受理的决定，并告知申请人应首先向文化部门提出申请。

（三）允许申请人当场更正

对于申请人提交的申请材料，经行政许可机关审查，发现仅存在文字错

误、计算错误、装订错误及其他类似的可以当场更正的错误的，行政许可机关既不能以此为由拒绝受理，也不能要求申请人重新提出行政许可，而应当允许申请人当场进行更正并予以受理，从而避免增加申请人的负担。例如，根据我国《货物进出口管理条例》第 20 条的规定，进口配额管理部门和进口许可证管理部门要求申请人提交的文件，应当限于为保证实施管理所必需的文件和资料，不得仅因细微的、非实质性的错讹拒绝接受申请。毫无疑问，这种人性化的规定充分展现了行政许可立法"便民"、"利民"的指导思想。

（四）告知申请人进行补正后提出申请

对于申请人提交的申请材料，经行政许可机关审查，发现材料不齐全或者不符合法定形式的，行政机关不能迳行做出不予受理的决定，而应当告知申请人补正。关于告知补正的时间，根据《行政许可法》的规定，可以当场做出的，应当当场告知；不能当场做出的，应当在 5 日内告知。此外，为了纠正实践中因许可机关"分批次"告知而导致申请人"来去奔波"的状况，行政许可法还规定，申请人的申请材料存在多处不符法定形式的，行政机关应当将需要补正的全部内容"一次性"告知申请人。一旦申请人按照行政机关的要求一次性地全部补齐了相应的申请材料后，行政机关就应当予以受理。由于《行政许可法》没有对申请人的补正期限做出统一规定，为尽快确定许可申请是否被受理，有关的行政法律、法规应当在具体事项的许可中明确加以规定。

（五）直接受理申请

如果经审查发现申请人所提交的材料齐全、符合法定形式，且所申请的事项也属于材料接受机关的职权范围，则该行政机关应当受理申请人的申请。

三、行政许可申请的受理

正如上文所言，对行政许可申请的受理只是行政许可机关对许可申请众多处理方式中的一种，它既包括行政许可机关径直对材料齐全、符合法定形式、属于职权范围事项的申请的受理，也包括对当场更正或经补正后合乎法律要求的申请的受理。受理行为的做出不仅意味着行政许可法律关系的正式成立，而且还意味着与许可事项有重大利益关系的利害关系人对其权利主张的开始。

与行政许可机关受理有关的两个重要问题是受理的条件和时限。前者是指申请得到行政许可机关受理所应具备的基本条件，后者是指行政许可机关自收到申请材料到做出是否受理决定的时限。一般来说，行政许可机关在做出是否受理的决定时主要考虑到以下六个方面的因素：①申请人是否属于不得提出行政许可申请的人；②申请事项是否属于依法需要行政许可的事项；③申请事项是否属于本行政机关管辖的范围；④申请人是否按照法律、法规、规章的规定提交了符合数量、种类要求的材料；⑤申请材料是否符合规定的格式；⑥申请材料是否存在可以当场更正的错误。此外，在某些特定的许可中，行政许可机关还应当审查申请是否在法定的期间内提出。

至于受理的时限问题，行政许可法对此做出了极为严格的规定，采取的是国外通行的"到达主义"原则，即"自收到申请材料之日起即为受理"[1]之所以做出这样的规定，主要是基于两点考虑：一是为了促使行政许可机关尽快对申请材料做出审查，防止因行政许可机关的拖延而损害许可申请人的利益；二是因为行政许可机关在决定是否受理许可申请时，客观上只需要对申请材料是否齐全、是否符合法定形式、是否在法定期间内提出等问题进行形式审查，并不涉及申请材料的实质内容，因而完全可以在收到申请材料的当时即刻做出。需要指出的是，《行政许可法》第32条第1款第4项所规定的"五日内告知补正"，实际上是赋予了行政许可机关5日的受理期限，这是一种例外情形的规定。当然，如果行政许可机关怠于行使告知权，则仍然适用"收到申请材料之日起即为受理"的原则规定。

值得一提的是，根据《行政许可法》第32条第2款的规定，行政机关无论是受理还是不受理申请人的许可申请，都应当向申请人出具加盖本机关专用印章和注明日期的书面凭证。这一规定主要是为了解决实践中普遍存在的行政机关收到申请材料后不积极办理，甚至在申请人提起行政不作为之诉时"反咬一口"没有收到申请的问题。按照上述规定，不管行政许可机关对许可申请本身持何种态度，都应当出具书面凭证，载明所收到的申请书、相关材料和收文日期。由于行政许可法坚持了"收到材料之日即为受理"的原则，因而可以推定，书面凭证也应当在行政许可机关收到申请材料的同时出具。从这个意义上来说，有的学者担心"这一规定可能难以解决行政机关收到行政许可申请后不予办理、故意拖延，而申请人起诉时又无法证明曾提出申请的难题"实际上是多余的。[2]

---

[1] 例如，日本《行政程序法》第7条规定："行政机关对于到达其办公处所之申请，如申请书之记载事项齐备且备具必要书状，符合法定期间者，应即开始该申请之审查，不得迟延。对于依法令不合形式要件之申请，应尽速订定相当期间要求提出申请之人补正或驳回该许认可等之申请。"在我国行政许可立法的进程中，虽然不同阶段的"版本"对受理期限的规定有所不同，但在精神实质上都坚持了"到达主义"原则。例如，《行政许可法（征求意见稿）》第40条第2款以及《行政许可法（草案）》第42条第2款都规定"行政机关收到许可申请之日即为受理"，而最终出台的《行政许可法》却删除了上述规定。不过，结合《行政许可法》相关条款的规定，不难发现，"收到材料之日即为受理"的规定仍然得到了坚持。

[2] 参见张兴祥：《中国行政许可法的理论和实务》，北京大学出版社2003年版，第182页。

第二节　行政许可的审查与决定

当行政许可机关正式受理许可申请之后，行政许可法律程序即进入到审查和决定阶段。在这一阶段，行政许可机关将按照法定的许可条件和标准对申请人的申请进行核实，并最终决定是否准予申请人从事特定的活动。因此，审查与决定是行政许可法律程序中的关键环节，它直接决定了申请人申请的命运，《行政许可法》第34条至第45条对此做出了十分详细的规定。

一、行政许可的审查

审查是行政许可机关做出是否准予许可的前提，它涉及审查的方式、期限以及审查过程中利害关系人权利的保护等问题，以下将结合行政许可法的有关规定分别加以论述。

（一）审查的方式

根据《行政许可法》第34条的规定，行政许可机关对申请材料的审查包括形式审查和实质审查两种方式。

所谓形式审查，即行政许可机关仅对申请材料是否齐全、是否符合法定形式进行的审查，至于申请材料的真实性、合法性则不作审查。例如，我国《民办教育促进法》第18条规定："民办学校取得办学许可证，并依照有关的法律、行政法规进行登记，登记机关应当按照有关规定即时予以办理。"在这里，民办学校的登记机关不需要对民办学校的设立是否符合法定条件进行实质性审查，只要取得了相关机关颁发的办学许可证，登记机关就应当即时予以登记。由于形式审查不涉及申请材料内容的真实性，因而《行政许可法》规定，对于能够当场做出决定的，行政许可机关应当当场做出书面的许可决定。

所谓实质审查，即行政许可机关除了对申请材料的形式要件是否具备进行审查以外，还要对申请材料的实质内容是否符合法定条件进行审查。例如，按照我国《食品安全法》第31条的规定："县级以上质量监督、工商行政管理、食品药品监督管理部门应当依照《中华人民共和国行政许可法》的规定，审核申请人提交的本法第27条第1项至第4项规定要求的相关资料，必要时对申请人的生产经营场所进行现场核查；对符合规定条件的，决定准予许可；对不符合规定条件的，决定不予许可并书面说明理由。"一般来说，实质性审查可以通过以下几种具体的方式进行：①书面方式，即行政许可机关通过申请材料的陈述了解有关情况，进行审查；②实地核查方式，即行政许可机关通过派员核实许可申请所陈述、反映的事实是否与事物的实际情况一致，进行审查；③鉴定、评审、听证等其他方式，即通过送专门机构鉴定、召开评审会、听证会等方式进行审查。

为了有效防止个人专断，保证行政许可决定的客观性和公正性，对于需要采取实地核查的，行政机关应当指派两名以上的工作人员进行；对于情况复杂的或者重大的行政许可，行政机关的负责人还应当集体讨论决定。此外，为了体现行政许可便民原则，尽量减轻许可申请人的负担，根据《行政许可法》第35条的规定，依法应当先经下级行政机关审查后报上级行政机关决定的行政许可，下级行政机关应当在法定期限内将初步审查意见和全部申请材料直接报送上级行政机关，且上级行政机关不得要求申请人重复提供申请材料。

（二）审查过程中利害关系人权利的保护

在现实生活中，行政许可往往都是一种比较典型的"复效"行政行为，即是否做出行政许可准予决定不仅直接对许可申请人的权益产生影响，而且还会对某些利害关系人的正当权益产生影响。例如，规划许可证及建筑施工许可证的颁发与否既决定了许可申请人是否有权实施相应的活动，而且还会对建筑物附近居民的日常生活（如通风、采光、休息、视觉效果等权益）产生影响。鉴于此，行政许可机关在对许可申请实施审查的过程中，就必须注意维护各方利益主体的正当权益，使得许可决定的做出能够兼顾许可申请人和利害关系人的利益。事实上，综观整部《行政许可法》的规定，"利益平衡"也正是该法的重要特色之一。[1]

根据《行政许可法》第36条的规定，行政许可机关在对许可申请进行审查时，需要履行两项基本义务：告知和听取意见。其中，告知义务是指行政许可机关在对许可申请进行审查的过程中，当发现行政许可事项直接关系到他人的重大利益时，有义务在合理的期限内及时告知该利害关系人，以满足其所享有的知情权，进而为利害关系人发表意见提供机会。听取意见义务是指行政许可机关在对许可申请进行审查的过程中，有义务认真听取利害关系人的陈述与申辩，并对其所提出的事实及理由进行核实。告知和听取意见制度的设立充分体现了行政许可公开、公正原则，对维护行政许可申请人及利害关系人的合法权益具有重要的现实意义。

值得注意的是，在行政许可的实践中，"利害关系人"的范围往往并不容易确定。到底哪些人的利益需要在行政许可实施过程中加以必要的保护，有时要借助于多种因素加以衡量。在因行政许可而引发的行政诉讼案件中，由利害

---

[1] 参见刘莘："利益平衡：'行政许可法'的关注重点"，载《法学》2003年第10期。

关系人提起的撤销许可决定的案件十分典型。为了准确地把握行政许可中的利害关系人，以下将重点分析四个与此相关的案例：

60 户居民请求撤销公墓改造批准案

[基本案情] 某公墓原位于郊区，随着城市发展，已处在城市规划区内。为适应城市发展，公墓管理者依据《殡葬管理条例》的规定，分别向省民政厅和市规划局提出将公墓改造成园林式公墓的申请。其后，省民政厅、市规划局批准了该申请。居住在公墓周围的 60 名居民以批准行为侵犯了其相邻权为由诉至法院，认为公墓与其住所较近，使其心理受到很大压力，扫墓人员对周围环境造成恶劣影响，也造成出入不便。请求判决撤销被告的行政许可。一审法院以原告住所与公墓相距数百米、公墓改造使其环境得到很大改善，审批行为不影响其相邻权为由裁定驳回起诉。原告不服提出上诉。二审法院认定公墓先于居民住房合法存在，两机关的审批内容是批准公墓改造而非新建，未扩大公墓用地范围，亦未改变用地性质，没有涉及上诉人的相邻权，故驳回上诉、维持原裁定。[1]

在本案中，原告一方虽然居住在公墓周围，似乎省民政厅和市规划局在对公墓改造申请进行审查的过程中需要考虑到其作为利害关系人所享有的合法权益。但问题的关键在于，公墓管理者所申请从事的行为仅仅是改造而非扩建，并没有改变公墓的利用现状，因而对原告的利益并没有造成不良的影响。况且，原告一方的住房与公墓相距数百米，当初入住时公墓就已经存在。因此，本案中的原告方不具有利害关系人的资格，法院的裁定是正确的。

吴某等 14 人请求撤销建设工程规划许可证案

[基本案情] 2003 年 8 月，在第三人泰州市某房地产开发公司诉讼排除妨碍的庭审过程中，原告吴某等发现第三人持有原泰州市某区建委 1999 年 8 月 21 日核发的城建 9908 号《建设工程规划许可证》，认为被告的许可行为侵犯了小区居民的合法权益，向法院提出行政诉讼，请求撤销该许可证。一审法院查明：被告核发所争规划许可证时，原告吴某等 13 人尚未是泰州市某区高港商城 8 号楼的住户，原告徐某则是购买的该许可证范围内的住房。基于此，法院认为被告在核发该许可证时根本不需要考虑也不可能考虑上述原告的利益，因而裁定驳回起诉。[2]

---

〔1〕 参见王颖："一公墓审批行政案件原告资格析"，载《行政法学研究》2003 年第 2 期。
〔2〕 有关该案的详细案情可参见江苏省泰州市高港区人民法院行政裁定书（2003）高行初字第 17 号。

本案中的一个突出事实是，被告向某房地产开发公司核发许可证时，原告尚未成为小区的住户，因而被告不可能考虑到他们的利益。正是由于建设在前，而入住在后，因而住户不能成为先前许可行为的利害关系人。

王某不服建委给第三人颁发房产证案

[**基本案情**] 1989 年原告王改银与赵付祥未办结婚登记手续即以夫妻名义同居生活，并生有一子一女。1996 年 5 月，二人共同建房，并领取房屋所有权证，该证记载共有人即为原告。1998 年 4 月 17 日，赵付祥在原告不知情的情况下，私自将房屋卖给第三人曾庆玉，并向被告某县建委申请办理过户手续。某县建委于同年 11 月 23 日予以办理，并给第三人曾庆玉颁发了房屋所有权证。原告不服，认为被告未经仔细审查即颁发房屋所有权证的行为侵犯了其合法权利，请求法院判决撤销。法院经过审理，认为被告既未对有关申请材料进行认真核查，也未对房屋是否有共有人及共有人的书面意见进行调查核实，因而其颁发房屋所有权证的行为事实不清、证据不足，依法判决予以撤销。[1]

在本案中，作为房屋共有人的原告对房屋拥有部分产权，因而有关该房屋的买卖等一系列处分活动都必须得到其认可。原告之夫与第三人之间的房屋买卖行为是在原告完全不知情的情况下实施的，且被告亦未对此进行认真核实，因而原告在这一发证行为中完全具备利害关系人的条件，其合法的财产权利应当受到行政机关的保护。从这个角度上看，法院的判决无疑是值得肯定的。

朱某请求撤销村镇工程建设许可证案

[**基本案情**] 2002 年 4 月 19 日，第三人朱玉才因住房紧张，申请在原宅基地上加建一层二间楼房及一间辅房，2002 年 8 月 1 日，被告泰州市某区建设局做出（2002）第 073 号《村镇工程建设许可证》，准许其加建一层二间楼房。后第三人动工建房时遭到原告阻止，在第三人提起的民事诉讼审理的过程中，原告于 2002 年 11 月 22 日提起行政诉讼，以建房严重影响其白果树的生长及收益为由，请求法院判决撤销某区建设局的许可行为。后法院查明，原告银杏树距第三人拟建房屋 7.05 米，距界址 3.50 米，认为拟建房屋不对其银杏树的生长及收益产生影响。基于此，法院判决维持被告的发证行为。[2]

---

〔1〕 参见艾军：《败诉的启示——行政执法中的十个热点问题》，人民法院出版社 2000 年版，第 116～117 页。
〔2〕 有关该案的详细案情可参见江苏省泰州市高港区人民法院行政判决书（2003）高行初字第 2 号。

在本案中，由于原告与第三人系相邻关系，因而在建房许可证的发放过程中必须对其合法权益如通风、采光等加以考虑。也就是说，原告以行政许可利害关系人的名义提出行政诉讼本身应当予以支持。但由于被告在发证的过程中已经充分考虑了原告银杏树的生长及收益情况，且事实上银杏树与界址及拟建房屋之间尚有足够的距离，因而建房不至于影响到其银杏树的生长及收益。可见，法院的判决是比较适当的。

（三）审查的期限

行政许可申请的审查期限是法律对行政许可机关审查行为时间上的要求。在法律上对行政许可的审查期限做出统一规定，不仅能够有效地规范行政许可权的行使，提高行政效率，而且还能够增强许可申请人对其申请"命运"的可预期性，维护其自身的合法权益。在《行政许可法》制定之前，我国的法律、法规很少规定行政机关审查许可申请的期限，致使行政许可往往久拖不决，行政效率极为低下，公民、法人办事极不方便。为了从根本上解决这一"老大难"问题，《行政许可法》第 37 条明确规定："行政机关对行政许可申请进行审查后，除当场做出行政许可决定的外，应当在法定期限内按照规定程序做出行政许可决定。"

对行政许可审查期限集中进行规定的当属《行政许可法》第 42 条。首先，根据该条第 1 款的规定，除可以当场做出行政许可决定的外，行政机关应当自受理行政许可申请之日起 20 日内做出行政许可决定；20 日内不能做出决定的，经本行政机关负责人批准，可以延长 10 日，并应当将延长期限的理由告知申请人。但是，法律、法规另有规定的，依照其规定。由此可见，在通常情况下，单个行政机关实施行政许可的，其审查期限为 20 日，自申请受理之日起算；即使需要延长的，总的审查期限最多也只能是 30 日。在特别法与行政许可法关于审查期限规定的关系问题上，《行政许可法》坚持了"特别法优先适用"的原则。就目前而言，我国有些法律、法规所规定的审查期限就不是 20日，有的要短，有的则长。例如，《文物保护法实施条例》所规定的审查申请运送、邮寄、携带文物出境的期限就是"自收到申请之日起 15 日内"，而现行《技术进出口管理条例》所规定的对技术进口做出是否许可决定的期限是"自收到申请文件之日起 10 个工作日内"。只要特别的法律、法规对行政许可的审查期限做了例外规定，就应当适用这一特别规定。其次，根据该条第 2 款的规定，行政许可采取统一办理或者联合办理、集中办理的，办理的时间不得超过45 日；不能按期办结的，经本级人民政府负责人批准，可以延长 15 日，并应当将延长期限的理由告知申请人。这一规定既考虑到多部门办理的复杂性，也顾及到便于申请人办事。值得一提的是,《行政许可法》"征求意见稿"和"草案"对行政许可申请审查期限的规定都长于《行政许可法》的规定,前者所规定的期限分别为单个机关 30 日、可延长 15 日,多个机关 60 日、可延长 30 日;后者所规定的期限则分别为单个机关 30 日、可延长 15 日,多个机关 45 日,可延长 15 日。从上述审查期限规定的变迁中,人们不难看出《行政许可法》所体现出的"便民"和"高效"精神。

值得一提的是,如果行政许可机关没有在法定的期限内进行审查并做出最终的决定,就构成了程序上的不作为。在实践中,因行政许可机关未履行审查职责而引发的行政诉讼案件即是行政许可领域的典型案件。"刘某、杨某要求市工商局履行颁发私营企业执照法定职责案"即是典型的行政许可不作为案件。

[基本案情] 原告刘某利用自家临街私房经营一个体餐馆,因经营有方,生意十分红火,想扩大经营,但苦于没有位置。邻居杨某退休在家无事,就同刘某商量将自己的私房腾出合伙开餐馆。杨某提议为管理好餐馆,应当到工商局申请开办私营企业,刘某表示同意。1996 年 5 月,刘某在注销其个体工商户资格以后,以二人合伙的名义向市工商局申报餐馆私营企业登记。二人申报了餐馆字号,提交了申请人姓名和住所,房产证、验资证明、书面合伙协议、经营方式、从业人员的健康证明及卫生许可证等材料。市工商局受理申请,告知 15 日后来登记。15 日后,杨某到市工商局来登记,被告知局长不在,还没有批准。又过了几天,杨某又去催办,被告知还在研究,一直拖了 3 个月都没有办好。二人于 6 月 15 日向法院起诉,请求判令被告履行颁发私营企业营业执照的法定职责。案经法院审理,最终判决被告在判决生效后 30 日内做出审核意见。[1]

除了对一般情况下的行政许可审查期限进行规定以外,《行政许可法》第 43 条还对下级行政机关的初审期限做了规定,即凡是依法应当先经下级行政机关审查后报上级行政机关决定的行政许可,除非法律、法规另有规定,下级行政机关都应当自其受理行政许可申请之日起 20 日内审查完毕。很显然,这一规定有利于申请人及时取得许可。

此外,根据《行政许可法》第 45 条的规定,行政机关做出行政许可决定,如果需要听证、招标、拍卖、检验、检测、检疫、鉴定和专家评审的,这些期限都不计算在行政许可的审查期限之内。之所以做出这一规定,主要是考虑到上述方式所需时间较长,无法将其计算在一般的行政许可审查期限内。不过,

---

[1] 参见艾军:《败诉的启示——行政执法中的十个热点问题》,人民法院出版社 2000 年版,第 495 页。

该条同时规定，行政机关应当将上述方式所需的时间书面告知申请人，使得申请人能够预期做出行政许可决定的期限。

二、行政许可的决定

行政许可的决定是指行政许可机关在对许可申请材料进行审查、核实的基础之上，针对不同情况做出是否准予行政许可的决定。根据《行政许可法》第38条的规定，行政许可决定的类型主要有两种形式，即准予行政许可的决定和不予行政许可的决定。[1] 以下将分别对这两种形式决定的有关问题进行论述。

（一）准予行政许可的决定

准予行政许可决定的做出，意味着申请人的许可申请获得了行政许可机关的认可，申请人从此以后即可以从事某项特定的活动。准予行政许可的决定涉及到适用情形、表现形式、实施程序等问题。

1. 准予行政许可决定的适用情形。一般来说，行政许可机关在对申请材料进行审查、核实以后，如具备下列三种情形之一者，即可做出准予行政许可的决定：①申请人提交的申请材料齐全、符合法定形式，依法不需要对许可申请做实质性审查，且能够当场做出决定的；②对申请人的申请经实质性审查后，认为符合法定条件和标准，且没有数量限制的；③在有数量限制的情况下，经审查，认为申请符合法定条件和标准，且在提出申请的顺序或者在招标、拍卖等公平竞争中处于优势地位的。

2. 准予行政许可决定的表现形式。行政许可机关在对许可申请进行审查之后，主要可以通过下列四种形式做出准予行政许可的决定：

（1）做出准予行政许可的书面决定。在该项书面决定中，应当载明准予行政许可的具体事项、被许可人、许可机关、许可期限等，并加盖行政许可机关的印章。

（2）发放行政许可证件。对于书面文件形式的行政许可，有时还需要颁发相应形式的行政许可证件，主要包括：①许可证、执照或者其他许可证书，如卫生许可证、驾驶执照等；②资格证、资质证或者其他合格证书，如律师资格证等；③行政机关的批准文件或者证明文件，如申请开办网吧首先必须获得文化行政部门同意筹建的批准文件；④法律、法规规定的其他行政许可证件，如

---

〔1〕　严格来说，在准予行政许可决定与不予行政许可决定之外，还存在一类"附条件的准予行政许可决定"，即行政许可机关在做出准予行政许可决定的同时，附加一定的条件。由于种种原因，我国的《行政许可法》并未对这种形式的行政许可决定做出明确规定。关于这一形式的行政许可决定，可参见张兴祥：《中国行政许可法的理论和实务》，北京大学出版社2003年版，第209～211页。

捕猎野生动物必须申请特许猎捕证。

（3）在行政许可申请书上加注文字，载明准予行政许可的时间、事项及机关，并加盖行政许可机关的印章。

（4）在设备、设施、产品及物品上加贴标签或者加盖印章。这主要适用于通过检验、检疫、检测等方式进行审定的事项，如定点屠宰场屠宰的生猪，应当经过生猪产地动物防疫机构检疫合格。

3. 准予行政许可决定的实施程序。当行政许可机关依法做出许可决定之后，还应当积极履行公开及颁发、送达行政许可证件等程序法上的义务。首先，根据《行政许可法》第40条的规定，行政机关在做出准予行政许可的决定之后，应当及时予以公开，以便公众进行查阅。公开是行政许可的基本原则，按照《行政许可法》第5条的规定，只要不涉及到国家秘密、商业秘密或者个人隐私的，行政许可的结果就应当向社会公开。行政许可决定的公开，对于保障许可申请人、利害关系人及公众的知情权以及救济权都具有重要意义。其次，根据《行政许可法》第44条的规定，行政机关做出准予行政许可的决定，应当自做出决定之日起10日内向申请人颁发、送达行政许可证件，或者加贴标签、加盖检验、检测、检疫印章。由于送达是行政许可机关所做出的一种能够产生特定法律后果的行为，因而送达必须按照法定的方式和程序进行。在我国，行政许可机关的送达可以参照现行《民事诉讼法》第77～84条关于送达的规定。

除了对上述问题加以规定以外，《行政许可法》还就申请人取得的行政许可的地域效力做了规定。根据该法第41条的规定，法律、行政法规设定的行政许可，其适用范围没有地域限制的，申请人取得的行政许可在全国范围内有效。这一规定的直接目的在于防止某些地方政府滥用行政许可权推行"地方保护主义"，阻碍市场经济的健康发展。

（二）不予行政许可的决定

不予行政许可决定的做出，意味着申请人的许可申请没有得到行政许可机关的认可，申请人不能从事其所希望从事的某种特定的活动。不予行政许可的决定也涉及适用情形、表现形式、实施程序等问题。

1. 不予行政许可决定的适用情形。一般来说，行政许可机关在对申请材料进行审查、核实以后，如具备下列两种情形之一者，即可做出不予行政许可的决定：①对申请人的申请经实质性审查后，认为其不符合法定条件和标准；②在有数量限制的情况下，经审查，认为其不属于条件优先者。

值得一提的是，行政许可机关做出不予行政许可的决定必须基于法定的事由，而不能以"法外"标准轻易地拒绝当事人的许可申请。在"沈某等不服某区卫生局行政决定申请复议案"中，某区卫生局所做出的不予批准开办个体医院的决定就存在此类问题。

[基本案情] 1991年10月，同为某医院主治医生的沈某和张某（两人均具有高级职称，年龄分别为66、67岁）相继退休后，协商组织一批退休老医师办一个体医院。沈某和张某共组织具有高级职称的退休老医师6名，并照顾到各种科目。1991年12月1日，沈某和张某向某区卫生局提交了下列申请材料：一是设立医院的申请书；二是设置医院的可行性报告；三是医院的选址报告和有关建筑状况的报告。所提供的材料是完整的，符合《医疗机构管理条例》第10、16条的有关规定。某区卫生局对沈某和张某提供的申请材料进行了认真审查，发现主治医师都是年龄超过65周岁的退休人员，认为以这样的阵容从事行医治病活动，实属不现实，遂于1991年12月20日对沈某和张某等做出不予批准的书面答复。沈某和张某对此表示不服，向某市卫生局提出行政复议，后行政复议机关做出撤销决定，并责成某区卫生局向沈某和张某颁发行医开业许可证。[1]

在本案中，作为行政许可机关的某区卫生局以年龄偏大这一"法外"事由为依据，拒绝颁发行医许可证的做法显然是错误的。只要申请人符合法定的许可条件和标准，且不存在法律禁止的情况，行政许可机关就应当为申请人颁发行医许可证。某区卫生局在法律规定之外，对申请人增加额外的条件显属违法。行政复议机关正本清源，严格按照有关法律规定的行医条件撤销某区卫生局的不予行政许可的决定是值得肯定的。

2. 不予行政许可决定的表现形式。行政许可机关在对许可申请进行审查之后，主要可以通过下列两种形式做出不予行政许可的决定：①做出不予行政许可的书面决定。在该项书面决定中，应当加盖行政许可机关的印章并注明日期；②在行政许可申请书上注明不予行政许可，并加盖行政许可机关的印章、注明日期。

3. 不予行政许可决定的实施程序。根据《行政许可法》第38条第2款的规定，当行政许可机关依法做出不予行政许可的决定时，应当积极履行说明理由、告知申请人救济权等程序法上的义务。对于许可申请人来说，不予行政许可决定的做出意味着其要求没有得到满足，因而有权知悉其中的原因及寻求救济的途径。与此相对应的是，做出不予行政许可决定的机关必须向申请人说明其不利决定的基本理由，并及时告知申请人所享有的救济权及其行使方式和期

---

[1] 参见关保英编著：《行政法案例教程》，中国政法大学出版社1999年版，第218～219页。

限。正如学者所言:"一个理由充分的行政行为才能让社会心服口服地接受,化解行政纠纷,从而使行政行为的实效最大化。……行政行为说明理由可以使行政相对人对行政权产生一种亲近感,为行政主体和行政相对人之间合意、协商构建一个制度性平台,以适应现代社会'善良行政'、'服务行政'的需要。"[1] 就行政许可的申请人而言,只有当其知晓不予许可决定做出的原因时,才能消除心中的疑问;而当其疑问仍然无法彻底消除时,则可以通过行政复议或者行政诉讼等正当的渠道寻求救济。由此可见,在不予行政许可的书面决定中载明理由并告知救济权对于维护行政许可申请人的合法权益具有至关重要的意义。

第三节　行政许可的听证

听证制度是现代行政程序法中的核心制度,为各国所广泛采用。在我国,自1996年《行政处罚法》首次确立处罚听证制度以来,已经先后建立了价格决策听证制度和行政立法听证制度。如今,听证制度又一次被引入到行政许可领域,从而使听证制度在我国的适用范围日益扩大。行政许可听证是指行政许可机关在做出是否准予行政许可的决定之前,告知申请人或者利害关系人听证权利,申请人或者利害关系人陈述意见、提供证据、申辩、质证以及行政许可机关听取意见、接纳证据并做出相应决定的程序法律制度。严格来说,听证并不是一个独立的行政许可程序,它只是行政许可审查过程中的一个特别程序。[2] 虽然并不是每项行政许可都必须要经过听证程序,但听证在一些重大的行政许可尤其是在涉及相关利害关系人正当权益时的适用却具有十分重要的意义。通常认为,行政许可中的听证程序体现了对许可申请人及其他利害关系人的尊重,通过吸收申请人及其他利害关系人的参与,既有助于保障其实体权利和程序权利的实现,也能够为行政许可机关做出正确的行政许可决定奠定坚实的基础,从而增强行政许可决定的可接受性。为了体现对听证程序的重视,我国《行政许可法》在"行政许可实施程序"一章中辟专节对行政许可听证程序做了较为详细的规定,以下将重点论述行政许可听证的适用范围、参与人、

---

[1]　章剑生:《行政行为说明理由判解》,武汉大学出版社2000年版,"自序"第2页。
[2]　值得注意的是,本节所论述的许可听证仅仅是指行政许可实施程序中的听证,并不包括行政许可设定程序中的听证。根据《行政许可法》第19条的规定,在法律、法规、规章草案设定行政许可时,起草单位也应当采取听证会等形式听取意见。

原则及其具体环节等问题。

一、行政许可听证的范围和例外

尽管听证程序对于维系行政许可决定的科学性、公正性,保障许可申请人及其他利害关系人的合法权益具有重要的价值,但这并不意味着所有的行政许可都需要进行听证。原因在于,听证程序的采用必然要消耗一定的人力和物力,听证的泛滥甚至还会影响到行政效率的提高。因此,确立一个科学、合理的听证程序的适用范围十分必要。在行政法学理上,一般认为,听证范围的确定应当遵守两项基本原则,即"个人利益与公共利益均衡原则"和"成本不大于效益原则"。[1] 根据这些原则,只有可能会对申请人或者利害关系人的重大利益或者公共利益产生不利影响的行政许可申请,才有进行听证的必要。例如,在市政设施的规划许可、重大污染项目的用地许可、对相邻人通风采光有重大影响的用地许可、有数额限制的许可、竞争性许可等情况下,就应当通过举行听证的方式来决定是否准予行政许可。

(一)行政许可听证的范围

根据《行政许可法》第46、47条的规定,行政许可的听证包括依职权听证和应申请听证两种形式,以下将分别进行论述。

1. 依职权听证。根据《行政许可法》第46条的规定,在下列两种情形下,行政许可机关应当依职权主动地进行听证:

(1)法律、法规、规章规定实施行政许可应当听证的事项。就我国目前的状况而言,法律、法规、规章作上述规定的情形尚不多见,只有极少数做了类似规定。例如,根据《公共文化体育设施条例》有关条款的规定,对于因城乡建设确需拆除公共文化体育设施或者改变其功能、用途的,有关地方政府在做出决定前,应当组织专家论证,并征得上一级政府文化行政主管部门、体育行政主管部门同意,报上一级政府批准;而涉及大型公共文化体育设施的,上一级政府在批准前,应当举行听证会,听取公众意见。人们有理由相信,随着我国行政法治水平的不断提高,将会有越来越多的法律、法规和规章规定行政许可的实施适用听证程序。只要法律、法规和规章强制性地规定行政许可的实施必须经过听证,行政许可机关在做出最终的决定之前就只能举行听证,而不能进行自由裁量。

(2)行政机关认为需要听证的其他涉及公共利益的重大行政许可事项。在行政许可的实施过程中,往往充斥着个人利益与公共利益之间的矛盾与冲突:

---

[1] 参见马怀德:"论听证程序的适用范围",载《中外法学》1998年第2期。

对于某个具体的申请人来说，行政机关做出准予许可的决定意味着其可以从事某种特定的活动，即属于一种授益性行政行为，申请人自然不会要求听证；然而，此时的行政许可决定常常会对公共利益构成潜在的威胁，如征地拆迁许可、排污许可一旦被批准，广大拆迁户及污染源附近不特定居民的利益就会受损，且这种不利影响往往是长期的、全局性的。因此，行政许可机关如果不及时向社会公告，公众就无法知悉某项行政许可决定可能将会对其产生直接或者间接的影响。很显然，这对于他们来说是极不公平的。为了有效地避免此类情况的发生，行政许可机关在对许可申请进行审查时，就应当充分考虑到行政许可事项是否会对公共利益产生影响。如果行政许可机关认为许可事项确实会对公共利益产生较大影响，就应当及时将许可申请向社会公告，使得申请事项获得社会公众的广泛关注，进而能够通过召开听证会的方式听取到社会各界更多的意见。毫无疑问，行政许可机关在此基础上所做出的决定能够兼顾公共利益与个人利益之间的平衡，不至于使公共利益遭受严重的不利影响。当然，在这种情况下，行政许可机关拥有是否进行听证的裁量权。

2. 应申请听证。根据《行政许可法》第47条的规定，当行政许可直接涉及申请人与他人之间重大利益时，行政许可机关在做出行政许可决定前，应当告知申请人、利害关系人享有要求听证权，并根据后者的申请举行听证。在这种情形之下，行政许可机关对于何谓"直接涉及"、何谓"他人"、何谓"重大利益"等都具有相应的解释权。当然，从有利于行政许可决定公正、合理做出的角度出发，行政许可机关理应对上述"关键词"进行比较宽泛的解释。针对这一问题，美国行政法学者施瓦茨教授曾经提出，谁有权利到行政机关受审讯的问题与谁有资格请求对行政行为进行司法审查的问题密切相关。作为一般原则，谁有权利到行政机关受审讯，谁就应当有资格诉诸司法复审，反之亦然。这两种情形的标准都是不利影响，谁受了不太间接的影响，谁就有权到行政机关和司法机关受审讯。[1] 我们认为，以"重大不利影响"作为遴选应申请听证的许可事项是较为妥当的。在现实生活中，对相邻人通风、采光有重大不利影响的用地许可，有数额限制的许可及某些竞争性许可等都是常见的需要告知申请听证的情形。

为了更好地理解行政许可听证的适用范围，或许我们会从美国历史上著名的"阿什巴克尔原则"中获得有益的启示。该原则是因美国1946年"阿什巴克尔广播公司诉联邦电讯委员会案"而得名的。

---

[1] ［美］施瓦茨：《行政法》，徐炳译，群众出版社1986年版，第243页。

[基本案情] 联邦电讯委员会先后收到两个公司请求广播执照的申请,这两个公司在邻近不远的地方,而申请使用的频率相同。由于两个频率互相干扰,所以电讯委员会只能批准其中一个申请。根据当时电讯法的规定,批准执照的决定不用听证,而拒绝批准的决定必须举行正式听证。联邦电讯委员会未经听证,批准其中一个申请,同时通知另一公司举行听证,后者不服提起诉讼,最高法院判决认为联邦电讯委员会的决定侵犯了被拒绝公司所享有的听证权利,因为对前一公司的事先批准使得给予后一公司的听证形同虚设。为了维护两个当事人的听证权利,判决要求联邦电讯委员会必须合并互相排斥的申请,举行比较听证,在听取和审查各申请人的辩论和证据以后,才能做出决定。[1]

自此以后,美国最高法院的判例将阿什巴克尔原则逐渐扩张适用于物质以外"经济上互相排斥"的领域,在没有足够的市场可以容纳几个执照同时存在的时候,也必须举行比较的听证,才能做出决定。例如,在航空运输路线、煤气管道执照、汽车运输路线等领域,也适用阿什巴克尔原则。如今,在美国,"利害关系人"的外延已经相当广泛,环境保护方面、消费者利益方面的集团和其他的公共利益集团,越来越多地请求以利害关系人的身份参与行政裁决的听证,借此维护其自身的合法权益。

(二)　行政许可听证的例外

根据前文所述听证范围的确定原则,下列行政许可事项可以免除听证:

1. 对申请人有利的许可事项。听证的目的在于为即将受到行政机关不利决定影响的当事人提供申辩的机会,从而保护其合法权益不受侵犯。因此,如果行政许可决定将有利于申请人,则没有听证的必要。例如,葡萄牙《行政程序法》第103条第2款第2项即规定:"根据在程序中获得的材料,将会对利害关系人有利的决定,免除听证。"

2. 对申请人权利影响轻微的许可事项。一般来说,只要行政许可决定对申请人不产生重大的不利影响,也不需要举行听证。例如,我国台湾地区"行政程序法"第103条第6项即规定:"限制自由或权利之内容及程度,显属轻微,而无事先听取相对人意见之必要者。"

3. 不涉及公共利益及他人重大利益的许可事项。如果行政许可事项与公共利益无关,或者未涉及利害关系人重大利益的,也不需要举行听证。例如,不影响城市整体规划、不影响相邻人合法权益的规划用地许可即可免除听证。

---

〔1〕　参见王名扬:《美国行政法》(上),中国法制出版社1995年版,第425~426页。

4. 涉及国家安全的行政许可事项。此类事项往往涉及到军事、国防、外交等国家机密，出于维护公共利益的考虑，行政许可机关在做出决定时不适用听证程序。例如，军用机场、核设施的许可等即属于免除听证的范围之内。综观域外的行政程序立法，涉及国家安全的行政许可事项不听证是各国和地区的共同规定。例如，美国《联邦行政程序法》第554条即规定，军事或外交职能的行使，不适用听证。

5. 紧急情况下实施的行政许可。在需要行政许可机关立即做出决定的紧急情况下，如果让行政许可机关听取当事人意见后再做决定将给公共利益带来严重危害时，也不适用听证。例如，在我国抗击"非典"期间，有关部门批准建立专门收治非典病例和非典疑似病例的医院及特护病房时就不需要经过听证程序。综观域外的行政程序立法，紧急情况下实施的行政许可不听证同样是各国和地区的共同规定。例如，德国《联邦行政程序法》第 28 条第 2 项、日本《行政程序法》第 13 条第 2 款第 1 项、葡萄牙《行政程序法》第 103 条第 1 款第 1 项等都有类似的规定。

二、行政许可听证参与人

当代行政法的发展趋势之一就是不断扩大公民对行政程序的直接参与，而听证参与人范围的日益拓宽则是这一趋势的明显标志之一。综观各国和地区行政程序法的规定，不但权利和利益直接受到行政行为影响的当事人有权参加听证，而且权利和利益间接受到行政行为影响的利害关系人也能够根据行政机关的通知或者自行申请参加听证。根据我国《行政许可法》的规定并结合行政许可制度的实践，我国行政许可听证的参与人包括主参与人及辅参与人两类，其中，主参与人包括申请审查人、许可申请人及利害关系人；辅参与人包括代理人及证人、翻译人、鉴定人等。当然，这是就一般意义而言的。在某项具体的行政许可听证中，包括代理人在内的辅参与人未必就实际地出席听证会。

（一）行政许可听证主参与人

主参与人是行政许可听证法律关系的基本参加者，是维系行政许可听证正常进行的主要力量。根据《行政许可法》第48条的规定，申请审查人、许可申请人及利害关系人属于行政许可听证的主参与人。

1. 申请审查人。由于听证是行政许可审查过程中的一个特别程序，或者说是行政许可审查、核实阶段的一种延续，因而许可申请的审查人首先就必须参加到行政许可的听证中来。一般来说，行政许可听证的内容不仅包括拟做出决定的事实和依据，而且还包括行政机关拟做出的决定本身。只有行政许可机关对审查意见提供充分的证据、理由和依据，申请人或者利害关系人才能判断这些意见是否具有事实与法律依据，进而有针对性地进行申辩和质证。否则，听证就无法进行下去。而能够承担这一使命的只能是许可申请的审查人。可见，申请审查人的地位就如同诉讼中的控方或原告一样，离开了申请审查人，行政许可听证就无法实施。

2. 许可申请人。作为行政许可程序的启动者和行政许可决定的直接承受者，许可申请人无疑与行政许可具有最密切的联系。倘若行政机关做出不予行政许可的决定，那么申请人的权利和利益就将受到直接的不利影响。因此，许可申请人是"明显的当事人"，他们完全有资格为维护自身的利益参加听证。一般来说，在行政许可听证的过程中，许可申请人享有下列七项基本权利：①获得通知权，通知应当载明与听证有关的各种事项且在合理的时间内发放；②获得律师协助权，许可申请人有权聘请律师陪同其出席听证；③申请回避权，当许可申请人认为听证主持人与许可事项有直接利害关系的，可以提出回避申请；④陈述意见权；⑤提出证据权；⑥申辩和质证权；⑦卷宗阅览权。

3. 利害关系人。在现实生活中，受行政许可决定影响的人往往并不以许可申请人为限，还有其他一些人，这些人虽然不是行政许可行为直接的对象，但他们的权利和利益也同样会受到行政许可决定的影响。作为行政许可的利害关系人，他们为了维护自身的合法权益也可以参加行政许可的听证。一般来说，竞争者、相邻者及消费者都属于典型的利害关系人。如在美国，州际商业委员会规定铁路运输价格时，受影响的人不仅是直接受到规定的铁路运输公司，与铁路运输处于竞争地位的水路运输公司和航空运输公司的利润和营业额也可能受到铁路运输价格变动的影响，因而他们也有权申请参加听证。同参加听证的许可申请人一样，利害关系人也享有获得通知、申辩、质证等诸多权利。

（二）行政许可听证辅参与人

辅参与人是协助行政许可听证主参与人工作及保障行政许可听证程序顺利进行的人。在实践中，代理人及证人、翻译人、鉴定人即属于行政许可听证的辅参与人。

1. 代理人。由于行政许可听证涉及一系列的事实认定、法律适用、质证等专业问题，因而参加行政许可听证的申请人及利害关系人往往都需要委托具有一定专门法律知识的人尤其是律师作为代理人，协助自己参与行政许可听证。接受委托的公民、近亲属、组织或者律师有权以申请人或利害关系人的名义实施相应的代理活动，陪同委托人或者单独出席听证，其代理行为的后果由委托人承担。

2. 证人、翻译人、鉴定人。在实际生活中，有的行政许可往往比较复杂，如申请人或利害关系人一方有语言上的障碍需要依靠翻译人员的帮助，相关证据材料需要经过鉴定才能识别真伪，有关事实需要证人当庭作证，等等。一旦遇到上述情形时，就需要证人、翻译人、鉴定人等出席听证。否则，行政许可听证就难以进行下去甚至根本就达不到既定的效果。因此，证人、翻译人、鉴定人等相关人员可以作为辅助人员参与行政许可听证，他们的职责就是为听证的顺利进行提供各种特定形式的帮助。

三、行政许可听证的原则

行政许可听证的原则是指贯穿于行政许可听证活动的始终，用以指导行政许可听证活动有序进行并为行政许可听证各方参与人所共同遵循的基本法律准则。行政许可听证的原则主要包括以下四项：

（一）公正听证原则

公正性是一切行政听证活动的灵魂，也是其所应当遵循的首要原则。就行政许可听证程序的设置而言，其存在本身就反映了社会对行政许可权公正实施的渴求。在行政许可听证的过程中，所有的程序布置、制度安排都应当以促进公正作为其出发点和归宿。公正性原则要求行政许可听证的各方当事人地位平等，获得同样的对待。因此，公正性原则又可称为无偏见原则。具体来说，行政许可听证的公正性原则可以从以下几个方面表现出来：①行政许可的申请人和利害关系人都享有平等地参与听证会的权利；②行政许可听证的主持人应当与行政许可申请的审查者相分离，主持人具有相对独立的法律地位，凡与行政许可事项有直接利害关系的必须回避，从而使其能够站在客观、中立的立场上主持听证、听取意见；③在听证举行过程中，许可申请人和利害关系人都平等地享有陈述、申辩权，都有权对许可申请审查者提供的证据、理由进行质证；④各方当事人的陈述和申辩意见都必须不被遗漏地载入听证笔录之中，并在行政许可机关做出最终决定时受到同等的考虑。上述诸项具体的程序制度是维系行政许可听证公正进行的基本保障，离开了平等参与、职能分离、回避和同等对待，听证的公正性便无从谈起。

（二）公开听证原则

正如西谚所言：正义不仅要得到实现，而且要以一种人们看得见的方式得到实现。原因在于，人类历史已经反复证明：惟有公开才有可能实现程序及实体的公正，而暗箱操作往往就是滋生不公正的温床。因此，公开化应当成为我国行政许可听证的基本原则，是否最大限度地公开是衡量行政许可听证民主程度及质量高低的重要标尺。行政许可听证中的公开原则，是指行政许可机关在举行许可听证活动时应当实现听证信息、过程及结果的公开。具体来说，公开听证的原则需要依靠以下具体的制度加以落实：①在许可听证举行之前，行政许可机关应当发出公告或者告知申请人及利害关系人享有要求听证权，并在举行听证的 7 日前就听证的时间、地点等事项通知申请人及利害关系人；②听证的过程向社会公众开放，允许公众在场旁听、允许新闻记者进行采访报道；③在举行听证时，当事人各方都有权展示相关证据并对其进行公开申辩和质证；④在听证结束之后，行政许可机关根据公开质证的事实所做出的决定的内容也必须公开。毋庸质疑，行政许可听证程序的公开化不仅能够为行政许可决定的科学性、公正性和客观性提供充分保障，而且能够加强对行政许可听证活动的社会监督和舆论监督，防止因行政许可机关的独断专行和神秘行政而导致行政许可听证制度价值的落空。当然，公开听证原则也不是绝对的，根据《行政许可法》第 5 条的规定，如果听证的事项涉及到国家秘密、商业秘密或者个人隐私的，听证可以不公开进行。

（三）言词辩论原则

从本质上来说，行政许可听证程序是对司法程序尤其是辩论程序一定程度的移植。正是在这个意义上，"言词辩论"应当成为行政许可听证的又一重要原则。听证的核心是对听证参与者意见的充分听取，以便行政许可决定能够建立在事实清楚、证据充分、信息全面的基础之上。因此，听证各方当事人能否就行政许可所涉及到的事实认定及法律适用问题展开充分且富有成效的质证和辩论就成为听证是否具有实效的一个关键环节。正所谓"兼听则明而偏听则暗"，言词辩论原则包含两层含义：①参加行政许可听证的各方都必须以言词陈述的方式从事防御、驳斥、证明等行为；②任何相关的证据都必须在听证会上公开进行展示并已经过各方的充分质证，未经在听证会上以言词方式提出和辩论的证据都不得作为行政许可决定的依据。具体来说，言词辩论原则要求行政许可的申请人、利害关系人均以言词的方式向听证主持人陈述意见、表明自己的立场，并针对许可申请审查者所提供的证据及理由进行质辩，还可以通过出示证据而展开相互辩论，进而极力证明自身利益诉求的正当性。当然，由于行政许可决定并不具有终局性，许可申请人及其他利害关系人如有不服还可以通过事后的行政复议或行政诉讼程序获得救济，因而许可听证中的言词辩论原则并不能完全等同于司法程序中的言词辩论原则。对于某些事实，行政许可机关或无需证据证明，或可以加以推定，即不需要经过言词辩论而径行做出决定。不过，这些情况都需要由法律加以明确规定，防止行政许可机关任意进行裁量。

（四）笔录排他原则

如同法庭审判需要制作庭审笔录一样，行政许可听证也需要制作听证笔录。作为一种正式的法律文书，听证笔录是对整个质辩过程的书面记录。在听证活动结束时，这份笔录经听证参加人确认无误后签字或盖章后即具有法律意义。至于听证笔录对最终的行政决定具有的约束力程度，各国和地区的规定则有所不同，大致有两种模式：①有的国家和地区规定听证笔录对行政机关的决定具有一定的约束力，行政机关应当斟酌听证笔录做出行政决定，但行政机关不是必须以听证笔录为根据，只有在行政程序法之外的其他法律明确规定以听证笔录为根据的，行政机关才必须以听证笔录为根据，不能以听证笔录之外或当事人不知道或没有经过论证的事实作为根据。德国、日本、韩国及我国台湾地区就是这一模式的典型代表。②以美国为代表的一些国家，明确规定行政机关必须根据听证笔录做出决定，不能以笔录之外的任何事实为依据做出最终的决定，这就是著名的"案卷排他性原则"。案卷排他性原则是正式听证的核心，"如果行政机关的裁决不以案卷为根据，则听证程序只是一种欺骗行为，毫无实际意义。"[1] 从保障听证的实效及其公正性上看，后者的规定更加有利。在我国《行政许可法》的制定过程中，对这一问题也曾经有过激烈争论，《行政许可法（征求意见稿）》第 52 条对许可听证笔录的效力未做规定，《行政许可法（草案）》第 53 条规定的是行政机关应当"充分考虑"听证笔录，而《行政许可法》第 48 条则规定行政机关"应当根据"听证笔录做出行政许可决定，从而使"行政许可听证笔录排他性原则"最终在我国确立。与《行政处罚法》及《价格法》相比，《行政许可法》的上述规定无疑会大大增强人们对许可听证的信心，对于提高行政许可决定的公正性、防止听证流于形式具有极为重要的意义。

四、行政许可听证的环节

根据《行政许可法》的有关规定，行政许可听证主要包括以下三个基本环节：

（一）准备环节

在行政许可听证的准备环节，行政许可机关应当及时实施下列行为，从而为行政许可听证的正式举行做好充分准备：

1. 向社会公告或者告知申请人、利害关系人享有要求听证权。根据《行政许可法》第 46、47 条的规定，对于属于应当举行听证的许可事项，行政许可

---

[1] 王名扬：《美国行政法》（上），中国法制出版社 1995 年版，第 493 页。

机关应当向社会公告或者告知许可申请人及与许可事项有重大关系的利害关系人有要求听证的权利。

2. 根据申请及时组织听证。在行政许可机关履行告知义务之后，如果申请人或者利害关系人在 5 日内向行政许可机关提出了听证申请，那么后者就应当在收到申请后 20 日内组织听证，且由行政许可机关自行承担组织听证的有关费用。

3. 及时将听证的时间、地点等事项告知申请人及利害关系人，必要时予以公告。根据《行政许可法》第 48 条第 1 款的规定，行政许可机关应当在举行听证的 7 日前，通知申请人和利害关系人举行听证的时间、地点，便于当事人做好准备工作，充分收集材料，按时参加听证。如果因人数众多或参加人数难以确定，行政许可机关还可以就上述事项进行公告。

4. 决定听证是否公开进行。一般来说，行政许可听证都应当公开进行，允许公众旁听及新闻媒体进行采访。但如果听证事项涉及到国家秘密、商业秘密或者个人隐私的，可以不公开举行。

5. 指定听证主持人。听证主持人类似于司法审判程序中的法官，其职责在于引导、指挥听证有序地进行。听证主持人的地位是否独立、职权是否完整，将直接影响到听证本身的质量。在听证正式举行之前，行政许可机关必须从许可申请审查人员之外的本机关其他工作人员中挑选出合适的听证主持人。如果听证主持人与许可事项有直接利害关系的，还应当回避。

（二）举行环节

在正式举行阶段，行政许可听证应当按照下列顺序进行：

1. 听证主持人宣布听证事项和听证会纪律，简要介绍听证会参加人。

2. 行政许可申请审查人员提出拟做出的初步决定，并提供相关的证据和理由。

3. 申请人可以提出相关证据，并就行政许可申请审查人员提出的证据和理由进行申辩和质证。

4. 利害关系人可以根据自身的利益需求，提出相应的证据和理由，支持或者驳斥申请审查人及许可申请人所提出的证据和理由。

5. 听证各方参加人相互发问、辩论和质证。

6. 在必要的情况之下，听证主持人可以依职权或者依申请调取有关证据，要求听证参加人补充证据，决定是否对已出示的证据进行鉴定或传唤有关证人到场作证。

7. 听证主持人进行最后总结。

8. 听证记录人员将听证笔录交付听证参加人审阅，并由听证参加人签字或者盖章。听证笔录一般应当包括以下内容：案由；听证的时间和地点；听证主持人及到场的参加人的个人基本资讯；听证是否公开进行；申请审查人员提出的初步意见及其理由和证据；申请人、利害关系人出示的证据及其陈述、申辩、质证的内容。

（三）处理环节

在听证结束之后，听证主持人应当以听证笔录所记载的事实、证据为基础，提出是否予以许可的初步意见，提交行政许可机关负责人批准。行政许可机关的最终决定应当严格依据听证笔录做出。

第四节　行政许可的变更与延续

在行政许可决定做出之后，由于许可持有人自身的原因或者客观情况的变化，往往需要对行政许可决定的内容进行部分改变或者进行续展。为此，《行政许可法》在"行政许可实施程序"一章中辟专节对行政许可的变更与延续做了专门规定。

一、行政许可的变更

行政许可的变更是指行政机关根据法定事由并按照法定程序对已做出的行政许可决定的内容加以更改的行为。在行政法学理上，一般认为，行政行为一经正式做出即具有不可变更力，非经法定程序并依法定事由，行政主体一方不能随意加以改变。[1] 但随着情况的发展变化，尤其是先前行政许可决定所依据的法律规范或政策的改变，往往使得原先的许可内容已不再适应被许可人的需要或者与公共利益不相吻合，此时行政机关可以根据被许可人的申请或者依职权对许可的内容进行改变。行政许可的变更既体现了行政机关对被许可人的尊重，也符合行政管理的客观需要。但是，由于变更实质上是对原行政许可的修改，内容一般涉及到许可范围、活动方式、使用期限的更改，往往都会对被许可人的权利义务产生直接的影响，因而为慎重起见，行政许可的变更必须严格按照法定的条件和程序进行。根据变更的启动主体不同，行政许可的变更可分为依申请的变更和依职权的变更两种，以下将分别加以论述。

（一）依申请变更

根据《行政许可法》第49条的规定，被许可人要求变更行政许可事项的，

---

〔1〕　参见章志远：《行政行为效力论》，中国人事出版社2003年版，第83页。

应当向做出行政许可决定的行政机关提出申请；对于符合法定条件和标准的变更申请，行政机关应当依法办理变更手续。由此可见，该条所规定的是依申请的变更。一般来说，依申请的变更包括以下几项具体要求：

1. 提出变更申请的原因。被许可人提出变更申请往往是因为自身的情况（如活动的内容、方式或性质等）发生了变化，原许可证已经不能适用。例如，执业医师的执业地点、范围或类别一旦发生变化，执业医师就必须按照《执业医师法》的有关规定及时向卫生行政主管部门提出变更申请。如果没有经过申请或者申请没有被批准，被许可人就不能擅自从事与许可证内容不相符合的活动，否则就是违法行为并将受到相应的行政处罚。下面一则案例就反映了这一情况：

［基本案情］孙东原系某市第五人民医院儿科医师，1991 年 5 月经批准离职。1992 年 1 月，某市南长区卫生局批准孙东的申请，并给其颁发了个体行医执照，执业范围为小儿科。执业期间，孙东擅自变更执业地点，并超出执业范围行医造成后果。为此，某市南长区卫生局于 1992 年 7 月 7 日做出了吊销孙东个体行医执照的决定。[1]

2. 提出变更申请的时间。变更许可是对被许可人已经获得的行政许可的内容进行的改变，因此，申请人必须在原行政许可失效之前向做出准予行政许可决定的行政机关提出变更申请。

3. 对变更申请的审查和处理。做出准予行政许可决定的行政机关在接到被许可人的变更申请以后，应当在法定的期限内进行审查。如认为申请符合法定条件和标准的，应当依法办理变更手续，需要重新更换许可证的，应当予以更换；反之，如果认为变更申请违法或不适当的，行政许可机关有权予以拒绝。例如，我国《民办教育促进法》第 55 条第 2 款即规定："申请变更为其他民办学校，审批机关应当自受理之日起 3 个月内以书面形式答复；其中申请变更为民办高等学校的，审批机关也可以自受理之日起 6 个月内以书面形式答复。"

需要指出的是，如同行政许可机关必须严格按照法定的条件和标准做出是否准予行政许可的决定一样，行政许可机关也必须依据法律的明确规定对变更申请做出妥善的处理。只要变更申请符合法律的规定，行政许可机关就没有理由加以拒绝。在"王馨请求派出所履行更改姓名职责案"中，虽然原告最终败诉，但派出所决定及法院判决仍不无商榷之处。

［基本案情］1995 年 1 月 10 日，王馨（女，32 岁）以便于书写姓名为由，

〔1〕 参见胡锦光主编：《行政法案例分析》，中国人民大学出版社 2000 年版，第 25 页。

向某派出所递交了书面申请，要求更改姓名，请求将现名改为王欣。1995 年 2 月 15 日，派出所民警口头通知王馨：经派出所研究，决定不准王馨改名。王馨对此不服，向县人民法院提起行政诉讼，请求法院撤销派出所的违法决定。案经法院审理，最终做出了维持不准更改姓名的判决。[1]

根据我国《户口登记条例》第 18 条的规定，凡年满 18 岁的人需要变更姓名的，由本人向户口登记机关申请变更登记。在本案中，王馨已经亲自向当地派出所递交了附有理由的更名申请，完全符合法定的更名程序。同时，该《条例》第 17 条规定，户口登记机关认为必要时，可以向申请人索取有关变更或者更正的证明。因此，派出所在没有向申请人王馨索取有关变更证明且没有说明理由的情况下就对更名申请加以拒绝的做法显然是不妥的。

（二）依职权变更

做出准予行政许可决定的行政机关能否依其职权主动对原许可决定的内容进行改变？回答是肯定的。依职权变更行政许可决定的法律依据主要是现行《行政许可法》第 8 条的规定。根据该条第 2 款的规定，行政许可所依据的法律、法规、规章修改或者废止，或者准予行政许可所依据的客观情况发生重大变化的，为了公共利益的需要，行政机关可以依法变更已经生效的行政许可，但必须对公民、法人或者其他组织所受到的财产损失给予补偿。在这里，行政机关依职权变更的理由是法定的，即必须是先前的法律规范或者客观情况发生了重大的变化，且是出于维护公共利益的需要。由于主动变更行为极有可能损害被许可人的信赖利益，因而必须以行政法上的"信赖保护原则"对其加以限制。所谓信赖保护原则，是指行政机关应当确保行政活动的明确性、稳定性和连贯性，从而树立和保护公民、法人或者其他组织对行政机关及其活动的信赖。具体来说，信赖保护原则要求当行政相对人已经对授益性行政行为形成值得保护的信赖时，行政主体就不得随意地改变该行为，否则必须合理补偿行政相对人因信赖该行为的存续而获得的利益。为了更加有效地制约行政机关主动变更权的行使，建议行政机关依职权对原许可决定的变更行为原则上都应当经过听证程序做出。

二、行政许可的延续

行政许可的延续是指被许可人在行政许可的有效期届满之前，为继续从事特定的活动而向做出准予行政许可决定的行政机关申请延长原行政许可的有效期。在现实生活中，很多行政许可都是有有效期的，如护照有效期为 5 年，药

〔1〕 艾军：《败诉的启示——行政执法中的十个热点问题》，人民法院出版社 2000 年版，第 497 页。

品生产许可证有效期为 5 年，建筑师注册有效期为 2 年，等等。一旦超过了有
效期，被许可人就不能再从事相应的活动，否则就是违法行为。如果被许可人
想继续合法地从事该项活动，就必须在有效期届满前向做出准予行政许可决定
的行政机关提出延续申请。《行政许可法》第 50 条专门就行政许可的延续做了
规定，以下将结合该条规定分别论述延续申请的提出、审查及决定。

（一）延续申请的提出

被许可人提出延续行政许可有效期的，应当在行政许可有效期届满之前的
合理期限内向做出准予行政许可决定的原行政机关提出，以便后者有足够的时
间对这一申请进行审查。根据《行政许可法》第 50 条第 1 款的规定，延续申
请应当在行政许可有效期届满 30 日前提出。当然，如果法律、法规、规章另
有规定的，依照其规定。例如，根据我国《药品管理法实施条例》的规定，持
证企业需要继续生产药品的，应当在药品生产许可证有效期届满前 6 个月提
出。在这里，虽然行政法规的规定与许可法的规定不一致，但仍然适用前者的
规定。

（二）延续申请的审查

当作出准予行政许可决定的原行政机关收到被许可人的延续申请时，就应
当及时对其进行审查，并在行政许可有效期届满前做出决定，以便被许可人能
够持续、稳定地安排好自己的生产、生活。一般来说，只要没有特殊情况，行
政机关就可以运用十分简易的书面审查方式及时对申请做出处理决定。例如，
按照我国《公民出境入境管理法实施细则》第 17 条的规定，护照可以延期二
次。因此，当公民申请延续护照的有效期时，公安机关就应当及时予以满足。
但在有的情况下，由于被许可人本身的问题或者客观条件的变化，对于被许可
人的延续申请，行政机关在审查时就完全可能加以否定。这种否定决定一旦做
出，被许可人的可期待利益将会受到严重影响。因此，行政机关在做出不予延
续行政许可的决定之前，应当给予被许可人听证的机会。在英国，自丹宁勋爵
在 1969 年的一个案件中首次提出"合法期待"概念以来，为了保护被许可人
对继续拥有许可证的合法期待，当行政机关有意向拒绝延续行政许可的请求
时，就应当履行听证义务。[1] 虽然我国的《行政许可法》没有对此做出规定，
但结合该法所确认的信赖保护原则，应当推定延续申请的审查可以适用听证
程序。

----

[1]　参见马怀德："论听证程序的适用范围"，载《中外法学》1998 年第 2 期。

（三）延续决定的做出

行政机关在对许可延续申请进行审查之后，如认为被许可人仍然符合行政许可条件和标准的，应当做出准予延续的决定；反之，如认为被许可人已不再符合行政许可条件和标准的，应当做出不予延续的决定，并说明理由、告知被许可人享有依法申请行政复议或者提起行政诉讼的权利。

值得一提的是，如果行政机关在行政许可有效期届满时仍然没有做出是否准予延续的决定的，在法律上应当做何种推定呢？根据《行政许可法》第50条第2款的规定，应当"视为准予延续"，即作有利于被许可人的推定。从督促行政机关依法行政、维护社会关系的稳定性角度上看，上述规定无疑具有积极的意义。但是，在未经实体审查的情况下一律推定行政机关默示准予的做法似可商榷。例如，根据我国《枪支管理法》第15条第4款的规定，民用枪支制造许可证件、配售许可证件的有效期为3年，有效期届满需要继续制造、配售的，应当重新申请领取许可证件。因此，当制售民用枪支的企业在许可证件有效期届满前提出延续申请而行政机关逾期未答复的，显然就不能做准予延续的推定。因此，在该款规定之后应增加"法律、法规、规章另有规定的除外"。这样一来，才能更好地兼顾被许可人的个人利益和公共利益。

第五节　行政许可程序的特别规定

鉴于不同种类的行政许可之间内容差异甚大，因而在规定行政许可实施的一般程序之外，还应当针对某些特殊情形的行政许可规定相应的特殊程序。为此，《行政许可法》在"行政许可实施程序"一章中辟专节规定了五种特殊的许可程序。根据该法第51条的规定，凡是有特别规定的就应当优先适用特别规定，只有当无特别规定时才适用一般的程序规定。以下将分别介绍五种特殊的许可程序规定。

一、国务院实施行政许可的法律适用

在我国目前的行政许可制度实践中，有权实施行政许可的主体甚多。作为最高国家行政机关的国务院也常常实施行政许可。在一般情况下，现行《行政许可法》所规定的实施行政许可的基本原则、基本程序都应当适用于国务院所实施的行政许可。但由于国务院所实施的行政许可往往具有某些程度的特殊性，如涉及国家安全、重大公共利益等，因而在许可程序上可以作些适当的"保留"，如对许可公开、审查期限、适用听证等进行必要的限制。例如，根据我国《核出口管制条例》的规定，对核出口申请进行初审和复审的期限均为

15 天；但如果因涉及国家安全、社会公共利益或者对国家的外交政策有重大影响的，必要时应当报国务院审批，可以不受 15 天审查期限的约束。正是基于国务院实施行政许可的特殊性，《行政许可法》第 52 条规定："国务院实施行政许可的程序，适用有关法律、行政法规的规定。"

二、行政许可中的市场机制

在现实生活中，行政许可的事项往往比较复杂。例如，对于有限自然资源的配置等有数量限制的行政许可，出于合理分配、减少腐败的考虑，完全可以发挥市场机制在行政许可中的作用，即通过引入招标、拍卖等公平竞争的方式实施行政许可，从而使得有数量限制的许可能够授予条件最优者。为此，《行政许可法》第 53 条第 1 款规定："实施本法第 12 条第 2 项所列事项的行政许可的，行政机关应当通过招标、拍卖等公平竞争的方式做出决定。但是，法律、行政法规另有规定的，依照其规定。"

（一）市场机制适用的主要许可领域

就总体而言，市场机制主要适用于那些涉及公共利益且有数量限制的行政许可领域。由于存在数量限制，因而行政许可机关可以采取市场竞争的办法来解决许可证的发放问题，使得竞争中的胜出者最终获得许可。根据《行政许可法》第 12 条第 2 项的规定，市场机制主要适用于下列三类许可事项：

1. 有限自然资源的开发利用。有限自然资源的开发利用是指对土地、森林、草原、水流、山岭、矿藏、滩涂等自然资源的开发利用。这些资源都属于国家或者集体所有，原则上不能只有一部分人占有、使用和收益。为了避免自然资源的闲置，国家应当允许一部分人去合理开发、运用。但是，这些自然资源同时又都是有限的，具有稀缺性，不可能被无节制地开发。为了解决这一矛盾，行政机关可以通过市场竞争的方式来决定许可证的归属。

2. 有限公共资源的配置。有限公共资源的配置是指公共运输线路和电信资源（包括无线电频率、电信网码号等）等公共资源的配置。对这些公共资源的利用进行许可，主要目的在于优化资源配置，提高自然资源的利用率。

3. 特定行业的市场准入。特定行业的市场准入是指关系到国计民生的公用事业、公共服务等行业，如电力、煤气、自来水、邮政、铁路、民航等行业的经营资格许可。这些行业由于其自身的统一性、整体性等特性，无法进行充分竞争，必须通过设置较高的条件实行市场准入，从而确保公众能够获得优质的服务。

（二）通过市场机制实施行政许可的具体程序

关于行政机关通过市场机制实施行政许可的具体程序，《行政许可法》本身并没有做出详细的规定。根据《行政许可法》第53条第2款的规定，行政机关通过招标、拍卖等方式做出行政许可决定的具体程序，依照有关法律、行政法规的规定。也就是说，通过招标、拍卖方式做出行政许可决定的，应当适用我国现行的《招标投标法》及《拍卖法》的相关程序规定。

1. 通过招标方式实施行政许可的具体程序。根据我国《招标投标法》的规定，招标投标活动主要包括招标、投标、开标、评标及中标等环节。结合《行政许可法》的相关规定，依照招标方式实施行政许可的具体程序如下：

（1）招标。招标分为公开招标和邀请招标两种形式。公开招标是指招标人以招标公告的方式邀请不特定的法人或者其他组织投标，招标公告应当载明招标人的名称、地址、招标项目的性质、数量、实施地点、时间及获取招标文件等必要的事项，并通过国家指定的报刊、信息网络及其他媒介发布。邀请招标是指招标人以投标邀请书的方式邀请特定的法人或者其他组织投标，投标邀请书应当向三个以上具备承担招标项目能力、资信良好的特定的法人或者其他组织发出。

（2）投标。投标人应当按照招标文件的要求编制投标文件，投标文件应当对招标文件提出的实质性要求和条件做出响应。投标人应当在招标文件要求提交投标文件的截止时间前，将投标文件送达投标地点。招标人收到投标文件后，应当签收保存，不得开启。投标人少于三个的，招标人应当依法重新招标。

（3）开标。开标应当在招标文件确定的时间、地点公开进行。开标由招标人主持，邀请所有投标人参加。开标时，由投标人或者其推选的代表检查投标文件的密封情况，当众拆封，宣读投标人名称、投标价格和投标文件的主要内容。

（4）评标。评标由招标人依法组建的评标委员会负责。评标委员会应当按照招标文件确定的评标标准和方法，对投标文件进行评审。评审时，可以要求投标人对投标文件做出必要的说明，但该种说明不得超出投标文件的范围或者改变投标文件的实质内容。

（5）中标。招标人根据评标委员会提出的书面评标报告和推荐的中标候选人确定中标人。招标人也可以授权招标委员会直接确定中标人。中标人的投标应当符合以下条件之一：①能够最大限度地满足招标文件中规定的各项综合评价标准；②能够满足招标文件的实质性要求，并且经评审的投标价格最低，但低于成本的除外。中标人确定后，招标人应当向中标人发出中标通知书，并同时将中标结果通知所有未中标的投标人。

（6）做出许可决定并颁发许可证件。行政机关在确定中标人以后，应当在法定的许可期限内做出准予行政许可的决定，并依法向中标人颁发行政许可证件。

2. 通过拍卖方式实施行政许可的具体程序。根据我国《拍卖法》的规定，拍卖程序主要包括拍卖委托、公告与展示及实施等三个环节。结合《行政许可法》的相关规定，依照拍卖方式实施行政许可的具体程序如下：

（1）拍卖委托。委托人（即委托拍卖人拍卖因行政许可产生的财产权利的行政许可机关）委托拍卖物品或者财产权利，应当提供身份证明和拍卖人要求提供的拍卖标的的所有权证明或者依法可以处分拍卖标的的证明及其他资料。拍卖人接受委托的，应当与委托人签订书面委托拍卖合同。

（2）拍卖公告与展示。拍卖人应当在拍卖日前的七日通过报纸或者其他新闻媒介发布拍卖公告。拍卖公告应当载明下列事项：①拍卖的时间、地点；②拍卖标的；③拍卖标的的展示时间、地点；④参与竞买应办理的手续；⑤需要公告的其他事项。

（3）拍卖实施。拍卖会一般按照以下程序进行：①拍卖师点算竞买人；②拍卖师介绍拍卖标的的简要情况；③宣布拍卖规则和注意事项；④拍卖师报出起叫价；⑤竞买人应价。竞买人的最高应价经拍卖师落槌或者以其他公开表示买定的方式确认后，拍卖成交。拍卖成交后，买受人和拍卖人应当签署成交确认书。

（4）做出许可决定并颁发许可证件。行政机关在确定买受人以后，应当在法定的许可期限内做出准予行政许可的决定，并依法向买受人颁发行政许可证件。

根据《行政许可法》第53条第4款的规定，无论是应当按照招标还是拍卖方式实施行政许可的，如果行政许可机关违反了有关招标或者拍卖程序的规定，损害申请人合法权益的，申请人可以依法申请行政复议或者提出行政诉讼。

三、行政许可中的考试与考核

根据《行政许可法》第12条第3项的规定，公民、法人或者其他组织为公众提供服务，所从事的职业和工作直接关系公共利益的，国家需要对从事这些职业或行业的公民和组织所具备的资格和条件进行许可。在这一领域设定行政许可，主要目的是提高从业人员的水准，使公众能够接受更好的服务。依照《行政许可法》第54条的规定，在上述事项的许可过程中，应当通过考试或者考核的方式来决定许可证的颁发。

（一）通过考试赋予公民特定资格的行政许可程序规定

通过考试的方式赋予公民特定资格的行政许可，在实施程序上应当注意资格考试的统一性、公开性和公正性。为此，《行政许可法》第54条做了相应的规定，具体包括以下几个方面：

1. 除少数特殊情形以外，赋予公民特定资格应当举行全国性的统一考试。根据《行政许可法》第54条第2款的规定，公民特定资格的考试依法由行政机关或者行业组织实施。例如，根据我国新修订的《律师法》第6条的规定，公民取得律师资格应当经过国家统一的司法考试。目前，全国统一司法考试由司法部具体组织实施。有的全国性统一考试则由特定的行业组织实施，如证券业从业人员的资格考试就是由中国证券业协会负责组织实施的。无论是由何种机构组织考试，都必须实行全国统一大纲、统一命题、统一考试规则。

2. 赋予公民特定资格的考试应当公开进行。根据《行政许可法》第54条第2款的规定，赋予公民特定资格的考试应当公开进行，考试组织机构应当事先公布资格考试的报名条件、报考办法、考试科目及考试大纲，从而方便考生报考和备考。

3. 为了保障赋予公民特定资格考试的公正性，应当实行考试与考前培训的分离。根据《行政许可法》第54条第2款的规定，考试组织机构不得举行强制性的资格考试考前培训，不得指定教材或者其他助考材料。这一规定对于增加统一资格考试的公正性、有效防止考试组织机构进行"权力寻租"具有重要的意义。

在通常情况下，只要公民考试成绩达到了考试组织机构划定的及格线，且没有法律所规定的不能获取资格的情形，行政机关就应当做出行政许可决定，并及时颁发有关证件。当然，在法律、行政法规有特殊规定的情况下，公民也可以不经过统一考试而通过其他的方式取得相应的资格。例如，根据我国《律师法》第8条的规定，具有高等院校法学本科以上学历，从事法律研究、教学等专业工作并具有高级职称或者具有同等专业水平的人员，申请律师执业的，经国务院司法行政部门按照规定的条件考核批准，授予律师资格。

（二）通过考核赋予组织特定资格、资质的行政许可程序规定

通过考核的方式赋予组织特定资格、资质的行政许可，在程序规定上也应当注意考核的公开性和公正性。根据《行政许可法》第54条及其他相关条款的规定，通过考核进行许可的程序规定主要包括以下几个方面：

1. 事前公开有关事项。行政许可机关应当在事前公布对法人或者其他组织资格、资质的认定标准，具体包括申请人的专业人员构成、技术条件、经营业

绩及管理水平等事项。

2. 经过考核做出是否许可的决定。行政机关必须严格按照事前所公布的考核标准对申请人的条件进行考核，并根据考核的结果做出是否许可的决定。如果认为考核达标的，应当在法定的期限内做出行政许可决定，并及时颁发有关证件。

四、行政许可中技术手段的采用

根据《行政许可法》第12条第4项的规定，对于直接关系到公共安全、人身健康、生命财产安全的重要设备、设施、产品和物品，需要通过检验、检测、检疫等方式进行审定。在这一领域设定行政许可，主要目的是为了维护公共安全及广大人民群众的健康。为此，《行政许可法》第55条专门就上述技术手段的运用做了相应的规定，具体包括以下几个方面：

（一）检验、检测、检疫的申请

通常情况下，公民、法人或者其他组织需要对其设备、设施、产品或者物品进行检验、检测或检疫的，应当向国家有关的专门机构提出。例如，根据我国《进出口商品检验法》第3条的规定，商检机构和国家商检部门、商检机构指定的检验机构是法定的进出口商品检验机构；根据我国《进出境动植物检疫法》第3条的规定，口岸动植物检疫机关是法定的进出境动植物检疫机构。

（二）检验、检测、检疫的实施

根据《行政许可法》第55条第2款的规定，行政机关应当自受理申请之日起5日内指派两名以上的工作人员按照技术标准、技术规范进行检验、检测、检疫。与一些特定行业的法律、行政法规相比，5日的规定已经大大提前，充分体现了行政许可法对行政效率的高度关注。此外，行政机关实施检验、检测、检疫都必须严格依照法定的技术标准或者技术规范进行。例如，根据我国《进出口商品检验法》第6条的规定，商检机构实施进出口商品检验的内容，包括商品的质量、规格、数量、重量、包装以及是否符合安全、卫生要求；如果法律、行政法规对进出口商品有强制性标准或者其他必须执行的检验标准的，则必须依照这一标准进行。

（三）做出决定

根据《行政许可法》第55条的规定，行政机关对设备、设施、产品或者物品进行检验、检测或检疫之后，可以做出如下处理决定：①不需要对检验、检测、检疫结果做进一步技术分析即可认定设备、设施、产品或者物品是否符合技术标准、技术规范的，应当当场做出行政许可决定；②检验、检测、检疫结果显示被检设备、设施、产品或者物品不符合法定技术标准、技术规范的，应当做出不予行政许可决定，并书面说明不予行政许可所依据的技术标准、技术规范；③检验、检测、检疫结果表明被检设备、设施、产品或者物品符合法定技术标准、技术规范的，应当做出准予行政许可的决定，并在做出该决定之日起10日内向申请人加盖检验、检测、检疫印章。

五、行政许可的优先权

以有无数量限制为标准，行政许可可以划分为有数量限制的行政许可和无数量限制的行政许可。其中，有数量限制的行政许可是指由于客观条件的限制，在特定地区的特定时期内，对于从事某种活动只能发放一定数量的行政许可。一旦申请人取得该项许可后限额即满，其他的申请人就不能再获得该项许可。在现实生活中，有数量限制的行政许可占有很大比例，如企业排污许可、出口企业的出口配额、公交线路专营许可等。

对于有数量限制的行政许可，如果多个申请人都提出了许可申请，且都符合法定的许可条件和标准，那么行政许可机关究竟应当优先考虑哪个申请人呢？根据《行政许可法》第57条的规定，在这种情况之下，行政机关应当根据受理行政许可申请的先后顺序做出准予行政许可的决定，但法律、行政法规另有规定的除外。也就是说，在通常情况下，如果申请人都符合法定许可条件和标准，则申请在先者享有许可优先权。如根据城市的整体规划，某条街道只能设立一家幼儿园，如果有两个申请人都提出了申请，且条件都相当，那么先申请者应当享有优先权。当然，在有的情况下，法律、行政法规并不以申请的先后作为是否享有优先取得许可的条件。相反地，通过公平竞争条件最优者或者最需要得到扶持者往往具有优先权。例如，通过公开招标的方式来决定煤矿的开采者，将许可证颁发给条件最优的申请者。又如，在同等情况下，行政许可机关可能会更加优先考虑下岗职工、残疾人、老少边穷地区的企业等处于相对弱势需要给予适当照顾的申请者。当然，行政机关不管是采取哪种优先原则来实施行政许可，都必须有明确的法律依据，而不能随意地裁量。

第五章　行政许可的法律责任与救济

第一节　行政许可的法律责任与救济概述

一、行政许可的法律责任概述

在社会生活中，任何人都必须对自己的行为负责，这是一个社会实现秩序状态的基本要求。无论是公民个人、社会组织，还是国家机关，都应当毫无例外，因为它是一个社会赖以存在的基本条件。假如社会允许某些不负责任的行为存在，那么社会将无秩序可言。法律的产生正是基于此，它存在的目的即在于通过对某种行为的责任追究，以实现社会的一定秩序状态。当然，我们所说的责任并非通常所说的责任，而是一种法律责任，它有着严格的界定。台湾著名行政法学家吴庚将"责任"定义为"违反义务时，所处之法律上状态也"。[1] 我们循其定义法则，将"行政许可法律责任"界定为违反行政许可法规定之义务所应承担之法律后果，此法律后果表现为违法主体所招致之法律制裁。

法律作为国家制定、认可，并由国家强制力保障实施的行为规范，一经颁布实行，就具有一体遵循的效力，任何人违反了法律规定，都必须承担相应的法律后果，受到相应的法律制裁。《行政许可法》规定法律责任，对于立法目的——规范行政许可的设定和实施，保护公民、法人和其他组织的合法权益，维护公共利益和社会秩序，保障和监督行政机关有效实施行政管理——之实现具有十分重要的法律意义和社会意义。

依责任主体来划分，行政许可的法律责任包括行政许可权行使者之法律责任（其中包括行政许可设定机关之法律责任、行政许可实施机关及其工作人员之法律责任、行政许可监督检查机关及其工作人员之法律责任）和行政许可相对人之法律责任（其中包括行政许可申请人之法律责任、被许可人之法律责

---

[1]　参见吴庚：《行政法之理论与实用》，三民书局 2003 年版，第 270 页。

任、其他相对人之法律责任）。有的学者对此认识不够，认为行政许可的法律责任只是行政机关的责任，指出对行政机关不依法实施行政许可或不依法履行监督职责的行为，要追究其相应的法律责任。[1] 这也许符合了作者的控权型行政法的理论预设，但是从我国《行政许可法》"第七章法律责任"的规定来看，这种观点是有失偏颇的；为"拨乱反正"，本章关于法律责任的论述即是从不同责任主体的角度出发的，这具体表现为以下的第二节、第三节。

行政许可的法律责任，依责任形式来划分，从学理上讲包括补正责任、履行责任、纠正责任、行政处分、行政处罚、行政赔偿、刑事责任。补正责任适用于行政机关作出的行政许可决定或行政许可相对人的许可申请有程序瑕疵的行为。履行责任适用于行政机关实施行政许可时的不作为行为。纠正责任适用于行政机关实施行政许可违法，并且该行为已经造成违法后果，行政机关负有使其恢复合法状态的义务。行政处分是一种纪律责任，适用于行政机关工作人员实施行政许可过程中的所有违法、不当行为和不作为，由行政机关、行政机关的上级机关及监察机关作出。行政处罚适用于行政许可相对人通过违法但不构成犯罪的手段达到获得行政许可的情况。行政赔偿适用于行政机关及其工作人员因违法实施行政许可侵犯自然人、法人或者其他组织的合法权益的情形。刑事责任适用于行政机关及其工作人员违法实施行政许可构成犯罪或行政许可相对人通过违法手段以求获得行政许可构成犯罪的情形。依我国《行政许可法》的规定来看，主要有责令改正、依法撤销、行政处分、行政赔偿、行政处罚、追究刑事责任等。

二、行政许可的法律救济概述

"有权利，必有救济"，没有权利就不存在救济，合法权利是救济得以存续的依据；"没有救济就没有权利"，一种无法诉诸法律保护的权利，实际上根本就不是什么法律权利。人类的权利自始就是与救济相联系的，当人类脱离了盲动或依附而获得了一定的权利时，也必有与之相适应的救济手段相随，没有救济可依的权利是虚假的，不过是镜中花水中月而已。同样，法律责任与法律救济的关系也约略如此，法律责任作为一种正义的分配结果总是偏于应然层面的，要将其真正落实到具体的人身上，就需要通过法律救济的途径，行政许可的法律救济正是扮演着这种分配和实现法律责任的角色。

---

[1] 张兴祥：《中国行政许可法的理论与实务》，北京大学出版社 2003 年版，第 263 页；作者论述的权责一致原则、责任法定原则、过错相当原则实际上都是行政机关承担责任的原则，并且作者明确提出追究法律责任的前提是行政机关及其工作人员实施行政许可有违法行为。

行政许可法律救济，就是通过法律途径对受行政许可权侵犯的公民权利给予救济。以是否通过司法途径实施救济为标准可以将行政许可法律救济分为诉讼救济和非诉讼救济。诉讼救济是指通过法院日常的诉讼活动所实施的救济，这种救济具有程序严谨、规范全面、结果公正的特点，符合司法最终解决的法治原则，是世界各国广为使用、行之有效的法律救济途径。非诉讼救济包括行政机关实施的救济和立法机关提供的救济，前者以其效率高、成本低的优势亦成为行政许可法律救济系统中一个极其重要的组成部分。本章关于行政许可法律救济的内容即遵从以上分类，具体表现为以下的第四节和第五节。

应该指出的是，在行政许可法律救济中，还有一种很重要的行政赔偿救济。但是，在我国它不是一种独立存在的救济途径。因为我国立法并未设立一种专门的赔偿救济机关，赔偿救济的取得，可以通过复议救济途径，也可以通过诉讼救济途径，所以我们不将其归入以上的分类中。此外，实践中还出现了一些新的非法定的救济途径，如不少地方出现的"市长热线"，专门针对不当行政执法行为设立的投诉电话,[1] 等等。这些热线电话、投诉电话除了可以针对违法行政行为提出以外，实践中最为有效的、公民反映最能解决问题的是可以针对不能提起行政复议、行政诉讼的失当行政行为。是否可以将这些热线电话、投诉电话与信访制度在人员、资源和运作方面结合起来，建立一种类似于国外和我国香港所行之有效的专门调查和处理对失当行政所作投诉的申诉专员制度[2]呢？这需要进一步研究。由于这种救济途径在现阶段还不是一种法定的救济途径，且不具有普遍性，所以我们在此不作具体分析。

第二节　行政许可权行使者之法律责任

权力一旦失去制约就容易导致恣意扩张、腐蚀败坏，因而权力需要制约。历史实践证明制约权力的唯一有效方法就是以法律的形式为权力的行使设定规则，并凭借国家强制力迫使违规者承担相应的法律责任。行政许可权——包括行政许可的设定权、实施权和监督检查权——作为国家权力表现形式之一种，

---

[1] 参见任东杰："怎样监督行政执法部门依法行政，河南省商丘地区的一大举措不同凡响——'九六六'专管不当行政执法行为"，载《法制日报》1997 年 4 月 13 日，第 1 版。

[2] 关于英国的监察专员制度，参见王名扬：《英国行政法》，中国政法大学出版社 1987 年版，第 251~260 页；关于法国的调解专员制度，参见王名扬：《法国行政法》，中国政法大学出版社 1989 年版，第 523~529 页；关于香港的申诉专员制度，参见林莉红："香港申诉专员制度评介"，载《比较法研究》1998 年第 2 期。

无疑亦具备权力之天生恶性；《行政许可法》为行政许可权的行使者设定义务、厘定责任，是"权力必须受制约"理念的正常逻辑演绎。事实上，对于违法行使行政许可权的情形规定明确而严格的法律责任，有利于强化权力行使者的责任意识，确保有权机关或个人权力与责任的统一，从而真正做到"有权必有责、用权受监督、侵权要赔偿"。

一、行政许可设定机关之法律责任

《中华人民共和国行政许可法》第二章"行政许可的设定"对有关机关设定行政许可的原则、事项、权限、内容、程序、评价等作出了规定[1]，即为行政许可设定权的行使设定了规则。至于违反这些规则所应承担的法律责任，则见于该法第71条及其他相关法律的条文之中。以下，我们具体讨论行政许可的设定机关究竟在什么情形下承担法律责任，由谁追究其法律责任以及承担什么样的法律责任。

（一）行政许可的设定机关承担法律责任的情形

1. 违反法定原则。依据《行政许可法》第5条和第11条的规定，设定行政许可应当遵循公开、公平、公正的原则；应当遵循经济和社会发展规律，有利于发挥公民、法人或者其他组织的积极性、主动性，维护公共利益和社会秩序，促进经济、社会和生态环境协调发展。设定机关违反上述法定原则设定行政许可的，将承担法律责任。

2. 违反法定事项。为有效地防止和消除现实生活中存在的许可事项设定得过多过滥的问题，《行政许可法》第12条对可以设定行政许可的事项作了明确的列举。依据该条，任何机关对于列举之外的事项，不得设定行政许可，否则将承担相应的法律责任。

3. 超越法定权限。超越法定权限设定行政许可包括两种情况：一种是"有权者的越权"，即享有行政许可设定权的机关超越法定权限设定行政许可；另一种是"无权者的越权"，即不享有行政许可设定权的机关设定行政许可。在这两种情况下，相应的机关都必须承担相应的法律责任。

依《行政许可法》第14、15、17条的规定，设定行政许可的规范形式只能是法律、行政法规、国务院的决定、地方性法规、省级人民政府规章。换句话说，只有全国人大及其常委会、国务院、省级人大及其常委会、国务院规定

---

〔1〕 其中该章第16条是对"行政许可规定权"的规定。从《行政许可法》的法条中可以看出，行政许可设定权与行政许可规定权是不同的："设定"是指从无到有地创立某项行政许可，而"规定"是指对上位法已设定的行政许可进行具体化。

的较大的市[1]的人大及其常委会、省级人民政府享有行政许可的设定权，此外其他任何机关不得以任何形式设定行政许可。而前述各有权机关在具体行使行政许可设定权时，又有着权限上的差别：国务院须在法律尚未设定行政许可的情况下，才有权以行政法规或者决定的形式设定行政许可，对于已由法律设定的行政许可，只享有行政许可规定权；[2] 省级人大及其常委会、较大的市的人大及其常委会须在法律、行政法规尚未设定行政许可的情况下，才有权以地方性法规的形式设定行政许可，对已由法律、行政法规设定的行政许可，只享有行政许可规定权；[3] 省级人民政府须在法律、行政法规、地方性法规尚未设定行政许可的情况下，才有权以政府规章的形式设定行政许可，对已由上位法设定的行政许可，只享有行政许可规定权。[4] 此外，地方性法规和省、自治区、直辖市人民政府规章，不得设定应当由国家统一确定的公民、法人或者其他组织的资格、资质的行政许可；不得设定企业或者其他组织的设立登记及其前置性行政许可；其设定的行政许可，不得限制其他地区的个人或者企业到本地区从事生产经营和提供服务，不得限制其他地区的商品进入本地区市场。[5]

4. 违反法定程序。违反法定程序亦包括两种情况：一种是违反设定行政许可的"一般程序义务"，换言之，以法律、行政法规、地方性法规、省级政府规章的形式设定行政许可，属于立法活动的范畴，其进行必须遵守相应的立法程序；[6] 另一种是违反设定行政许可的"特殊程序义务"，对于该种义务，《行政许可法》第19条作出了规定，依据该条，法律草案、法规草案及省级政府规章草案拟设定行政许可的，起草单位须以听证会、论证会等形式听取意见，并向制定机关说明设定该行政许可的必要性、对经济和社会可能产生的影响以及听取和采纳意见的情况。行政许可的设定机关违反"一般程序义务"或"特殊程序义务"的，必须承担相应的法律责任。

5. 其他情形。为了限制行政机关的行政许可设定权，《行政许可法》规定国务院以决定的方式设定的行政许可（除临时性行政许可外），在实施以后，

---

[1]　较大的市是指省、自治区的人民政府所在地的市，经济特区所在地的市和经国务院批准的较大的市。参见《立法法》第63条。
[2]　参见《行政许可法》第14条、第16条第1款。
[3]　参见《行政许可法》第15条第1款、第16条第2款。
[4]　参见《行政许可法》第15条第1款、第16条第3款。
[5]　参见《行政许可法》第15条第2款。
[6]　对于"一般程序义务"，有关的法律、法规已作出了规定，限于文章的旨趣和篇幅，在此不再列举和讨论。请读者自行参阅《立法法》（2000年）、《行政法规制定程序条例》（2001年）、《规章制定程序条例》（2001年）等有关立法程序的规定。

应当及时提请全国人大及其常委会制定法律，或者自行制定行政法规；省级政府以规章设定的临时性行政许可实施满一年需要继续实施的，应当提请本级人民代表大会及其常委会制定地方性法规。据此，国务院或者省级政府违反前述法定义务的，须承担相应的法律责任。另外，依据《行政许可法》第18条的规定，设定行政许可应当规定行政许可的实施机关、条件、程序、期限。据此，设定机关在设定行政许可时若遗漏了上述某项或某几项内容，就须承担相应的法律责任。

（二）追究法律责任的主体

如前所述，设定行政许可的规范形式只能是法律、行政法规、国务院的决定、地方性法规、省级人民政府规章。在现行体制下，对于以上述规范形式出现的违法设定的行政许可，司法机关无权追究相关机关的法律责任，而须由有关立法机关或者行政机关来担此追究之责。具体而言，对于全国人大常委会违法设定行政许可的法律责任，须由全国人大依法予以追究；[1] 对于国务院、省级人大违法设定行政许可的法律责任，须由全国人大常委会依法予以追究；[2] 对于省级人大常委会、违法设定行政许可的法律责任，须由全国人大常委会、省级人大依法予以追究；[3] 对于较大的市的人大违法设定行政许可的法律责任，须由全国人大常委会、省级人大常委会依法予以追究；[4] 对于较大的市的人大常委会违法设定行政许可的法律责任，须由全国人大常委会、省级人大常委会、该市人大依法予以追究；[5] 对于省级人民政府违法设定行政许可的法律责任，须由国务院、省级人大常委会依法予以追究；[6] 对于其他无行政许可设定权的机关违法设定行政许可的法律责任，依据《行政许可法》第71条的规定，须由"有关机关"依法予以追究，而该"有关机关"究竟所指为何，则需依具体情况才能确定，在此不便一一列举。[7]

---

[1] 参见《宪法》第62条第11项、《立法法》第88条第1项。

[2] 参见《宪法》第67条第7项、第8项、《立法法》第88条第2项。

[3] 参见《宪法》第67条第8项、第99条第2款、《立法法》第88条第4项、《地方各级人民代表大会和地方各级人民政府组织法》第8条第10项。

[4] 参见《宪法》第104条、《立法法》第88条第2项、《地方各级人民代表大会和地方各级人民政府组织法》第44条第7项。

[5] 参见《宪法》第99条第2款、《立法法》第88条第2项、《地方各级人民代表大会和地方各级人民政府组织法》第44条第7项。

[6] 参见《宪法》第89条第14项、第104条、《立法法》第88条第5项、《地方各级人民代表大会和地方各级人民政府组织法》第44条第8项。

[7] 应当指出，对于全国人大违法设定行政许可的法律责任，囿于现行体制，还无从追究。

（三）违法设定行政许可的具体法律后果

享有行政许可设定权的机关违法设定行政许可的，依据《宪法》、《立法法》、《地方各级人民代表大会和地方各级人民政府组织法》等的有关规定[1]，其具体法律后果是由有权机关依法予以改变或者撤销；无行政许可设定权的机关违法设定行政许可的，依据《行政许可法》第71条的规定，其具体法律后果是由有关机关责令设定该行政许可的机关改正，或者依法予以撤销。一言以蔽之，违法设定的行政许可一旦被发现，其法律后果就只有一个，即不能继续存在。

二、行政许可实施机关及其工作人员之法律责任

在理论层面上，行政机关违法实施行政许可行为应承担的法律责任可以分为两种：一是撤销的责任，二是补救的责任。[2] 所谓撤销的责任是指行政机关有义务撤销违法的许可，恢复到许可前的状态，这主要是针对行政机关违法发放、变更许可行为而言的。当行政机关对不符合法定条件的申请人给予许可后，申请人取得了不应当取得的许可，就可能会给公共利益和他人利益造成损害和威胁，如果不及时纠正，必定会违背许可的目的。所以，行政机关一旦发现行政许可行为违法，为了保障公共利益，应当撤销该项违法的许可行为。当行政机关违法变更了一项合法的许可，导致他人利益遭受损失时，行政机关也有义务加以及时纠正。撤销责任的理论依据来源于依法行政原则。根据行政机关依法行政的原则，对于违法的行政行为，行政机关必须承担纠正的责任，使之恢复到许可之前的状态。例如，行政机关对于不符合生产条件的申请人发放了药品生产许可证，如果不加以纠正，许可证持有人就会根据许可的权利生产不符合条件的药品，必然会给社会公共利益造成损害。所以，只要行政许可行为是违法实施的，不管是程序违法还是实体违法，不管是相对人违法还是行政机关违法导致的许可结果，许可机关都必须撤销。如果许可机关不撤销其违法行为，上级机关有权撤销。作为许可行为利害关系人的第三人也有权要求行政机关撤销违法的许可行为。如果违法的行政许可行为没有特定的受害人，那么，代表公益的其他国家机关，如检察院也可以要求行政机关撤销其违法的许可行为。撤销的途径可以是行政机关的自行撤销，也可以通过行政复议予以撤销，还可以通过行政诉讼途径予以撤销。撤销的具体方式可以是：撤销许可证

---

[1]　参见《宪法》第62、67、89、99、104条，《立法法》第88条，《地方各级人民代表大会和地方各级人民政府组织法》第8、44条。

[2]　参见马怀德："行政许可违法的法律责任"，载正义网2001年7月21日。

照，撤销违法的变更、废止、核准、备案、登记等行为，确认某项许可行为无效或者违法，收回已经发放的许可文件，等等。当然，并不是所有的违法行政许可行为都可以直接予以撤销。因为撤销的责任不仅受依法行政原则支配，同时也受信赖保护原则支配。特别是当撤销涉及违法授益行为时，必然会给受益人造成一定财产损失，所以要求行政机关在不违反信赖保护原则的情况下，行政机关才可以撤销之从而使其不再有效。如果行政行为的受益人因信赖该行为并且已经就其生活关系作成持续而无法更改的转变，那么行政许可的撤销则是不被肯认的。因此，关于违法的许可行为是否必须全部撤销，要在权衡受益人的信赖利益是否值得保护以及不撤销行政行为会给公共利益造成何种影响两方面因素的基础上确定。

行政机关违法实施许可的另外一项责任是补救责任，可以理解为补偿受害者责任。该项责任受行政法上的信赖利益保护原则支配。如果行政机关违法实施行政许可行为，导致许可申请人或者利害关系第三人的合法利益遭受损害的，行政机关根据信赖利益保护的原则决定是否撤销该行为，如果撤销，必须对受益人由于信赖该行为的合法存在而产生的利益加以补偿。那么，究竟由谁来承担行政许可的补救责任呢？又如何承担这种责任呢？通常情况下，谁实施行政许可行为就应当由谁承担违法许可行为造成的损害。如果是城市建设管理部门实施的违法许可行为，导致行政相对人利益遭受不当损失的，当然应当由城建部门给予补偿。行政机关承担补偿责任的标准则应根据违法的种类和过错的程度以及相对人是否存在故意等具体情形判断。

基于以上的分析，我们再回到规范的层面上，来看看现行的法律是如何规定的。《行政许可法》第72~76条对行政许可实施机关及其工作人员违法实施行政许可所应承担的法律责任作了明确的规定，以下我们逐条分述之。

（一）违反法定实施程序的法律责任

程序违法的行政许可是指违反了法律规定的程序要件，如违反法定时限实施的许可、省略或颠倒行政步骤的许可、形式要件不足的许可、缺少程序要求的许可，等等。由于程序违法的许可对行政行为的实体结果有不同程度的影响，所以，行政机关对此类违法许可所承担的相应责任也有所不同。如果程序违法对实体结果不产生实质性影响，也就是说程序是可以补正和治愈的，那么并不发生由行政机关加以纠正的责任。受益人获得的许可也并不因此撤销，故也不存在善后补偿的责任；而且补正和治愈在内容上仅限于特定的程序违法，即申请手续、说明行政行为的理由、参加人听证、委员会或者其他行政机关的参与，等等。如果程序严重违法足以导致实体违法的，行政机关必须按照依法行政的原则纠正违法实施的许可行为，即撤销违法的许可行为。当然，在这种情况下，是否所有的许可决定都必须撤销，许可的受益人是否能够对许可被撤销后产生的损害要求补偿，仍然要视受益人的信赖利益与撤销许可后的公共利益的轻重而定。

整个《行政许可法》贯穿了程序与实体并重的理念，对行政相对人的程序权利给予了充分的尊重和保护。应当承认，程序具有自身的价值，但是程序本身不是目的，程序总也是保障行政机关作出正确实体决定的手段。该法第四章专门就行政许可的实施程序作了规定，并于该法第72条就实施机关及其工作人员违反法定程序实施行政许可所应承担的法律责任作了规定。

1. 追究法律责任的情形。该条规定了六种需要追究法律责任的情形：

（1）对符合法定条件的行政许可申请不予受理的。申请是否被受理，是申请人能否最终获得许可的第一步，也是关键的一步。《行政许可法》第32条规定了行政机关受理行政许可申请的条件，行政机关及其工作人员如果违反该条的规定，对依法应当受理的申请不予受理的，就必须承担法律责任。

（2）不在办公场所公示依法应当公示的材料的。《行政许可法》第30条第1款规定了行政机关应当在办公场所公示的内容，包括法律、法规、规章规定的有关行政许可的事项、依据、条件、数量、程序、期限，以及需要提交的全部材料的目录和申请书示范文本等。

（3）在受理、审查、决定行政许可过程中，未向申请人、利害关系人履行法定告知义务的。在受理过程中，行政机关就申请人提出的行政许可申请，若申请事项依法不需要取得行政许可的，应当即时告知申请人不受理；若申请事项依法不属于本行政机关职权范围内的，应当即时作出不予受理的决定，并告知申请人向有关行政机关申请；若申请材料不齐全或者不符合法定形式的，应当当场或者在五日内一次告知申请人需要补正的全部内容。[1] 在审查、决定的过程中，行政机关对行政许可申请进行审查时，发现行政许可事项直接关系他人重大利益的，应当告知该利害关系人；[2] 行政机关依法作出不予行政许可的书面决定的，应当说明理由，并告知申请人享有依法申请行政复议或者提起行政诉讼的权利；[3] 行政机关需要延长作出行政许可决定的法定期限的，应当将

---

[1] 参见《行政许可法》第32条。
[2] 参见《行政许可法》第36条。
[3] 参见《行政许可法》第38条第2款。

延长期限的理由告知申请人；[1] 行政机关作出行政许可决定前，依法需要听证、招标、拍卖、检验、检测、检疫、鉴定和专家评审的，应将所需时间书面告知申请人；[2] 行政机关对于直接涉及申请人与他人之间重大利益关系的行政许可，在作出行政许可决定前，应当告知申请人、利害关系人享有要求听证的权利；[3] 在举行听证的 7 日前，行政机关应当将举行听证的时间、地点通知申请人、利害关系人；[4] 行政机关根据检验、检测、检疫结果，作出不予行政许可决定的，应当书面说明不予行政许可所依据的技术标准、技术规范。[5]

（4）申请人提交的申请材料不齐全、不符合法定形式，不一次告知申请人必须补正的全部内容的。此种情形也可归入前文已述的第 3 种情形，只因为本项告知义务之履行，要求更为严格，即须一次性履行，所以立法者将其单列一项，以示警醒。

（5）未依法说明不受理行政许可申请或者不予行政许可的理由的。《行政许可法》第 32 条对行政机关不受理行政许可申请的情形作出了规定，但并未明确宣示行政机关在不受理申请时负有说明理由的义务，该法第 72 条第 5 项弥补了此项缺失，从法律责任的角度明确了行政机关的说明义务。而行政机关在作出不予行政许可决定时的说明理由义务，则由该法第 38 条明确宣示。

（6）依法应当举行听证而不举行听证的。《行政许可法》第 46、47 条对此作出了相应的规定。第 46 条规定，法律、法规、规章规定实施行政许可应当听证的事项，或者行政机关认为需要听证的其他涉及公共利益的重大行政许可事项，行政机关应当向社会公告，并举行听证。第 47 条规定，申请人、利害关系人在被告知听证权利之日起 5 日内提出听证申请的，行政机关应当在 20 日内组织听证。

2. 追究法律责任的主体。有权追究行政许可实施机关及其工作人员法律责任的主体，包括两个：一是该违法机关的上级行政机关，二是对该违法机关享有监察权的监察机关。

3. 承担责任的主体和具体的法律后果。对于有前述六种情形之一、情节未

〔1〕 参见《行政许可法》第 42 条。
〔2〕 参见《行政许可法》第 45 条。
〔3〕 参见《行政许可法》第 47 条第 1 款。
〔4〕 参见《行政许可法》第 48 条第 1 款第 1 项。
〔5〕 参见《行政许可法》第 55 条第 3 款。

达到严重程度的，则由有权机关责令该违法机关改正[1]，但无需对其工作人员予以行政处分；情节严重的，则还需追究该违法机关直接负责的主管人员和其他直接责任人员的行政责任，即依法给予前述人员行政处分。根据《中华人民共和国公务员法》的规定，行政处分包括：

（1）警告。警告是较轻微的处分方式，是指行为人的行为已经构成行政违法，但情节比较轻微，予以警告处分。

（2）记过。记过是一种警戒性的处分方式，具有严重警告的意思。从其适用对象来讲，其违法行为情节比警告严重。

（3）记大过。记大过是比记过更为严重的处分方式。

（4）降级。降级是降低受处分人工资级别，但并不降低其职务级别。适用撤职处分的人员如果无职可撤的，也可适用降级处分。降级处分解除后，不视为恢复原级别。

警告、记过、记大过、降级处分适用于违反国家纪律，使国家和人民的利益遭受到一定的损失，但仍然可以继续担任现任职务的人员。

（5）撤职。撤职是撤销受处分人所担任的现任职务。受处分者虽被撤职，但仍具国家公务员身份。撤职一般适用于严重违反国家纪律，致使国家和人民利益遭受重大损失，不能继续担任现任职务的国家工作人员。处以撤职处分的同时，降低受处分人的级别和职务工资。撤职处分解除后，不视为恢复原职务。

（6）开除。开除是最严厉的行政处分，开除的适用对象是那些严重违法失职，屡教不改，或者蜕化变质，不可救药，不适合在国家行政机关工作的人员。受处分人被开除后，失去国家公务员身份。

对于如何适用这六种处分，《行政许可法》未作明确规定，这就需要上级行政机关或者监察机关在实践中，根据《中华人民共和国公务员法》等有关公务员惩戒的规定进行具体适用。需要指出的是，《行政许可法》中对追究行政机关工作人员的行政处分是采用违法原则（过错有时构成违法要件），而不是完全采取过错原则，如第72条规定只要未依法说明不受理行政许可申请的理由的，即可对行政机关工作人员予以行政处分。对此，不无疑问。

在美国，对行政决定是否合法的司法审查与对官员个人承担违法行为的责

---

[1]　从提高行政效率的角度考虑，对于尚不影响行政许可决定正确性的程序瑕疵行为，应当允许行政机关予以补正，使其达到合法的状态。否则，一概宣告无效或者予以撤销，既影响已经稳定的社会关系，也不利于保护被许可人已经取得的合法利益。

任是有区别的。为维护合法性原则，几乎所有行政决定都受司法审查。但官员不会因其作出违法决定就要承担个人责任，这样处理主要是基于以下考虑：一是行政机关工作人员作出正确的决定并无回报，而错了却要承担责任，这不公平。二是会使行政机关工作人员畏手畏脚，不敢大胆工作。行政机关拒绝申请人的行政许可申请，申请人可能会起诉，而对不符合条件的人准予行政许可后，申请人则不会去起诉，只要行政决定一错就追究行政机关工作人员责任，这可能诱使行政机关工作人员为逃避责任而对申请人提出的行政许可申请不论其是否合法都予以批准。三是任何个人都会犯错误，没有人是按照法律条文来生活的。行政官员不得不面对法律条文内容的机械性和社会生活多变性的矛盾，不得不面对个体条件的不均衡性和法律一般规定的同一性之间的差异；在众多未知因素的干扰下，除了明显的玩忽职守和粗心大意外，公务员的行为很难判断有无过错。在有其他更好的就业机会时，若公务员待遇不高、惩罚过重，就很难找到许多杰出人才为政府服务。因此，在美国，提高行政决定的正确性，不是仅通过追究行政机关工作人员的个人责任来实现的，而是通过行政机关内部训练提高官员道德水准、业务水平来解决。美国对乱发证的监督有两种途径：一是行政机关内部解决，个人的错误决定会影响其升迁，这样会约束其少作出错误决定；二是恶意行为、腐败行为可追究刑事责任。此外，错误决定一般是由国家承担赔偿责任，很少有行政机关工作人员行政决定违法就对其实施行政处分的情况。

（二）工作人员受贿行为的法律责任

《行政许可法》第73条对行政机关工作人员在实施行政许可过程中的受贿行为规定了法律责任。依照该条的规定，行政机关工作人员在履行许可职责中，如有索取或者收受他人财物或者谋取其他利益的行为，将承担相应的刑事责任或者行政责任。追究刑事责任的，依法应由人民检察院立案侦查并提起公诉，由人民法院定罪量刑；对于尚不构成犯罪，需要追究行政责任的，则在行政系统内部由有权机关[1]依法对该工作人员予以行政处分。

（三）违法作出行政许可决定的法律责任

行政许可决定包括准予行政许可决定和不准予行政许可决定两种，其作出必须由法定有权主体依照法定的权限、范围、条件和程序进行。对于违法作出的行政许可决定，实施机关及其工作人员须承担相应的法律责任，《行政许可法》第74条对此作出了规定。

---

[1] 包括该工作人员所属的行政机关、该行政机关的上级行政机关以及监察机关。

1. 追究法律责任的具体情形。该条规定了三种情形：

（1）对不符合法定条件的申请人准予行政许可或者超越法定职权作出准予行政许可决定的。行政机关对于相对人的行政许可申请作出是否准予许可的决定，必须严格依照法律的规定进行。在自身权限范围之外准予行政许可，或者虽是在自身权限范围之内，但对于不符合法定条件的申请人准予行政许可的，都同样属于违法实施行政许可的行为，都须承担相应的法律责任。

（2）对符合法定条件的申请人不予行政许可或者不在法定期限内作出准予行政许可决定的。《行政许可法》总则部分明确规定了公平、公正原则和效率原则。依照公平、公正原则的要求，凡符合法定条件、标准的，申请人有依法取得行政许可的平等权利，行政机关不得歧视。依照效率原则的要求，行政机关必须在法定期限内履行职责，否则就是违法，须承担相应的法律责任。

（3）依法应当根据招标、拍卖结果或者考试成绩择优作出准予行政许可决定，未经招标、拍卖或者考试，或者不根据招标、拍卖结果或者考试成绩择优作出准予行政许可决定。行政机关在作出行政许可决定前，举行招标、拍卖或者考试，并根据招标、拍卖结果或者考试成绩择优作出准予行政许可决定，是目前公认的公平竞争方式和客观评判标准，是政府由权力型向服务型转变的体现。《行政许可法》第53条和54条，分别就实施该法第12条第2项和第3项所列事项的行政许可，规定了招标、拍卖、考试的方式。

2. 追究法律责任的主体。有权追究行政机关及其工作人员行政责任的主体包括两个：一是该行政机关的上级行政机关，二是对该机关和人员享有监察权的监察机关。对于已构成犯罪，需要追究刑事责任的工作人员，则由司法机关依法予以追究。

3. 承担责任的主体和法律后果。本条采"双罚制"，责任主体包括行政机关及其工作人员。对行政机关来说，承担法律责任意味着改正原来的行政许可行为。对其工作人员来讲，直接负责的主管人员和其他直接责任人员需要承担相应的行政责任，受到行政处分；情节严重，构成犯罪的，须依法承担刑事责任[1]。

（四）违法收取、处理行政许可费用的法律责任

《行政许可法》第五章"行政许可的费用"专就许可费用的收取、上缴等问题作了规定。与之相对应，该法第75条明确了违反该章规定应承担的法律责任。

---

[1] 参见《刑法》第九章的有关条文。

1. 追究法律责任的情形。需要追究法律责任的情形有三种：

（1）擅自收费。《行政许可法》第58条规定："行政机关实施行政许可和对行政许可事项进行监督检查，不得收取任何费用。但是，法律、行政法规另有规定的，依照其规定。""行政机关提供行政许可申请书格式文本，不得收费。""行政机关实施行政许可所需经费应当列入本行政机关的预算，由本级财政予以保障，按照批准的预算予以核拨。"在《行政许可法》的制定过程中，就收费问题，曾出现过两种不同的意见：一种意见认为，行政机关可以适当地收取费用。因为收取适当的费用，可以减轻行政机关的财政负担，避免因经费不足问题导致许可工作不能正常开展。另一种意见则截然相反，认为不应当收取费用。因为行政机关开展工作所需的经费不应当依靠收费来维持和保障，如果允许行政机关收费，就难以杜绝实践中已存在的行政机关以收费为名为本机关牟利的不良现象。

（2）不按照法定项目和标准收费。原则上，行政机关实施行政许可不得收取任何费用，但《行政许可法》第58条第1款的但书明示法律、行政法规可以另有规定，即说明法律、行政法规可能对某些行政许可项目作出收取费用的规定。为了保护相对人的合法权益，保障和监督行政机关依法行政，该法第59条规定："行政机关实施行政许可，依照法律、行政法规收取费用的，应当按照公布的法定项目和标准收费"。否则，就要承担相应的法律责任。

（3）截留、挪用、私分或者变相私分实施行政许可依法收取的费用的。《行政许可法》第59条规定："所收取的费用必须全部上缴国库，任何机关或者个人不得以任何形式截留、挪用、私分或者变相私分。财政部门不得以任何形式向行政机关返还或者变相返还实施行政许可所收取的费用。"

2. 追究法律责任的主体。有权追究行政机关及其工作人员行政责任的主体包括两个：一是该行政机关的上级行政机关，二是对该机关和人员享有监察权的监察机关。对于已构成犯罪，需要追究刑事责任的工作人员，则由司法机关依法予以追究。

3. 承担法律责任的主体和具体法律后果。本条亦采"双罚制"，承担法律责任的主体包括行政机关及其工作人员。对于擅自收费或者不按照法定项目和标准收费的，应当由前述追究法律责任的主体责令违法机关将非法收取的费用退还给相对人，同时对直接负责的主管人员和其他直接责任人员依法给予行政处分。对于截留、挪用、私分或者变相私分实施行政许可依法收取的费用的，应当予以收缴，同时根据具体情形追究直接负责的主管人员和其他直接责任人员的行政责任或刑事责任[1]。

（五）违法损害当事人合法权益的法律责任

"责任政府"的理念要求政府对自己的行为负责，政府的违法行为给当事人造成损害的，就应当依法给予赔偿。《行政许可法》贯穿了这个理念，该法第76条就行政许可实施机关的赔偿责任作了原则性规定。依据该条，行政机关违法实施行政许可，给当事人的合法权益造成损害的，应当依照《国家赔偿法》的规定给予赔偿。它可以分为两种情形：①行政机关的违法行为直接使相对人遭受损害的，如违法实施的不予受理、不予许可或不予答复；②行政机关撤销了违法实施的行政许可行为而使被许可人遭受损害的，[2] 如行政机关越权实施了某项许可，后又撤销了该许可，使被许可人的利益受到了损害。

行政许可实施机关承担行政赔偿责任的构成要件是：

1. 损害事实的存在。行政许可实施机关承担行政赔偿责任以有损害事实的存在为前提条件，无损害则无赔偿。确定损害实施是否存在，应注意以下两点：①损害具有现实性和确定性，这种损害必须是已经发生并现实存在的，而不是虚构的、主观臆造的。依照我国《国家赔偿法》的规定，对将来可能发生的损害，国家一般不承担赔偿责任。②对受法律保护的利益造成的实际损害。根据我国《国家赔偿法》的规定，国家对人身权、财产权以及公民精神上遭受行政许可实施机关侵犯的当事人给予赔偿。违法的利益不发生行政赔偿责任，例如行政机关拆除未经审批而私建的违章建筑，虽然给违章建筑使用人造成损害，但不承担行政赔偿责任。

---

[1]　参见《刑法》第384条、第396条。

[2]　行政机关撤销违法实施的行政许可行为后，因此遭受损害的行政许可的受领人即被许可人是否有权获得补偿呢？按照信赖保护原则的要求，收益人当然享有补偿请求权。但是，如果受益人对违法行政许可行为的作成负有责任的话，即行政许可的违法性，在客观上可归责于受益人，或受益人知道且预见到该项许可将被撤销的话，他将丧失补偿请求权。如果被许可人以诈欺、胁迫或者贿赂的方法使得行政机关实施许可行为的，该许可被撤销后，遭受损害的被许可人无权请求行政机关给予补偿。如果被许可人对重要事项提供不正确资料或者进行了不完全陈述，致使行政机关依照该资料或者陈述作出行政许可决定的，被许可人也没有补偿请求权。但是，如果被许可人的行为是行政机关促成的，例如申请表格有错误，对问题有错误的诱导，致使被许可人作出错误说明的，被申请人仍然享有补偿请求权。如果被许可人明知行政行为违法，或者因重大过失而不知道的，也不享有补偿请求权。例如，房产证持有人在申请办理房产证时弄虚作假，伪造了有关文件，致使房产管理机关向其颁发了房产证，房产管理机关发现后撤销了该房产证。此时，作为行政许可行为的受益人虽然遭受了损害，但由于许可行为的违法性归责于被许可人本人，所以他不享有补偿请求权。具体参见马怀德："行政许可违法的法律责任"，载检察日报正义网2001年7月21日。另请参见《行政许可法》第69条，该条肯定了行政机关对善意相对人的赔偿责任。

2. 行政机关违法实施行政许可。首先，损害是由行政机关实施行政许可的具体行政行为造成的；其次，该具体行政行为违法。违法实施行政许可既包括程序上的违法，也包括实体上的违法；既包括形式上的违法，也包括内容上的违法；既包括作为的违法，也包括不作为的违法。

3. 违法实施行政许可与损害事实之间存在因果关系。违法实施行政许可与损害事实之间存在因果关系，此为确定行政赔偿责任的极为重要的因素。为正确判明两者是否存在因果关系，必须运用因果关系理论对具体情况作出具体分析。民法理论上，关于因果关系的学说有多种。借鉴民法理论，适用于确定行政侵权赔偿责任的因果关系的学说也有以下几种：

（1）条件说，又叫条件即原因说。此学说认为凡是导致某种结果发生的条件，都是结果的原因。由于缺乏任何一个条件，损害都不会发生，因此各种条件都是法律上的原因。条件说的公式是：如果无甲行为，则无乙损害，则甲行为即为致害的原因。在条件说看来，造成损害的所有条件都具有同等的价值，对条件不作限制，因此，扩大了法律责任的范围。

（2）原因说。此学说认为在造成损害结果的诸多条件中，只有一项或者几项重要的条件可以作为损害结果的原因。认为造成损害的诸个因素对损害结果的发生所起的作用是不同的，起重要作用的可以认为是原因，而将其余因素认定为条件。其中原因的制造者承担赔偿责任，而条件的制造者不承担赔偿责任。由于原因说强调重要的因素为原因，因而又产生出如何从众多的因素中判断出原因的理论，如直接条件说、必然关系说等。

（3）相当因果关系说，又称适当条件说。此学说认为某种原因仅在现实特定情形中发生某种结果的，尚不能断定两者之间存在因果关系。而只有在一般情形中，依照当时当地的社会观念，普遍认为也能发生同样结果的，才能认定有因果关系。其公式是：若无此行为，则不生此结果，若有此行为通常即发生此损害，则为有因果关系；无此行为，必不生此损害，有此行为，通常也不生此损害，即为无因果关系。

由于国家行政机关行使职权的特殊性，其权力的来源和依法行政的原则均要求其必须以为社会提供优良的服务为己任，对自己的行为导致相对人合法权益的损害，行政机关都应承担责任，所以我们认为，行政侵权行为的因果关系应适用条件说。凡是由于行政行为的介入导致损害的发生，行政行为与损害结果均具有因果关系。只是应根据行政行为在造成损害的诸原因中的地位来确定对损害结果承担责任的大小。如果行政行为是造成损害的唯一原因，则行政机关应承担全部责任。如果损害的造成还与民事侵权行为或者犯罪相联系，则行政行为虽然也与损害事实之间具有因果关系，但就赔偿责任而言，则应根据行政行为在造成损害的诸原因中的地位来确定对损害结果承担责任的大小。

三、行政许可监督检查机关及其工作人员之法律责任

在现实生活中，行政机关重许可、轻监管或者只许可、不监管的现象比较普遍。〔1〕 请看下面这则案例〔2〕：

[**基本案情**] 刘某是某水利电力工程集团公司的高级经济师，于 1996 年通过律师资格考试，领取了律师资格证书。1997 年 12 月底向所在省司法厅申领了兼职律师工作执照，开始在 A 律师事务所作兼职律师。1998 年 2 月 3 日，刘某致函 A 律师事务所，表示从 12 月 3 日起不再履行该所兼职律师职务，因有代理案件未结，要求缓退律师工作执照。1999 年 5 月 10 日，刘某又受聘担任 B 律师事务所律师。此期间其所持律师工作执照因没有经过司法行政机关年审注册而失效。至 1999 年 8 月 10 日刘某才将该律师工作执照以邮寄的方式退还给所在区司法局。因此刘某从 1999 年 5 月 10 日始，在律师工作执照无效的情况下，以律师名义从事了律师业务。

行政许可机关在给予相对人许可之后还需要对被许可人进行监督，这是行政许可制度的当然组成部分。负有监督职责的行政机关如果疏于监督，就会使违法者逍遥法外，使国家的行政许可管理秩序受到破坏。如以上案例中，因司法行政机关监督不力，刘某在律师执业证书无效的情况下，仍能以律师的名义从事律师业务。

为改变长期以来行政机关在行使行政许可权过程中"重许可、轻监管"的不良现象，《行政许可法》专门就行政机关的监督检查职责作出了详细规定。该法在第六章规定了上级行政机关对下级行政机关实施行政许可的监督检查职责和行政机关对被许可人从事许可事项活动的监督检查职责等内容。为了落实这些规定，该法第 77 条规定了行政许可监督检查机关及其工作人员的法律责任，明确了追究法律责任的情形、追究法律责任的主体以及具体的法律后果。

1. 追究法律责任的情形。该条规定了两种情形：

（1）不依法履行监督职责。该种情形有多种表现形式，如未依法记录监督检查情况和处理结果，未定期对直接关系公共安全、人身健康、生命财产安全的设备、设施进行检验，在实施监督检查时接受被许可人的宴请、财物或者获

---

〔1〕 参见 2002 年 8 月 23 日在第九届全国人民代表大会常务委员会第二十九次会议上，国务院法制办公室主任杨景宇所作的《关于〈中华人民共和国行政许可法（草案）〉的说明》。
〔2〕 张树义主编：《行政法与行政诉讼法案例教程》，知识产权出版社 2001 年版，第 135 页。

取其他非法利益，对被许可人未依法履行开发利用有限自然资源义务的行为不予纠正等。

（2）监督不力。即对实施许可过程中出现的各种违法行为未能充分、及时履行监督检查职责，采取的纠正措施不能达到预期的目的等。如对被许可人未依法履行开发利用有限自然资源义务的行为，虽然作出了责令改正的行为，但对于被许可人在规定期限内不采取改正措施的行为，未及时依照有关法律、行政法规的规定予以处理，致使自然资源造成巨大浪费的情形。

2. 追究法律责任的主体。有权追究行政机关及其工作人员行政责任的主体包括两个：一是该行政机关的上级行政机关；二是对该机关和人员享有监察权的监察机关。对于已构成犯罪，需要追究刑事责任的工作人员，则由司法机关依法予以追究。

3. 具体的法律后果。

（1）责令改正。即赋予上级行政机关和监察机关责令违法机关纠正违法行为的权力。

（2）行政处分。即上级行政机关或者监察机关有权对违法机关直接负责的主管人员和其他直接责任人员依法给予警告、记过、记大过、降级、撤职、开除等行政处分。

（3）追究刑事责任。如果违法机关直接负责的主管人员和其他直接责任人员的行为已构成犯罪，则由司法机关依法追究其刑事责任。

需要指出的是，对于行政机关违法实施行政许可给当事人合法权益造成损害的，《行政许可法》明确规定了行政机关的行政赔偿责任[1]，而对于行政机关未依法履行监督职责而导致第三人的合法权益遭受被许可人侵犯的，《行政许可法》却未对其行政赔偿责任作出规定。我们认为，行政许可监督检查机关是否应当承担行政赔偿责任，不能一概而论。对此，德国的理论值得我们借鉴，在德国，私人要享受公法上请求权必须具备三个条件：①行政主体依公法法规之规定负有行为义务；②该公法法规并非仅以实现公益为目的，亦具有保护个人利益之意旨；③该法规所保护之个人，有要求义务人履行其法规义务的"法之力"。因此，在确定行政机关的责任时，就要注意看是否有保护第三人利益的特别职权义务。只有在被违反的职务至少也是针对受害人、以保护受害人为目的时，违反职务的行为才构成损害赔偿义务。否则，即使造成不利影响，也不赔偿。例如，国家批准医生从业资格，医生临床出错，病人死了，行政机

---

〔1〕　参见《行政许可法》第76条。

关不赔偿。因为国家设定医生开业资格是为了提高开业医师的水准和卫生秩序，不是为每个具体的病人设立的。再如，甲按照建设许可证建设一厂房，竣工之后倒塌（查明原因是静力学数据错误），乙碰巧路过被砸伤。乙要求赔偿其医疗费，甲要求赔偿因倒塌和必要的重新建设造成的财产损失。根据法律规定，建设机关应当审查建筑物的安全性，但这首先是服务于公众的利益，也保护遭受不安全的建筑物倒塌侵害的特定个人的权益，但限于生命、健康，不包括财产权益。因此，遭受身体伤害的乙可提出损害赔偿请求，而仅遭受财产损害的甲则不能。当然，某一职务是仅为实现公共利益还是既实现公共利益又赋予个人权利，是立法者裁量的范围。比如在德国，过去行政机关对银行颁发许可证后，如果因监管不严导致银行倒闭的，批准机关要对储户承担赔偿责任。因为国家为单个储户的利益才设定了监督机制。但后来德国修订了有关法规，国家不再承担责任。[1]

第三节 行政许可相对人之法律责任

权利（或权力）与义务（或责任）是一种对立统一的关系。在行政法律关系中，每一方既是权利（权力）主体又是义务（责任）主体，一方权利（权力）的实现，要求另一方履行相应的义务（责任）。一个良好公法秩序的营造，一方面需要以"制约权力"的理念为权力主体设定义务、明确责任，防止权力的扩张和腐败，以保护相对人的合法权益；另一方面也需要明确相对人的义务和责任，防止相对人权利的滥用，以维护公共利益和社会秩序，保障行政机关有效实施行政管理。为此，行政许可过程中相对人违反诚信原则就要承担相应的法律责任。《行政许可法》就行政许可相对人的法律责任作出了规定，公民、法人或者其他组织在申请行政许可或者从事已经取得行政许可的活动中存在违法情形的，或者未经行政许可而擅自从事依法应当取得行政许可的活动的，有关机关应依法追究其相应的法律责任。

一、行政许可申请人之法律责任

行政许可行为是一种依申请的行政行为，行政许可实施机关须以相对人提出的申请为前提行使职权、履行职责。基于这个特点，《行政许可法》要求申请人必须保证其所提供的申请材料的真实性，以避免行政机关在确认申请材料

〔1〕 奥地利维也纳经济大学霍罗贝克教授 2001 年 11 月 1 日在"北京《行政许可法》国际研讨会"上的发言。

的真实性上耗费过多的资源——包括人力、物力、财力和时间。为此，该法第31条、第78条分别就申请人的真实陈述义务和违反真实陈述义务所应承担的法律责任作出了规定。具体而言，申请人申请行政许可，应当如实向行政机关提交有关材料和反映真实情况，并对其申请材料实质内容的真实性负责；如果申请人隐瞒有关情况或者提供虚假材料申请行政许可的，行政机关应当不予受理或者不予行政许可，并给予警告；如果该申请属于直接关系公共安全、人身健康、生命财产安全事项的，则申请人在1年内不得再次申请该行政许可。

二、被许可人之法律责任

（一）以欺骗、贿赂等手段取得行政许可的法律责任

在行政机关与行政相对人发生行政许可法律关系时，要求双方皆本着诚实信用的原则行使权力（利）、履行义务。这是建立"官民"信任、营造良好公法秩序的基本前提。为此，我们不能仅强调行政机关负有的职责，而忽视了相对人承担的义务。如果相对人违反了诚信原则，以欺骗、贿赂等不正当手段取得行政许可的，就应当依法承担相应的不利法律后果。依照《行政许可法》第69条、79条的规定，这些不利的法律后果是：

1. 被许可人以欺骗、贿赂等不正当手段取得行政许可的，作出行政许可决定的机关或者其上级行政机关，应当依法予以撤销；

2. 对以欺骗、贿赂等不正当手段取得行政许可的被许可人给予行政处罚；

3. 取得的行政许可属于直接关系公共安全、人身健康、生命财产安全事项的，申请人在三年内不得再次申请该行政许可；

4. 被许可人的行为构成犯罪的，由司法机关依法追究其刑事责任。

（二）违法从事行政许可事项活动的法律责任

被许可人取得行政许可后，即取得了从事特定活动的资格或权利能力，因而获得了谋取特定利益的机会。一定许可的获得可能给被许可人带来很多的经济利益，如采矿权的获得属于一种特许，被许可人垄断了一段时期在特定地区从事矿产资源开发的权利，由此可以获得极大的经济收益。在获取许可所带来的收益的同时，被许可人依法应当承担相应的义务，要保证许可权利的正当行使，而不得滥用，否则将承担一定的法律责任。《行政许可法》第80条就被许可人违法从事行政许可事项活动的法律责任作出了规定，主要有以下几种情况：

1. 涂改、倒卖、出租、出借行政许可证件，或者以其他形式非法转让行政许可的。这是对被许可人非法转让行政许可的规定。对一般人禁止的事项，对特定人解除禁止，实际上就是许可。国家之所以要确立行政许可制度，对某些

事项予以普遍禁止，而对符合特定条件者给予许可，是因为这些事项对国家、社会或者公民存在潜在的危害性，而这种潜在的危害性只有在特定条件下，才能被抑制和消灭。而条件是否符合、禁止是否解除，则须由行政许可的实施机关依法作出审查和决定，不允许相对人自行将取得的行政许可进行转让。非法转让行政许可将破坏国家的行政许可管理秩序，使行政许可的制度目的落空，因此必须予以禁止。《行政许可法》第 80 条规定，对非法转让行政许可的被许可人，行政机关应当依法给予行政处罚；构成犯罪的，依法追究刑事责任。

2. 超越行政许可范围进行活动的。不同的行政许可意味着不同的解禁范围，被许可人超越行政许可范围进行活动就意味着踏入"禁地"，属违法之举。《行政许可法》第 80 条对被许可人的这种行为规定了法律责任，即行政机关应当依法给予行政处罚，或者由司法机关依法追究刑事责任。

3. 向负责监督检查的行政机关隐瞒有关情况、提供虚假材料或者拒绝提供反映其活动情况的真实材料的。为保证被许可人依法从事行政许可事项的活动，《行政许可法》赋予行政机关监督检查之权，并为被许可人设定了"如实提供有关情况和材料"的义务。被许可人违反此法定义务的，就会阻挠行政机关履行监督职责，侵害行政许可管理秩序，构成违法，将承担相应的法律责任。

4. 法律、法规、规章规定的其他违法行为。被许可人违法从事行政许可事项活动的表现形式是多种多样的，前述三种情形是《行政许可法》第 80 条明确列举的，对于列举之外的违法行为，则有待法律、法规、规章依实际情况作出规定。行政机关应当依照有关法律、法规、规章的规定，给予被许可人相应的行政处罚或移送司法机关追究被许可人的刑事责任。

三、其他相对人之法律责任

在现实生活中，由于许可事项含有一定的经济利益，受利益驱动，一些公民、法人或者其他组织会脱离法律法规关于申请许可的要求，未办理许可直接从事有关活动。请看下面这则案例[1]：

[基本案情] 某省水电勘测设计院拥有两口用于开采地下热水的热矿井。1994 年 5 月 4 日，该省地质矿产厅了解到设计院并未办理采矿许可证，开采地下热水的行为系违法行为。遂向设计院发出了《关于开采地热必须依法办理采矿许可证的通知》，要求设计院携带有关资料到该厅办理有关地热井的采矿登记手续。在无果的情况下，地矿厅又向设计院发出《限期办理采矿许可证通知

书》，限其于接到通知书之日起 3 日内向地质矿产厅申请办理采矿登记手续，否则将依法进行处理。设计院对通知依旧不闻不问。地质矿产厅遂于 1994 年 7 月 27 日作出处罚决定书，处以设计院 5000 元的罚款。

行政许可是国家根据经济和社会发展的现实情况，为维护公共安全和社会秩序，促进经济、社会和生态环境的协调发展而设定的。既体现着国家对特定领域的管理与控制，又注意发挥公民、法人和其他组织从事生产创造的积极性和主动性。因此，行政许可的设置关系到公共安全、社会秩序，也关系到人民群众生命财产的安全。基于该种重要性，要求行政许可相对人欲从事特定活动时，必须首先按照行政许可法的规定申请行政机关的许可，而不能擅自作出特定的行为。未经行政许可而擅自从事依法应当取得行政许可的活动，必然造成社会管理秩序的混乱，并对公共安全、社会秩序以及人民群众的生命财产安全构成威胁，使行政许可制度设置的目的落空。为此，对于未经许可，擅自从事应当取得行政许可的活动的行为人，应当依法给予相应的制裁。《行政许可法》第 81 条即对此作出规定，公民、法人或者其他组织未经行政许可，擅自从事依法应当取得行政许可的活动的，行政机关应当依法采取措施予以制止，并依法给予行政处罚；构成犯罪的，依法追究刑事责任。

第四节　行政许可之非诉讼救济

一、行政机关实施的救济

（一）复议救济

复议救济相对于法院的诉讼救济而言，可称为行政上的救济，即由行政机关提供的一种救济途径。它是指相对人认为行政机关的具体行政行为侵犯其合法权益，向作出具体行政行为的上一级行政机关或其设置的专门机构申诉，请求救济。复议救济是功能较完备的救济途径，复议机关在查明事实、判明责任的基础上，可以撤销一个违法的具体行政行为，使其违法行为效力消灭，恢复相对人的合法权益；可以变更一个不当的行政行为，使相对人获得合理的权益或消除相对人所承担的不合理的义务，使具体行政行为对相对人的影响恢复正常；可以责令行政机关就损害后果进行经济赔偿，使相对人的物质损失或精神损害获得补救。

就行政许可领域而言，行政许可相对人对侵犯自己合法权益的行政行为也可寻求复议救济。根据《行政复议法》的规定，行政许可相对人寻求复议救济的情形主要有以下几种：

对涉及许可权益的行政处罚不服

[**基本案情**][1]：五洲大楼原系五洲制皂制药厂股份有限公司所有，1957年前已由该公司委托市地产经租公司经租管理。1957年2月，五洲大楼的产权归某药厂所有，并由其继续与市房地产经租公司保持代理经营租赁关系。1958年市房地产经租公司将经租管理业务下放至产业所在地区后，该药厂即与某区房产管理部门延续了五洲大楼的代理经租关系。市房产登记发证工作开始后，五洲大楼的代理经租单位区房产局第二大楼经营管理所（以下简称大楼管理二所）即通知该药厂进行产权登记。1990年9月，该药厂将大楼管理二所下发的市单位自管房屋产权登记申请书等表格按要求填写完后，即报大楼管理二所进行初审。经区房产局复审并报市房产局同意后，该药厂于1990年12月领取了市房产管理局颁发的某房某字第08437号所有权证。1993年3月，该药厂与大楼管理二所签订了终止五洲大楼代理经营租赁、收回自管的协议。此后，该药厂与五洲大楼的使用单位发生租赁纠纷，向法院提起民事诉讼，要求收回该大楼使用权。在审理过程中，市房产管理局于1994年5月26日对该药厂作出某房（94）权字发第550号处理决定。认定五洲大楼原系代理经租房产，按市房产登记发证办公室制定的《某市房产登记发证工作若干问题说明》的有关规定不属登记范围。该药厂在五洲大楼产权登记时没有如实反映权属及管理情况，领取了房屋所有权证，故根据《某市城镇房屋产权登记暂行办法》第16条之规定，以瞒报有关情况为由作出了吊销已发给该药厂的房屋所有权证并恢复由房管部门代理出租的决定。该药厂不服申请行政复议。

许可证、执照等与行政许可有关的证照，是证明行政相对人取得行政许可的法定凭证。对这类证照的暂扣或者吊销，将限制或者剥夺相对人经许可而取得的权利或者资格。暂扣与吊销不同，暂扣是指暂时将证照予以扣留，剥夺相对人在证照扣留期间的许可权益。待满足一定条件或达到一定期限后，证照被发还，相对人的许可权益又得到恢复。吊销则是永久性收回证照，相对人在依法重新提出申请并获得许可前不得享有许可权益。暂扣或者吊销许可证、暂扣或者吊销执照等行政处罚，直接影响到被许可人的许可权益，为了给被处罚人以救济，《行政复议法》第6条第1项规定，公民、法人或者其他组织对行政机关作出的暂扣或者吊销许可证、暂扣或者吊销执照等行政处罚不服的，可以申请行政复议。

---

〔1〕 刘勉义、杨伟东主编：《行政复议法释解与案例评析》，法律出版社2000年版，第29～30页。

对涉及许可权益的证照管理决定不服

[**基本案情**][1]：大观园游览中心系中外合资经营企业（以下简称大观园），合资三方为宣建公司、长城公司、华长公司。1993 年 10 月，长城、华长公司与金箭公司签定了注册资本转让合同，市外经委批准了该合同。市工商局也变更了大观园的企业登记并颁发了营业执照。金箭公司接管了大观园经营管理权。此后长城公司于 1996 年 1 月 5 日向市外经贸委递交了材料，提出要求恢复其与华长公司在大观园的股东地位。市外经贸委经审查，作出批复，批准长城公司收回其在合营公司中的权益，恢复其与华长公司在大观园公司的股东地位。长城公司便接管了大观园经营管理权。市工商局办理了大观园法定代表人的变更登记并颁发了新的企业法人营业执照。金箭公司认为市工商局变更大观园登记的行为侵犯了自己的合法权益。

本案的是非曲直问题暂且不谈，我们所要探讨的是，对于市工商局变更营业执照的行为，金箭公司是否可以通过申请复议寻求救济。答案是肯定的，《行政复议法》第 6 条第 3 项规定，公民、法人或者其他组织对行政机关作出的有关许可证、执照、资质证、资格证等证书变更、中止、撤销的决定不服的，可以申请行政复议。

（1）许可证和执照等的含义和表现形式。许可证、执照、资质证等是指国家行政机关根据相对人的申请，依照法律、法规、规章的规定，核准发给的证书、批准书和各种凭证等。这些证书、批准书和凭证属于国家许可证制度调整的范围，其多数以许可证、执照的形式出现，但不限于这两种形式。以许可证形式出现的，有药品生产企业许可证、演出许可证、卫生许可证、进出口货物许可证、建设用地许可证、爆炸物品使用许可证、办学许可证等。以执照形式出现的，有营业执照、驾驶执照、律师执业证等。资格证、资质证则包括律师资格证、会计资格证等。根据《海上交通安全法》、《内河交通安全管理条例》的规定，船舶必须具有有效或者合格的技术证书和船籍证书或者登记证书或者船舶执照，船长、轮机长等人员必须持有合格的职务证书才能航行；《枪支管理办法》规定，持枪人员和持枪单位必须持有县、市公安局审核发给的持枪证等证书。此外，一些法律、法规规定公民、法人或者其他组织从事某种活动必须取得行政机关的"许可"，并没有要求行政机关颁发书面的证书，这种许可

---

[1] 马怀德："行政许可案件判决方式研究"，载《南京大学学报》（哲学、人文科学、社会科学版）2000 年第 3 期。

行为，也应受国家许可证制度的调整，因而也应属于行政复议受理范围。

（2）变更、中止、撤销的含义。行政机关作出有关许可证、执照的变更、中止、撤销的决定是指在相对人已经取得有关许可证、执照、资质证的情况下，基于某种原因，行政机关又作出变更、中止、撤销的行政决定，使相对人失去进行某种活动的凭证和资格的行为。这种行为，是积极的作为行为，不同于不颁发或者拖延颁发许可证、执照、资质证的消极不作为行为。

（3）将此类案件纳入行政复议受理范围的意义。在现代市场经济情况下，许可证、执照、资质证、资格证等已经成为公民、法人或者其他组织从事某种特定的行为或者活动的重要而必不可少的凭证。变更、中止、撤销这些凭证将使相对人失去进行某种经济、技术、贸易，甚至维持基本生活的必要资格，因此，这类行政行为对相对人的合法权益影响甚大。《行政复议法》的规定明确了相对人对此类行政行为的行政复议申请权，有利于保护相对人的合法权益，有利于规范行政机关颁发证书的行政行为，也顺应了市场经济发展的需要。

对未依法办理许可申请不服

[基本案情][1]：龚某于1987年6月1日被四川省司法厅授予律师资格，1988年6月至1991年5月被四川省某县法律顾问处聘为三级律师，在此期间为某县法律顾问处专职律师。1991年和1992年四川省司法厅均按专职律师名义对龚某的律师工作执照予以注册。1990年9月13日龚某因工作需要被调往该县法制办公室任副主任，1991年1月4日被该县人民政府任命为行政复议委员会委员，1993年8月9日被该县人民政府任命为该县政府办公室副主任。1993年3月29日，该县法律顾问处书面通知龚某于4月5日前将《四川省司法厅1993年律师工作执照、律师（特邀）工作证登记表》一式二份填好后连同律师工作执照一并交到法律顾问处，以便及时注册。龚某按通知要求将填好的登记表、本人的律师执照和一张照片交给了该县法律顾问处。同年7月1日，龚某从6月22日的《自贡日报》上看到了自贡市司法局公告，该公告称"我市1993年律师注册工作现已结束。根据司法部和省司法厅的有关规定，我市8个律师事务所122名专职、兼职、特邀律师，经律师事务所考核，司法行政机关逐级审查，省司法厅正式予以注册……特将我市注册律师名单公告于后"。由于公告已注册的律师名单中没有龚某，因此，龚某向上级司法局申请复议。

《行政复议法》第6条第8项规定，公民、法人或者其他组织认为符合法

---

[1]　刘勉义、杨伟东主编：《行政复议法释解与案例评析》，法律出版社2000年版，第41页。

定条件，申请行政机关颁发许可证、执照、资质证、资格证等证书，或者申请行政机关审批、登记有关事项，行政机关没有依法办理的，可以提起行政复议。此类案件不同于变更、中止、撤销许可证、执照、资质证案件。前者是指相对人尚无有关证书时，向行政机关申请核发有关证书；后者则是指在相对人已经取得有关证书的情况下，行政机关作出的变更、中止、撤销的行为。

（1）对行政机关违法状态的分析。根据行政复议法和有关法律的规定，行政机关"没有依法办理"包括两种违法状态：①公民、法人或者其他组织认为符合法定条件申请行政机关颁发许可证和执照，行政机关拒绝颁发，即行政机关明确表示不同意。这是行政机关作为的行政行为，即积极的行政行为。依据《行政复议法》的有关规定，要从主要证据是否充分、适用法律法规是否正确、是否违反法定程序、是否滥用职权、是否超越职权这五个方面进行合法性审查。对于当事人申请不符合法定条件，行政机关拒绝颁发行为合法的，行政复议机关要作出维持的决定。对于当事人申请符合法定条件，行政机关拒绝颁发没有事实依据和法律依据的，行政复议机关要作出撤销行政机关拒绝颁发这一具体行政行为的决定，并可以决定行政机关重新作出具体行政行为。因此，不能将行政机关拒绝颁发行为当作消极行为，即不作为的行政行为，从而确认行政机关没有履行法定职责。公民、法人或者其他组织申请颁发许可证和执照，行政机关拒绝颁发实际上就是在履行法定职责，而不是不履行法定职责，争议应在于行政机关是否在合法地履行职责。而按照《行政复议法》的规定，对于被申请人不履行法定职责的，行政复议机关应决定其在一定期限内履行。②公民、法人或者其他组织认为符合法定条件申请行政机关颁发许可证和执照，行政机关不予答复。行政机关不予答复，指行政机关既不表示同意，也不表示不同意，而是一直处于"研究研究"的不确定状态，包括行政机关表示同意而拖延不办。这是行政机关不履行或者拖延履行法定职责的违法状态，属于不作为的消极行政行为。在这种情况下，行政复议机关要决定被申请人行政机关在一定期限内履行，或者表示同意而给公民、法人或者其他组织颁发许可证和执照；或者明确表示不同意，不发给许可证和执照，并说明理由。将行政机关不作为的行为纳入受案范围，不仅有利于保护公民、法人或者其他组织的合法权益，而且对于行政机关克服官僚主义，改进工作作风，提高办事效率，具有重要作用。

（2）实践中存在的问题。程序法的实施，在很大程度上依赖于实体法的完善。目前，行政复议机关受理和处理公民、法人或者其他组织认为符合法定条件申请行政机关颁发许可证和执照而行政机关拒绝颁发或者不予答复的案件，遇到的问题是，有些实体法律、法规对行政机关颁发许可证和执照的条件、期限等内容缺乏明确的规定，从而给行政复议工作带来一定的困难。一个很简单的道理，没有法律就不存在违法。法律如果不对颁发许可证和执照的法定条件以及相对人提出申请后行政机关作出答复的期限作出规定，行政复议机关就无从进行行政复议审查。

（3）将许可证和执照案件纳入行政复议受理范围的意义。行政机关颁发许可证和执照是准予申请人从事某种活动的具体行政行为，这些行为直接决定着提出申请的公民、法人或者其他组织能否从事生产、经营等方面的活动，直接影响着他们的合法权益。因此，凡是符合法定条件申请颁发许可证和执照的，主管行政机关都应在法定期限内颁发。尽管申请许可证和执照应具备一定的条件，不同的证照，其法定条件也各不相同，有些情况下颁发证照除必须具备法定条件外，还要受当时当地经济发展状况、城市规划、市容环境等因素的影响。但是，不管具有何种情况，公民、法人或者其他组织申请颁发许可证和执照，行政机关都应在法定期限内给予明确答复。对行政机关不予答复和相对人对行政机关的答复不满的，都可以依照《行政复议法》的规定申请行政复议。允许公民、法人和其他组织对行政机关这类行政行为不服向行政复议机关申请行政复议，对于促进廉政建设、培养良好的社会风气、克服官僚主义，都有着重要作用。

4. 其他情形。除了上述三种《行政复议法》明列的情形之外，行政许可相对人还可依据该法第 6 条第 11 项的规定，寻求复议救济。该项规定，公民、法人或者其他组织认为行政机关的其他具体行政行为侵犯其合法权益的，可以申请行政复议。这是一个概括性规定，它将一切具体行政行为纳入行政复议的范围，从而使行政许可相对人的合法权益能够通过行政复议这条途径获得全面的救济。

（二）信访救济

信访，是指"公民、法人或者其他组织采用书信、电子邮件、传真、电话、走访等形式，向各级人民政府、县级以上人民政府工作部门反映情况，提出建议、意见或者投诉请求，依法由有关行政机关处理的活动"。[1] 信访制度作为各级人民政府同人民群众保持联系的重要手段，一直发挥着抒发民情、消除民怨、改善政府与群众关系的重要作用，同时也在一定程度上起到了行政救济与监督行政制度的作用。从其性质上说，信访制度既是行政救济制度，又是监督行政制度，但更主要的是一项行政救济制度。因为信访制度设置的目的，

---

[1]　参见《信访条例》（2005 年 5 月 1 日起施行）第 2 条。

是为了弥补投诉途径的欠缺和保障体系之不足，以更好地维护相对人的权益。1995 年 10 月 28 日国务院发布《信访条例》，正式对行政机关的信访工作、信访活动作出规定，[1] 使我国行政机关的信访工作从一种自发的、非制度化的状态进入了一种自觉的、制度化的状态。可以说，信访制度已成为以行政复议和行政诉讼制度为主体的我国行政救济制度的有益补充。

信访救济作为行政相对人所能倚赖的救济途径之一，当然也可为行政许可的相对人所利用。信访救济是复议救济和诉讼救济的补充，它为行政许可相对人提供了一条无法求诸复议和诉讼的新途径。根据国务院《信访条例》第 14 条第 1 款的规定，信访人对下列组织、人员的职务行为反映情况，提出建议、意见，或者不服下列组织、人员的职务行为，可以向有关行政机关提出信访事项：①行政机关及其工作人员；②法律、法规授权的具有管理公共事条职能的组织及其工作人员；③提供公共服务的企业、事业单位及其工作人员；④社会团体或者其他企业、事业单位中由国家行政机关任命、派出的人员；⑤村民委员会、居民委员会及其成员。同时，《信访条例》还有如下规定：一是信访人对各级人民代表大会以及县级以上各级人民代表大会常务委员会、人民法院、人民检察院职权范围内的信访事项，应当分别向有关的人民代表大会及其常务委员会、人民法院、人民检察院提出。信访人向各级人民政府所属信访工作机构提出信访的，应当告知其向有关的人民代表大会及其常务委员会、人民法院、人民检察院提出。二是对已经或者应当通过诉讼、行政复议、仲裁解决的信访事项，信访工作机构应当告知信访人按照有关法律、行政法规的规定向有关机关提出。

将以上关于信访事项的规定联系起来看，公民、法人或者其他组织实际上主要是对行政机关作出的行政行为中，不能通过行政复议、行政诉讼以及仲裁等途径解决的事项信访。由于我国行政复议法、行政诉讼法基本上规定了对违法行政行为申请复议和提起诉讼的救济途径；有关人事争议、劳动争议仲裁的规定基本上确立了对人事争议、劳动争议申请仲裁的救济途径；有关行政补偿的规定也可以通过行政复议和行政诉讼的救济途径加以解决。而基于民主与效率相统一的考虑，这些救济途径在设置时都有关于在一定期限内提起有关程序的时效规定。因此，对当事人而言，信访制度的优势在于，其不受期限、时效的限制；可以对行政机关的失当行政行为、当事人认为应当规定而没有规定的行政补偿进行信访。

---

[1] 该条例于 2005 年 5 月 1 日废止，取而代之的是新的《信访条例》。

虽然，信访救济有其自身的优势，可为行政许可相对人提供更为全面的保护，但是我们认为，以现状来看，信访救济相对于行政许可的复议救济和诉讼救济而言仍然是薄弱的。其一，信访作为一项法律制度虽已建立，但制度内部缺乏明确的操作规范。信访条例规定信访工作机构工作方式主要是报送、转送、转交和告知另外的投诉途径，唯一由受理机构直接办理的事项却缺乏如何办理的要求。实践中，信访工作机构一般不直接处理案件，大多属于分流、转口的"中转站"，层次越高的信访工作机构，其分流、转口的现象就越突出。信访案件通过信访工作机构报送、转送、转交有关单位处理，有时甚至会转交信访人本人所在的单位处理，从而发生对信访人打击报复的情况。其二，虽然在客观上信访条例为公民提供了一种法律救济途径，但作为行政法规，信访条例的着眼点在于规范信访工作机构的活动。信访条例对行政机关及其信访工作机构在信访工作中的权利义务，特别是权利作了大量具体的规定，但对相对人在信访中的权利及其保障规定较少。总之，信访条例基本上是一项关于信访工作的操作规范，而主要不是对相对人权利实施救济的立法，至少信访条例在形式上是这样的。

二、立法机关实施的救济

（一）通过立法直接实施的救济

立法直接实施的救济，是指对行政机关违法或不当的行政行为，在立法上直接规定有利于相对人结果的救济。在这种情况下，相对人无需花费成本，即可获得救济，从而直接地实现权利。我国近年来，在一些单行法律、法规中规定了这种救济。如《集会游行示威法》第9条规定："主管机关接到集会、游行、示威申请书后，应当在申请举行日期的二日前，将许可或者不许可的决定书面通知其负责人。不许可的，应当说明理由。逾期不通知的，视为许可。"

立法直接实施救济的方式主要是在行政许可的情况下采用。行政许可是对于法律规定的相对禁止的事项，在特定的场合，对特定的人解除其禁止的行政行为。行政许可所作的对禁止的解除，可以使禁止的事项恢复到原始的状态。因此，许可是自由的恢复而不是新的权利的设定。既然如此，对于由于行政机关的拖延而造成的权利受阻，应推定恢复公民的权利。采取立法直接实施救济的方式，可以敦促行政机关及时履行义务，使当事人直接地实现行政救济。因而，从保护权利、设置完善的行政救济制度的角度出发，在民主与效率兼顾的前提下，只要可能，立法应规定直接实施救济的方法。

正如民主与效率的矛盾统一一样，行政权力与公民权利始终也是一种矛盾统一。行政机关与行政管理相对人始终处于对立和统一的状态。特别是我国目前的现状，大量的行政管理规范由行政机关制定，行政机关在制定行政管理规范时，自觉或不自觉地出于本位立场，往往规定自己行使的权力比较大，而较少考虑公民权利救济的问题。因此，立法上所直接实施救济的规定相对较少。对此，应当在兼顾民主与效率的前提下尽可能规定立法直接实施的救济。

（二）人大的信访救济

我国人民代表大会的职权可以概括为两权，即决定权和监督权。[1] 即人民代表大会的职权主要有两方面：一是对国家和地区的大事作出决定（包括立法、决定重大问题和任免），二是对决定之事监督实行。人民代表大会的监督就是对其他国家机关及其国家机关领导人员的权力进行控制、调节和制约。人民代表大会监督是保证实现人民的意志和利益，贯彻实施法律的监督，因而它的监督内容广泛而带有根本性。按照现行宪法和有关法律规定，我国人民代表大会监督的主要内容有：

1. 立法监督。立法监督是指人民代表大会及其常委会审查法律、法规以及其他有关规范性文件是否违反宪法、基本法律和违反人民代表大会的决议、决定的监督活动。立法监督的目的是为了使一般法律同宪法和基本法律保持一致，法规同法律相一致，各种规范性文件同人民代表大会的法律、决议、决定相符合，从而维护国家法制的统一。立法监督的范围是：①县以上的各级人民代表大会有权改变或撤销它的常委会不适当的决定。②全国人大常委会有权撤销国务院和省级人大制定的同宪法、法律相抵触的法规、决定和命令；县以上的地方人大常委会有权撤销本级人民政府不适当的决定和命令。③上级人大常委会有权撤销下一级人大及其常委会制定的不适当的规范性文件。④全国人大常委会有权纠正、撤销最高司法机关和最高行政机关在具体适用法律过程中所作的不符合立法原意的司法解释和行政解释。

2. 对法律实施的监督。对法律实施监督是人民代表大会为保障法律、法规在社会生活中贯彻执行的手段。《宪法》规定，地方各级人民代表大会及其常委会有权在本行政区域内保证宪法、法律、行政法规的遵守和执行。法律实施监督的主要内容是：就上级人民代表大会和本级人民代表大会法律、法规和决定的实施情况，进行执法检查和视察。检查有关执法机关是否执行某法律，发现法律实施中存在的问题，督促有关机关严格执法，要求改进执法工作，就执法中普遍存在的问题，提出改进意见和完善立法和执法的措施。对有法不依、破坏法律的情况，可质询或组织调查有关执法部门，直至追究执法部门及其领

---

[1] 参见蔡定剑：《中国人民代表大会制度》，法律出版社1996年版，第372页。

导人员的责任。

3. 对政府行为的监督。对政府行为的监督就是政府行为合法性的监督。所谓"政府行为"，是指行政机关及其政务类官员依法律规定的职权或在法律授权范围内作出的重大行政行为。政府行为一般具有两个特点：一是以政府名义作出的重大行政行为，如一年或一段时间内的政府工作、财政预算、政府采取的重大行政措施等。二是由人民代表大会选举或任命的国家政务类官员作出的行为，他们的行为是需要对人民代表大会负责的。一般行政人员的行政行为则不是政府行为，因而也就不承担对人民代表大会的责任，也就不是人大监督的内容。我们指出人民代表大会对政府行为的监督，是想说明人民代表大会并非对行政机关所有行为都要进行监督，而只是对政府某些重大行政行为实施监督。在政府行为以外的领域，属政府的自由裁定权，人民代表大会不应干涉。对非政府行为违法的监督，由行政监察部门或其他部门实施。人民代表大会对政府行为监督的内容可以概括两个方面：一是对计划和预算的监督；二是对政府责任的监督。

4. 对司法的监督。这是人民代表大会对人民法院、人民检察院的司法工作以及对司法人员在司法工作中是否有法必依、严格依法办事实施的监督，特别是对严重违法造成的冤假错案进行检查了解，促其纠正。根据法律规定，人民代表大会对司法机关的监督包括：通过听取工作报告了解司法机关执行法律和有关司法政策的基本情况；作出有关决定，指导司法机关的司法工作；对司法解释是否符合法律实施审查；受理人民群众对司法机关所办案件的申诉和对司法人员违法行为的控告。除上述方面的监督外，近年来，为加强人民代表大会对司法的监督，在实践中形成了最高人民法院和最高人民检察院向全国人大常委会报告重大事项的制度，向内务司法委员会汇报有关情况的制度。正是由于我国人民代表大会具有广泛的监督权，人民代表大会与其他国家机关构成监督与被监督的关系，也正是基于此，向人大就国家机关和国家机关工作人员违法失职行为提出申诉、控告、检举，也就成了公民获得救济的一条途径。

在行政许可领域，行政许可相对人可以就行政机关及其工作人员的行政侵权行为，向人民代表大会提出申诉，请求救济。行政许可相对人向立法机关寻求救济的渠道就是信访。信访制度是人民代表大会联系代表、联系人民群众的一种直接形式，又是人民代表大会作为民意机关通达民意的重要渠道。这是由人民代表大会作为人民代表机关的性质决定的。人民代表大会要了解民意民情，无非是两条渠道：一条是通过各种渠道主动去了解人民群众的意志与要求；一条是人民群众主动向人民代表大会和人大代表反映情况，提出对国家事务和国家机关工作人员的建议、批评、意见，包括对国家机关工作人员的申诉、控告、检举，人民代表大会应认真负责地听取。与前一条渠道相比，后一条渠道对人民群众来说更现实、更迫切需要、更重要。在许多国家，民众之所以偏爱议会，对议会感到亲切，就是因为议会成为公民诉苦的重要渠道，公民通过它能解脱一些痛苦，才感到需要议会。我国《宪法》规定，公民有对国家机关和国家机关工作人员提出申诉、控告和检举的权利。人民代表大会是民意机关和人民代表机关，它应当成为人民的传声筒，它有义务听取广大人民群众的意见和呼声，并认真进行处理，以保障公民宪法权利的实现。

对人民群众的来信，信访部门针对不同情况，作如下处理：凡是人民群众对违宪违法行为的控告和对立法的批评意见和建议，对中央各国家机关提出的重要建议、批评和意见，以及对全国人大及其常委会选举、决定和批准任命的国家机关组成人员的申诉、控告，都应该及时报告全国人大常委会领导机构，由它作出决定交全国人大或全国人大常委会处理，或交有关部门处理。对其它一般的来信来访的处理方式是：①转交有关机关办理；②转交有关机关办理，并要求报告结果；③承办机关处理不当时，可要求其补充说明情况，或重新调查处理；④必要时，协同有关机关进行调查，提出处理建议，由主管部门处理；⑤重大案件和特殊案件，报全国人大常委会决定。对全国人大常委会信访部门转交有关机关办理、并要求汇报结果的申诉、控告和检举案件，各承办机关应及时办理，6个月内报告处理结果。

近年来，随着人大督促纠正了一批违法错案，维护了人民群众的合法权益，群众对人大的信任逐渐增强，"有冤案找人大"越来越成为上访群众的信念。[1] 但是，一些学者对此救济途径并不抱十分乐观态度[2]，他们认为，立法机关对行政机关的监督，只限于重大决策和立法活动，是对抽象行政行为的监督，对具体行政行为的监督较少。对于行政机关的重大行政政策的失误或立法与宪法、法律抵触，可以撤销或改变，或责令行政机关承担相应的政治责任。对于具体行政行为违法或不当造成的损害，相对人一般只能采用其他救济途径，请求救济。

---

〔1〕 参见蔡定剑：《中国人民代表大会制度》，法律出版社1996年版，第478~479页。
〔2〕 参见张树义：《行政法与行政诉讼法》，高等教育出版社2002年版，第137页。

第五节　行政许可之诉讼救济

"诉讼"是一个古老的法学范畴。从语义学的角度来考察其词源和词义，就可以看出，"诉讼"是与权利的实现和救济相关联的。[1] 行政诉讼，就是为救济受行政权力侵犯的公民权利应运而生的一种诉讼。从我国现有的法律规定来看，行政诉讼救济与我们已在前面提及的行政复议救济相比，有以下区别：

（1）性质不同。行政复议是行政机关的行政行为，属于行政机关系统内部所设置的对于行政管理相对人实施救济的制度；行政诉讼是人民法院的司法行为，属于在行政机关外部设置的对行政管理相对人实施救济的制度。

（2）程序不同。行政复议适用行政程序，一般实行一级复议制，具有及时、简便、快捷的特点；行政诉讼适用司法程序，一般实行两审终审制，具有严谨、规范、全面的特点。

（3）范围不同。行政复议的范围比行政诉讼的范围要广。目前行政诉讼的受理范围主要限于人身权、财产权的内容[2]。即使属于人身权、财产权的内容，如果法律有关于行政终局裁决权规定的，也不属于行政诉讼的受理范围。行政复议的受理范围不仅包括人身权、财产权，而且包括人身权、财产权以外的其他更广泛的合法权益。

（4）权限不同。复议机关对争议对象的审查权比法院对争议对象的审查权要大，这主要表现在对不适当行政行为和抽象行政行为的审查权上。行政诉讼对行政不当行为的审查权只限于行政处罚，而行政复议则可以针对复议范围内的所有不适当行为，不仅仅限于行政处罚。对抽象行政行为，《行政诉讼法》仅规定人民法院在审理行政案件的过程中在适用与否上进行审查；而行政复议法则规定，公民、法人或者其他组织认为行政机关的具体行政行为所依据的某些规定不合法，在对具体行政行为申请行政复议时，可以一并向行政复议机关提出对该规定的审查申请。

（5）审理依据不同。人民法院审理行政案件依据法律、法规、地方性法规、自治条例、单行条例，参照部委规章和地方人民政府规章。行政复议所依据的规范性文件的效力层次比行政诉讼的要低，除可以依据法律、行政法规、

---

〔1〕　参见程燎原、王人博：《权利及其救济》，山东人民出版社1998年版，第394页。

〔2〕　根据《行政诉讼法》第11条第2款的规定，人身权、财产权之外的其他权利遭受行政机关侵犯的，在没有单行法律、法规规定的情况下，不属于行政诉讼的受案范围。

地方性法规、国务院部委规章和地方人民政府规章以外，上级行政机关依法制定和发布的具有普遍约束力的决定、命令亦是审理依据。

（6）法律关系不同。行政复议中，复议机关是原行政机关的上一级行政机关或者同级人民政府或者就是原行政机关，复议机关与被申请人虽然在程序上视为两个主体，但本质上是无法分开的，更何况有时根本是一个主体。行政诉讼中的法律关系则不同，人民法院分别与原告、被告等诉讼参与人发生法律关系，其地位是超脱的，远离争议的第三人。行政诉讼中，存在法院与原告、被告以及其他诉讼参与人之间的多个法律关系。

（7）裁决的法律效力不同。法律效力是指法律文书或者法律行为的确定力和执行力，就这一点来说，由于行政行为的效力先定性，行政行为一经作出，即具有确定力和执行力。但是，属于行政诉讼受理范围的行政复议决定在一定的期限内可成为诉讼的标的，受到法院的司法审查，具有可撤销性，即行政行为的相对人在通常情况下有正常的法律救济手段。而法院的生效判决在一般的法律救济手段下具有不可撤销性，不能成为争议的对象。

从以上分析的情况看，我国行政复议的特点是：程序简便，符合效率原则；由精通业务的行政人员作出，适应行政案件的专业性特点；行政机关内部垂直系统的上下级关系便于行政案件的执行等。而行政诉讼的特点是：程序规范、严谨；由精通法律并独立于行政机关的司法人员作出，符合公平正义的理念和法治原则的要求。总之，比较行政复议与行政诉讼各自的特点，我们可以得出结论：一般情况下，发生行政争议后，行政复议是最为直接有效的解决途径，而行政诉讼是最为客观公正的解决途径。

在行政许可领域，行政机关违法行使行政许可权侵犯了行政相对人或第三人的合法权益的，行政相对人或第三人可以依法提起诉讼，以使受到损害的权益得到救济，我们把由此提起的诉讼称为行政许可诉讼。以原告在行政许可程序中的身份为标准，可以将行政许可诉讼划分为行政许可相对人诉讼和行政许可第三人诉讼。

一、行政许可相对人诉讼

（一）行政许可申请人诉行政机关不予答复

许可是对禁止的解除，相对人在未取得许可的情况下就不得从事法律所禁止的活动，否则就将承担相应的法律责任。但如果行政许可机关面对许可申请不予答复，使申请人迟迟不能取得许可，申请人该如何获得救济呢？请先看这

则案例[1]:

[**基本案情**] 1998 年 12 月,公民崔某购买一辆夏利牌轿车,准备跑出租。崔某到公安机关办理了行车证,并挂了车牌照。1999 年 3 月,崔某到某市交通局办理出租车营运证,并递交了申请书及相关的材料,崔某前前后后跑了十几趟。运管处拖了半年的时间,始终没给崔某明确的答复。崔某以市交通局为被告,向法院提起行政诉讼,要求法院判令其作出具体行政行为,给他核发出租车营运证。

面对崔某的申请,市交通局始终不予明确的答复,既未准予许可,也未不予许可,这是典型的行政不作为。行政不作为与行政作为相比较,有一个明显的特点,即从法律后果上说,行政作为既可能是合法的,也可能是违法的,而行政不作为则只能是违法的,因为行政不作为表现为行政主体及其工作人员未作依法应作之行为。[2] 正因行政不作为具有违法性,所以,有必要建立相应的救济机制,以使受到这种违法行为侵害的权益得到法律补救,这是现代行政法治的要求。

对行政不作为进行救济,应采取相应的补救方式,否则就失去意义。根据行政不作为的特点,其补救方式主要有如下几种:

1. 宣告违法。宣告违法,是指有关国家机关经审查,确认行政主体及其工作人员的行政不作为已经成立并宣告它为一种违法行为。采用这种救济方式的价值在于,它是其他救济方式的前提和基础,对其他救济方式具有预决的意义,且是追究不作为行政责任的直接依据。有人认为,行政不作为一旦构成,就必然是违法的,因而直接采取责令履行或责令赔偿等救济方式或直接追究不作为责任即可,无需在此之前作违法的宣告。其实不然,须知在行政主体及其工作人员所负有的作为义务已无履行的必要或可能的情形下,再责令其履行就失去意义,这时只得宣告行政不作为为行为违法,然后对于造成相对人合法权益损害的,责成行政主体予以赔偿;对没有直接损害相对人利益但却损害了公共利益的,依法追究有关工作人员的法律责任。此外,在行政主体及其工作人员履行作为义务的时机尚不成熟,但却未明确告知相对人理由而被相对人申请复议或起诉的情形之下,行政复议机关和人民法院也只能宣告该不予答复的行为

---

〔1〕　张树义主编:《行政法与行政诉讼法案例教程》,知识产权出版社 2001 年版,第 247~248 页。
〔2〕　现有行政法学论著对行政不作为的界定及其违法性的认识并不一致。笔者以为,行政不作为是指行政主体及其工作人员负有某种作为的法定义务,并且具有作为的可能性而在程序上逾期不为的行为。其后果表现为行政主体及其工作人员未作依法应作之行为,因而必定是违法的。

违法，并责令行政主体告知相对人暂不履行的理由。可见，宣告违法这一方式有其存在的可能性和必要性，并已为司法实践所运用，例如法院对行政不作为案件所采取的确认判决。

2. 责令履行。责令履行，是指有关国家机关经审查，认定行政主体及其工作人员没有履行其作为的义务，且该义务还有履行的可能和必要，因而责令其在一定期限内履行该义务的救济方式。采取这种救济方式除了要求行政不作为已经构成之外，还必然存在作为义务有履行的可能和必要这一基本条件，否则就失去意义。值得注意的是，行政不作为是由于行政主体及其工作人员没有履行程序上的受理或办理等义务，而导致其实体上的作为义务得不到实现所构成的，因而在采取责令履行这种救济方式时，就存在着责令履行是程序上的义务还是实体上的义务抑或双重义务。有人认为，行政主体及其工作人员对实体义务的履行是其应有的权力，法院无权干预，因而法院只能责令行政主体及其工作人员在程序上给予受理或办理，至于其具体内容应由行政主体自己决定。例如，在不依法颁发许可证的不作为案件中，人民法院只能责令行政主体限期给予答复或作出决定，至于其内容是准予颁发或不予颁发应由行政主体自己决定，人民法院无权决定。笔者认为，从救济的目的来看，它是使受到侵害的权益得到法律补救，只有责令行政主体全面履行其程序上和实体上的义务才能达到这一目的。再就诉讼的效益原则而言，为了避免重复诉讼的出现，人民法院经审查，认为行政主体应履行实体义务应一并责令其履行之；否则，如果行政主体仅仅履行了程序上的义务而没有履行实体义务，相对人仍享有诉权，可再次起诉，从而增加讼累。

3. 责令赔偿。责令赔偿，是指有关国家机关经审查认定行政不作为已经构成，且给特定相对人造成了损失，因而责令行政主体予以赔偿。采取这种救济方式是必要的，因为"令行政机关履行必须执行的法定义务，只是防止违法行为继续发生侵害，受害人如果过去受到损失，并未因此而得到补救，……这时就要发生政府和官员对法律行为的赔偿问题"。[1] 并且，对于不能采取责令履行方式但给特定相对人造成损失的不作为，也得责成行政主体予以赔偿。

以上是对行政不作为救济方式的学理分析，现在我们回到规范的层面上，分析一下在行政许可的诉讼领域，对于行政机关的不作为，相对人可以获得怎样的救济。首先，《行政诉讼法》第 11 条将行政许可实施机关的"不予答复"纳入受案范围，即"认为符合法定条件申请行政机关颁发许可证和执照，行政

---

[1] 王名扬：《美国行政法》，中国法制出版社 1995 年版，第 731 页。

机关……不予答复的",相对人不服的,可以提起诉讼。依据《行政诉讼法》第54条及《最高人民法院关于执行〈中华人民共和国行政诉讼法〉若干问题的解释》第57条的规定,法院可判令被告在一定期限内履行职责或者确认被告的不作为是违法的。其次,依据《国家赔偿法》的规定,行政许可实施机关的不作为已对相对人的财产造成损害的,相对人在对不作为提起行政诉讼时,可一并提出赔偿的要求。

通过学理分析和规范层面的探讨,我们再来看前面的案例,案中市交通局面对崔某的申请,竟拖了半年之久而未予答复,违背了一个行政机关所担负的积极行使职权的义务,损害了相对人的合法权益,属于违法的不作为。依据有关法律的规定,崔某可以向法院提起行政诉讼,请求法院判令市交通局限期履行职责;如果崔某认为市交通局的不作为已对其财产造成损害,还可向法院一并提出要求市交通局给予赔偿的要求。

(二)行政许可申请人诉不予许可行为

不予许可行为包括完全不予许可、部分不予许可、不予延续、不予变更等。行政机关实施的许可行为中最容易引起纠纷的就是不予许可行为。依据《行政诉讼法》第11条的规定,人民法院受理公民、法人或其他组织对行政机关拒绝颁发许可证的行为不服提起的诉讼。对行政机关拒绝许可的行为进行司法审查,是法院行政诉讼活动的组成部分,它要求法院对行政机关的拒绝行为的合法性进行判定并作出裁决。这类行政诉讼案件的原告往往是许可证的申请人,即希望从事某种活动,享有某种资格的请求被否定或不予肯定的申请人;起诉的理由则是申请人认为符合某种法定条件,而许可机关对申请人的申请予以拒绝;结果则可能是法院认定行政机关的拒绝颁发许可证的行为违法并且要求行政机关履行颁发许可证的职责或给相对人予以答复。正基于此,法院对此类案件的审查重点应该放在:

1. 起诉条件的审查。①法院应查明原告是否符合《行政诉讼法》第41条规定的起诉条件:原、被告主体资格是否合格,有无明确诉讼请求,是否属于法院受案范围和管辖范围。②法院应查明原告在起诉之前是否依法履行了行政复议程序,凡法律、法规规定先复议后起诉的行政许可案件,原告应当先行申请复议,只有对复议决定不服的,才有权向法院起诉。例如,按专利法规定,专利申请人对专利局驳回申请不服的,可在收到通知之日起3个月内,向专利复审委员会请求复审,发明专利的申请人对专利复审委员会驳回复审请求的决定不服的,可以在收到通知之日起3个月内向人民法院起诉。③法院还应当对原告起诉手续是否完备加以审查,如起诉书须以书面形式提出,起诉书的形式和内容必须规范、完整、明确。如有欠缺，人民法院有权要求补正。此外，法院还应当查明起诉人是否在法定诉讼期限内提起诉讼。按我国《行政诉讼法》规定，公民、法人或其他组织直接向法院起诉的，应在知道自己的申请被行政机关作出拒绝之日起3个月内向法院起诉，超过这一时限即丧失起诉权。对于行政许可机关不予答复的案件，如果法律法规已规定了许可审批时限，则从期满之日起算诉讼期限。例如，《城乡个体工商户管理暂行条例实施细则》规定，工商行政部门应当在受理申请之日起30天内作出审查决定，核准登记的，发给营业执照，不予登记的，书面通知申请人。申请人被拒绝的，自拒绝之日起3个月内均有权起诉，如果工商部门对申请人的申请不予答复，则从申请后第31天起3个月内有权起诉。如果法律法规未对许可审批时限作任何规定，那么以通常情况下作出类似许可所需的时间为标准计算起诉期限。法律法规规定先复议的许可案件，复议机关应在2个月内作出复议决定，申请人对复议不服的，可以在复议期满之日起15日内向法院起诉。

2. 拒绝许可的审查标准。法院审理行政许可案件，必须全面审查行政机关的具体行政行为，尤其要全面掌握行政机关是否拒绝的事实、弄清行政机关有无拒绝的权力，适用法律是否得当，程序是否合法等问题。唯有在此基础上，才能够公正合法地处理行政许可争议，维护申请人合法权益。通常这类案件的审查应从以下方面入手：

（1）事实审查。事实审查，就是要了解和掌握被诉的具体行政行为是否真实存在，原被告争议的事实是否清楚。例如，要审查公安机关拒发占用道路许可证的行为是否合法，①要了解原告起诉书及被告答辩书中陈述的"事实"，哪些是真实的，哪些是虚构的，掌握这种事实对于裁决这种案件至关重要。例如，某人起诉烟草专卖部门拒绝核发许可证，法院受理此类案件，首先要搞清楚烟草专卖机关是否真正拒绝了申请人的申请，如并未拒绝而只是增加了一些限制，那么就构成另外一个案件了。其次，要发现原告被拒绝是基于什么样的事实，是原告不符合条件，还是被告故意刁难或提出了非法定要求。例如，某人申请捕捞证遭渔业机关拒绝，诉至法院后，法院应调查究竟申请人为什么遭到拒绝，是不具备条件，还是已具备条件许可机关另有企图，抑或是许可有指标或政策限制。②法院的事实审查应当是证据审查，法院应按照行政诉讼法的规定要求当事人举证。证可机关应当提供作出拒绝行为的事实和法律依据，而申请人则应该向法院提供认为自己符合法定条件，有理由得到许可证的证据。例如，申请药品生产许可证引起的诉讼案件中，被告固然要提供拒绝颁发许可证的事实和法律依据，而原告也应该向法院提供具有与生产药品相适应的厂房、设备、卫生环境、技术人员等证明材料。此外，法院应该客观、全面地收集证据，实事求是地综合分析证据材料。

（2）权限审查。法院审查行政机关拒绝颁发许可证案件时，必须对许可机关是否享有权限问题加以审查。如果许可机关实施拒绝行为超越了权限或滥用职权，那么这种拒绝行为显然是违法不生效的。许可机关是否滥用职权是法院审查的重点所在。通常情况下，滥用职权表现为反复无常、专断、考虑不相关因素、显失公正等，凡许可机关滥用职权拒绝发放许可证的，均属违法行为。当然，许可中的自由裁量行为，只要未被滥用，法院一般不宜干预。例如，根据法律法规规定，相对人符合取得许可证的条件，行政机关应该发放，但由于客观条件及环境限制，行政机关发放的这类许可证数量有限，因而拒绝发放，只要其拒绝行为没有反复无常、极不公正等情况，法院就不应干涉，这属于行政自由裁量范围内的权力。这在世界各国都是通例。如加拿大法院在一个案件中维持了行政机关拒发许可证的决定，其理由是"法院在（心理学）这个领域内，没有确定许可证申请人是否符合条件的专业经验，法院已经推定行政机关在这一领域内的专业经验和能力。同样在许可特定职业和贸易的案件中，法院的设备及能力相当弱，除非行政决定缺乏实质证据或侵犯了申请人的宪法或法定权利，一般法院都维持这种行政决定。"美国最高法院也主张，"法院对行政机关的具体职能无权审查，因而也不可能代替它向申请人发放许可证。"[1]

（3）适用法律审查。法院应当对行政许可机关适用法律、法规是否适当予以审查。行政许可应当由法律、法规予以设定，其他规范性文件不得设定许可，这是许可制度本身具有限制普遍相对人权利的特点所决定的。在法院审查许可案件时，必须注意行政机关实施的许可行为是否有法律、法规依据。如果许可本身并不是法律法规设定的，而是行政机关自设的，那么无论是核发、拒绝还是吊销、中止许可行为均无法律依据，依照该项许可取得的所有行政权利也是无效的。在行政诉讼的法律适用中，规章是作为参照存在的，那么通过规章及以下规范设立的许可是否有效呢？首先，一般规章及以下规范性文件毫无依据的自设的许可无效；其次，规章不得对已存的许可制度增加限制性条件和阻却事由；最后，许可机关依照规章及以下文件拒绝许可或不予答复的行为应视规章与法律、法规有无抵触而确定其合法性。例如，张某经过考试和体检，已符合机动车驾驶员的各种条件，当他持考试成绩和体检表到区公安分局换领轻便摩托车驾驶证时，区公安分局按区政府的规定，要求张某交纳240元风险

---

〔1〕 参见马怀德：《行政许可》，中国政法大学出版社1994年版，第172页。

保证金才能领取驾驶证。张不服，向法院起诉。法院认为，法律、法规均无"必须交纳风险保证金，才能更换轻便摩托车驾驶证"的规定，区人民政府的文件与法律、法规相抵触，不具有法律效力，风险保证金属乱收费项目，于是认定区公安分局拒发驾驶证的行为违法，判决责令区公安分局7日内向张某换发许可证。本案许可机关拒绝颁发许可证的行为无法律依据，属违法行政行为。

（4）程序审查。行政许可行为必须遵守法定程序。违反法定程序的许可行为属违法行为，按照《行政诉讼法》及相关司法解释的规定，具体行政行为违反法定程序的应予撤销或确认为违法。《行政许可法》颁布前，我国法律、法规对行政许可程序规定较少，给法院审查许可行为合法性带来一定困难。《行政许可法》弥补了此项缺失，对行政许可的实施程序作了专章规定。诉讼中，法院应当依据《行政许可法》及其他相关法律中有关许可程序的规定，对行政机关实施许可行为的程序进行审查，对违反法定程序的许可行为依法作出裁决。

（三）行政许可权利人诉撤销许可行为

撤销许可行为多表现为行政机关中止、废止、撤销、吊销相对人的许可证。行政许可权利人对行政机关的撤销许可行为不服的，即可依据《行政诉讼法》第11条的规定，向人民法院提起行政诉讼，请求法院撤销该行政行为。在财产权遭受该撤销行为侵犯时，还可依据《国家赔偿法》的规定，在诉讼中一并提出请求赔偿的要求。这类诉讼的特点主要有：

1. 行政机关的撤销许可行为影响了原告的权益。行政许可行为是赋予相对人某种权利或资格的授益性行政行为，相对人取得某种行政许可即意味着获得了某种权利或资格，免除了自身的特定不作为义务。而撤销许可行为则是对这种授益行政行为的否定，它的作出剥夺了行政许可权利人已取得的某种权利或资格。也正是基于此，撤销许可行为常常引起诉讼。

2. 法院对这类诉讼采用撤销、维持等判决方式。由于行政机关的撤销许可行为是积极的行政行为，所以法院对这类行为审理完毕后，往往采用维持、撤销等判决方式。例如，某个体餐馆因违反《食品安全法》规定，卫生行政部门因该饭店雇员上岗无健康证、菜饭生熟不分、饭菜发霉变质等原因作出了吊销食品卫生许可证的决定，饭店不服处罚向法院起诉，经审查，法院作出维持原行政处罚行为的判决。

3. 法院审查的重点是主体是否适格、适用法律法规是否正确、程序是否合法。对于行政机关吊销、撤销、中止、废止许可证的行为，法院审查的重心一般集中在：①主体是否适格，即审查实施吊销许可证等措施的行政机关是否享有此项职权。例如，某卫生防疫站对一个体餐馆作出吊销卫生许可证的行政处罚，即属于超越职权的行为。因为依据《食品安全法》的规定，吊销许可证的行政处罚须由县级以上人民政府卫生行政部门决定，卫生防疫站无权作出吊销卫生许可证的行政处罚。②适用法律、法规是否正确。例如，区公安局依据市容管理条例吊销了某个体户的占用道路许可证，事实上应该适用交通管理规定。此类行为属于适用法律错误。③程序是否合法。违反法定程序作出的撤销许可行为属于违法行为，法院可判决撤销。例如，某县卫生局在当事人要求举行听证的情况下，未经听证就直接作出了吊销卫生许可证的决定，即属程序违法。

（四）行政许可申请人诉行政机关不依法采取招标、拍卖方式

行政许可事项中存在一类特许事项，《行政许可法》第12条第2项对此作出了专门规定，即"有限自然资源开发利用、公共资源配置以及直接关系公共利益的特定行业的市场准入等，需要赋予特定权利的事项"。对于这类特许事项，《行政许可法》第53条规定了特别程序，即行政机关应当通过招标、拍卖等公平竞争的方式决定是否予以特许。行政机关不采用招标、拍卖方式或者违反招标、拍卖程序，损害申请人合法权益的，申请人可通过两条途径获得救济，一是前文已提到过的行政复议，一是向法院提起行政诉讼。

二、行政许可第三人诉讼

行政许可涉及行政主体、相对人和第三人"三极"间的权利义务关系。行政机关实施行政许可，不仅对相对人有着授益或增加负担之效果，而且对第三人的法律地位也会产生影响。如行政机关许可建筑工程建设，就会涉及建筑工程所在地周边地区的人的利益问题，从而产生涉及行政机关、行政相对人和第三人的法律关系。那么，当第三人的合法权益因行政许可机关的许可行为受到侵害时，第三人该如何获得救济呢？

（一）行政许可第三人的原告资格问题

请先看下面两则案例：

案例一[1]：李甲与李乙各自的祖遗房屋相邻，李乙经某镇政府审批对祖遗房屋拆旧建新。经实地勘察，镇政府颁发的宅基地使用证所确定的四至范围，没有考虑与李甲的相邻利益。因此按照镇政府的批文施工，必然会与李甲的房

---

[1] 参见程晓斌："违法审批和违法建房侵害相邻权——受害人该提起何种诉讼？"，内容稍有变动，载《人民法院报》1998年2月12日，第3版。

屋发生交叉，影响李甲房屋的通风、采光、排水等相邻利益。

案例二[1]：据《南方周末》一作者反映："原来我家居住的楼房旁边，是一家农民自盖的商住楼，楼的底层是一家小型电影院，每天夜里一两点了，拳来脚往的武打声扰得四周像个精武馆，找其业主理论，人家拿出执照说自己是合法经营。"

如前所述，当行政相对人认为行政许可行为侵害了其自身合法权益时，行政相对人可以依法提起行政诉讼，寻求法院的救济。但是当第三人的利益受到被许可人侵害时，第三人能否同样寻求司法救济呢？如果可以，那么是寻求行政诉讼救济，还是民事诉讼救济呢？对于前一个问题，我们可以作出肯定的回答，合法权益受到侵犯，受害者当然可以依法向法院起诉，以获得司法救济。那么对于后一问题呢？有人也许会说，受害人并不是行政许可行为的直接承受者，损害也并非行政许可行为所直接造成，那他还具备行政诉讼的原告资格吗？对此，我们的分析如下：

《行政诉讼法》颁布实施之后，在行政诉讼实践中，人们往往将原告限定为行政机关具体行政行为针对的对象，而与具体行政行为有利害关系的当事人作为第三人参加诉讼。[2] 于是就有了这样的问题，即具体行政行为的相对人不提起行政诉讼，与具体行政行为有利害关系的当事人就无法作为第三人参加诉讼，那么第三人的合法权益将无法获得司法救济。基于这种理由，最高人法院于1999年颁布施行的《关于执行〈中华人民共和国行政诉讼法〉若干问题的解释》中，将原告资格界定为"与具体行政行为有法律上利害关系的公民、法人或者其他组织对该行为不服的，可以依法提起行政诉讼"。即明确了与具体行政行为有法律上利害关系的当事人可以提起行政诉讼，行政诉讼的原告不局限于"行政相对人"。由此也就明确了行政许可诉讼的原告不局限于行政许可的相对人，而应当包括一切与行政许可行为有法律上利害关系的公民、法人或者其他组织。当行政许可程序中第三人的合法权益受到行政许可行为侵害时，第三人即可依法向法院提起行政诉讼，寻求司法救济。

也许有人还会提出，第三人的权益是因被许可人的行为而受到损害的，第三人难道不能以被许可人为被告提起民事诉讼吗？我们认为，第三人当然具备民事诉讼的原告资格，但问题在于，被许可人在诉讼中必然会以所实施的行为

---

[1] 余夫："噪音扰人找谁索赔"，载《南方周末》1997年10月3日，第5版。
[2] 参见甘文：《行政诉讼法司法解释之评论——理由、观点与问题》，中国法制出版社2000年版，第62~63页。

经行政机关许可为抗辩，囿于我国现有的诉讼体制，民事审判庭不能直接对该具体行政行为的合法性作出审查，而须中止民事诉讼程序，等待第三人提起行政诉讼，直至行政诉讼结束，法院对具体行政行为的合法性作出审查并作出最终裁决后，民事诉讼程序才将被恢复。因此，无论受害的第三人是先提起民事诉讼、再提起行政诉讼，还是先提起行政诉讼、再提起民事诉讼，都涉及他的行政诉讼原告资格问题。对此，我们通过上述的分析已作出了肯定的回答。

（二）法院对行政许可行为的审查程度

行政许可第三人作为原告向法院提起诉讼，启动诉讼程序后，法院对哪些行为进行审查，审查程度如何，既是决定原告诉讼结果成败的重要因素，也是决定诉讼本身是否科学、公正的关键所在。我们认为，法院应从以下两个方面对行政许可进行审查：

1. 行政许可行为的合法性审查。我国《行政诉讼法》第 5 条规定，人民法院审理行政案件，对具体行政行为是否合法进行审查。对合法性审查应从广义的角度进行理解，既包括外在的形式上的审查，如该行政许可是否符合法律对主体、权限、内容和程序等方面的规定；也包括内在的实质上的审查，如行政许可是否符合法律规定的内在精神和要求，是否符合法律的目的，符合公正原则等。

2. 行政许可行为的基础——抽象行政行为的审查。若行政机关做出的行政许可行为完全依据有关抽象行政行为做出，那么在形式上，该行为无疑是合法的。但是，若有关的抽象行政行为违法时，依其所做出的行政许可行为在实质上就属违法。若法院在审理个案时，仅以行政许可行为形式上的合法为由做出维持行政许可行为的判决，则该判决的正确性就值得怀疑，因为其注重的只是形式上的合法，而非实质上的合法。在司法实践中，法院能否对行政许可行为的依据，即有关的抽象行政行为进行审查仍存在较大争议，我们认为，目前在我国建立对抽象行政行为的司法审查制度实属必要。

（三）行政许可第三人诉讼的法律后果

司法机关对行政许可行为的司法审查的结果无疑会有两种情况：一种是认定行政许可行为违法；一种是认定行政许可行为合法。不同的判决结果，在行政机关、行政相对人和第三人之间所产生的权利义务关系是不同的。

1. 司法审查认定行政许可行为违法。司法审查认定行政许可行为违法的原因是多种多样的，包括行政机关无权限许可、越权许可、违反法定程序许可等。行政许可被认定为违法，并不意味着其一定会被撤销，在某些特殊的情况下，违法的行政许可仍可能被维持。例如，第三人以经城建部门许可的某房产

212 行政许可法教程

公司建成的楼房，侵害了其采光权、通风权为由，向人民法院提起诉讼。法院审理后认定城建部门的许可行为违法。但法院并不一定会做出撤销城建部门已经做出的行政许可的判决，因为依据最高人民法院《关于执行〈中华人民共和国行政诉讼法〉若干问题的解释》第58条的规定："被诉具体行政行为违法，但撤销该具体行政行为将会给国家利益或者公共利益造成重大损失的，人民法院应当作出确认被诉具体行政行为违法的判决，并责令被诉行政机关采取相应的补救措施；造成损害的，依法判决承担赔偿责任。"但无论被诉行政许可行为是否被撤销，只要其被确认为违法，并且在客观上给第三人造成了损害，行政机关即须依据照《国家赔偿法》的规定承担赔偿责任。

2. 司法审查认定行政许可合法。司法审查认定行政许可行为合法，并不意味着第三人的合法权益未受到损害。例如前述两则案例中，行政许可机关的许可行为可能都是合法的，但第三人的合法权益也确实受到了损害，且这些损害皆与行政许可机关的许可行为有关。我们认为，对于这类情形下第三人所受到的损害，应当由行政相对人负责赔偿。首先，行政许可是一种授益性行政行为，由于该行为在客观上使被许可人获得了新的权利，必然打破了原有的与其相关的法律关系或利益关系的平衡，为寻求新的平衡，应根据公平原则，由在新的利益关系中获得利益的一方给予补偿。其次，虽然行政许可是由行政主体做出的，但由于其做出是依据申请人的申请，且该许可亦是由被许可人单方获益的，故基于社会公平的原则，应由被许可人承担补偿责任。如果由行政机关赔偿或补偿，势必造成全体纳税人为个别受益人负担义务，这就违背了公平原则。那么，法院在判决确认被诉行政许可行为合法的同时，能否直接判决行政许可相对人对第三人承担赔偿责任呢？在现行的法律规定下，法院还不能直接作出赔偿判决，而需由第三人以相对人为被告另行提起民事诉讼。这就给当事人造成了讼累，也增加了整个国家的诉讼成本。为方便当事人诉讼、提高诉讼效益，我们认为，应当扩大行政附带民事诉讼的范围，使平等主体之间与行政争议有关的民事争议能在行政诉讼中获得解决，而无需在行政诉讼结束后，另行提起民事诉讼。

附：

中华人民共和国行政许可法

第一章 总则

第一条 为了规范行政许可的设定和实施，保护公民、法人和其他组织的合法权益，维护公共利益和社会秩序，保障和监督行政机关有效实施行政管理，根据宪法，制定本法。

第二条 本法所称行政许可，是指行政机关根据公民、法人或者其他组织的申请，经依法审查，准予其从事特定活动的行为。

第三条 行政许可的设定和实施，适用本法。

有关行政机关对其他机关或者对其直接管理的事业单位的人事、财务、外事等事项的审批，不适用本法。

第四条 设定和实施行政许可，应当依照法定的权限、范围、条件和程序。

第五条 设定和实施行政许可，应当遵循公开、公平、公正的原则。

有关行政许可的规定应当公布；未经公布的，不得作为实施行政许可的依据。行政许可的实施和结果，除涉及国家秘密、商业秘密或者个人隐私的外，应当公开。

符合法定条件、标准的，申请人有依法取得行政许可的平等权利，行政机关不得歧视。

第六条 实施行政许可，应当遵循便民的原则，提高办事效率，提供优质服务。

第七条 公民、法人或者其他组织对行政机关实施行政许可，享有陈述权、申辩权；有权依法申请行政复议或者提起行政诉讼；其合法权益因行政机关违法实施行政许可受到损害的，有权依法要求赔偿。

第八条 公民、法人或者其他组织依法取得的行政许可受法律保护，行政机关不得擅自改变已经生效的行政许可。

行政许可所依据的法律、法规、规章修改或者废止，或者准予行政许可所依据的客观情况发生重大变化的，为了公共利益的需要，行政机关可以依法变更或者撤回已经生效的行政许可。由此给公民、法人或者其他组织造成财产损失的，行政机关应当依法给予补偿。

第九条 依法取得的行政许可，除法律、法规规定依照法定条件和程序可以转让的外，不得转让。

第十条 县级以上人民政府应当建立健全对行政机关实施行政许可的监督制度，加强对行政机关实施行政许可的监督检查。

行政机关应当对公民、法人或者其他组织从事行政许可事项的活动实施有效监督。

第二章　行政许可的设定

第十一条 设定行政许可，应当遵循经济和社会发展规律，有利于发挥公民、法人或者其他组织的积极性、主动性，维护公共利益和社会秩序，促进经济、社会和生态环境协调发展。

第十二条 下列事项可以设定行政许可：

（一）直接涉及国家安全、公共安全、经济宏观调控、生态环境保护以及直接关系人身健康、生命财产安全等特定活动，需要按照法定条件予以批准的事项；

（二）有限自然资源开发利用、公共资源配置以及直接关系公共利益的特定行业的市场准入等，需要赋予特定权利的事项；

（三）提供公众服务并且直接关系公共利益的职业、行业，需要确定具备特殊信誉、特殊条件或者特殊技能等资格、资质的事项；

（四）直接关系公共安全、人身健康、生命财产安全的重要设备、设施、产品、物品，需要按照技术标准、技术规范，通过检验、检测、检疫等方式进行审定的事项；

（五）企业或者其他组织的设立等，需要确定主体资格的事项；

（六）法律、行政法规规定可以设定行政许可的其他事项。

第十三条 本法第十二条所列事项，通过下列方式能够予以规范的，可以不设行政许可：

（一）公民、法人或者其他组织能够自主决定的；

（二）市场竞争机制能够有效调节的；

（三）行业组织或者中介机构能够自律管理的；

（四）行政机关采用事后监督等其他行政管理方式能够解决的。

第十四条 本法第十二条所列事项，法律可以设定行政许可。尚未制定法律的，行政法规可以设定行政许可。

必要时，国务院可以采用发布决定的方式设定行政许可。实施后，除临时性行政许可事项外，国务院应当及时提请全国人民代表大会及其常务委员会制定法律，或者自行制定行政法规。

第十五条 本法第十二条所列事项，尚未制定法律、行政法规的，地方性法规可以设定行政许可；尚未制定法律、行政法规和地方性法规的，因行政管理的需要，确需立即实施行政许可的，省、自治区、直辖市人民政府规章可以设定临时性的行政许可。临时性的行政许可实施满一年需要继续实施的，应当提请本级人民代表大会及其常务委员会制定地方性法规。

地方性法规和省、自治区、直辖市人民政府规章，不得设定应当由国家统一确定的公民、法人或者其他组织的资格、资质的行政许可；不得设定企业或者其他组织的设立登记及其前置性行政许可。其设定的行政许可，不得限制其他地区的个人或者企业到本地区从事生产经营和提供服务，不得限制其他地区的商品进入本地区市场。

第十六条 行政法规可以在法律设定的行政许可事项范围内，对实施该行政许可作出具体规定。

地方性法规可以在法律、行政法规设定的行政许可事项范围内，对实施该行政许可作出具体规定。

规章可以在上位法设定的行政许可事项范围内，对实施该行政许可作出具体规定。

法规、规章对实施上位法设定的行政许可作出的具体规定，不得增设行政许可；对行政许可条件作出的具体规定，不得增设违反上位法的其他条件。

第十七条 除本法第十四条、第十五条规定的外，其他规范性文件一律不得设定行政许可。

第十八条 设定行政许可，应当规定行政许可的实施机关、条件、程序、期限。

第十九条 起草法律草案、法规草案和省、自治区、直辖市人民政府规章草案，拟设定行政许可的，起草单位应当采取听证会、论证会等形式听取意见，并向制定机关说明设定该行政许可的必要性、对经济和社会可能产生的影响以及听取和采纳意见的情况。

第二十条 行政许可的设定机关应当定期对其设定的行政许可进行评价；对已设定的行政许可，认为通过本法第十三条所列方式能够解决的，应当对设定该行政许可的规定及时予以修改或者废止。

　　行政许可的实施机关可以对已设定的行政许可的实施情况及存在的必要性适时进行评价，并将意见报告该行政许可的设定机关。

　　公民、法人或者其他组织可以向行政许可的设定机关和实施机关就行政许可的设定和实施提出意见和建议。

　　第二十一条　省、自治区、直辖市人民政府对行政法规设定的有关经济事务的行政许可，根据本行政区域经济和社会发展情况，认为通过本法第十三条所列方式能够解决的，报国务院批准后，可以在本行政区域内停止实施该行政许可。

第三章　行政许可的实施机关

　　第二十二条　行政许可由具有行政许可权的行政机关在其法定职权范围内实施。

　　第二十三条　法律、法规授权的具有管理公共事务职能的组织，在法定授权范围内，以自己的名义实施行政许可。被授权的组织适用本法有关行政机关的规定。

　　第二十四条　行政机关在其法定职权范围内，依照法律、法规、规章的规定，可以委托其他行政机关实施行政许可。委托机关应当将受委托行政机关和受委托实施行政许可的内容予以公告。

　　委托行政机关对受委托行政机关实施行政许可的行为应当负责监督，并对该行为的后果承担法律责任。

　　受委托行政机关在委托范围内，以委托行政机关名义实施行政许可；不得再委托其他组织或者个人实施行政许可。

　　第二十五条　经国务院批准，省、自治区、直辖市人民政府根据精简、统一、效能的原则，可以决定一个行政机关行使有关行政机关的行政许可权。

　　第二十六条　行政许可需要行政机关内设的多个机构办理的，该行政机关应当确定一个机构统一受理行政许可申请，统一送达行政许可决定。

　　行政许可依法由地方人民政府两个以上部门分别实施的，本级人民政府可以确定一个部门受理行政许可申请并转告有关部门分别提出意见后统一办理，或者组织有关部门联合办理、集中办理。

　　第二十七条　行政机关实施行政许可，不得向申请人提出购买指定商品、接受有偿服务等不正当要求。

　　行政机关工作人员办理行政许可，不得索取或者收受申请人的财物，不得谋取其他利益。

第二十八条 对直接关系公共安全、人身健康、生命财产安全的设备、设施、产品、物品的检验、检测、检疫，除法律、行政法规规定由行政机关实施的外，应当逐步由符合法定条件的专业技术组织实施。专业技术组织及其有关人员对所实施的检验、检测、检疫结论承担法律责任。

第四章　行政许可的实施程序
第一节　申请与受理

第二十九条 公民、法人或者其他组织从事特定活动，依法需要取得行政许可的，应当向行政机关提出申请。申请书需要采用格式文本的，行政机关应当向申请人提供行政许可申请书格式文本。申请书格式文本中不得包含与申请行政许可事项没有直接关系的内容。

申请人可以委托代理人提出行政许可申请。但是，依法应当由申请人到行政机关办公场所提出行政许可申请的除外。

行政许可申请可以通过信函、电报、电传、传真、电子数据交换和电子邮件等方式提出。

第三十条 行政机关应当将法律、法规、规章规定的有关行政许可的事项、依据、条件、数量、程序、期限以及需要提交的全部材料的目录和申请书示范文本等在办公场所公示。

申请人要求行政机关对公示内容予以说明、解释的，行政机关应当说明、解释，提供准确、可靠的信息。

第三十一条 申请人申请行政许可，应当如实向行政机关提交有关材料和反映真实情况，并对其申请材料实质内容的真实性负责。行政机关不得要求申请人提交与其申请的行政许可事项无关的技术资料和其他材料。

第三十二条 行政机关对申请人提出的行政许可申请，应当根据下列情况分别作出处理：

（一）申请事项依法不需要取得行政许可的，应当即时告知申请人不受理；

（二）申请事项依法不属于本行政机关职权范围的，应当即时作出不予受理的决定，并告知申请人向有关行政机关申请；

（三）申请材料存在可以当场更正的错误的，应当允许申请人当场更正；

（四）申请材料不齐全或者不符合法定形式的，应当当场或者在五日内一次告知申请人需要补正的全部内容，逾期不告知的，自收到申请材料之日起即为受理；

（五）申请事项属于本行政机关职权范围，申请材料齐全、符合法定形式，或者申请人按照本行政机关的要求提交全部补正申请材料的，应当受理行政许可申请。

行政机关受理或者不予受理行政许可申请，应当出具加盖本行政机关专用印章和注明日期的书面凭证。

第三十三条 行政机关应当建立和完善有关制度，推行电子政务，在行政机关的网站上公布行政许可事项，方便申请人采取数据电文等方式提出行政许可申请；应当与其他行政机关共享有关行政许可信息，提高办事效率。

第二节 审查与决定

第三十四条 行政机关应当对申请人提交的申请材料进行审查。

申请人提交的申请材料齐全、符合法定形式，行政机关能够当场作出决定的，应当当场作出书面的行政许可决定。

根据法定条件和程序，需要对申请材料的实质内容进行核实的，行政机关应当指派两名以上工作人员进行核查。

第三十五条 依法应当先经下级行政机关审查后报上级行政机关决定的行政许可，下级行政机关应当在法定期限内将初步审查意见和全部申请材料直接报送上级行政机关。上级行政机关不得要求申请人重复提供申请材料。

第三十六条 行政机关对行政许可申请进行审查时，发现行政许可事项直接关系他人重大利益的，应当告知该利害关系人。申请人、利害关系人有权进行陈述和申辩。行政机关应当听取申请人、利害关系人的意见。

第三十七条 行政机关对行政许可申请进行审查后，除当场作出行政许可决定的外，应当在法定期限内按照规定程序作出行政许可决定。

第三十八条 申请人的申请符合法定条件、标准的，行政机关应当依法作出准予行政许可的书面决定。

行政机关依法作出不予行政许可的书面决定的，应当说明理由，并告知申请人享有依法申请行政复议或者提起行政诉讼的权利。

第三十九条 行政机关作出准予行政许可的决定，需要颁发行政许可证件的，应当向申请人颁发加盖本行政机关印章的下列行政许可证件：

（一）许可证、执照或者其他许可证书；

（二）资格证、资质证或者其他合格证书；

（三）行政机关的批准文件或者证明文件；

（四）法律、法规规定的其他行政许可证件。

行政机关实施检验、检测、检疫的，可以在检验、检测、检疫合格的设备、设施、产品、物品上加贴标签或者加盖检验、检测、检疫印章。

第四十条　行政机关作出的准予行政许可决定，应当予以公开，公众有权查阅。

第四十一条　法律、行政法规设定的行政许可，其适用范围没有地域限制的，申请人取得的行政许可在全国范围内有效。

第三节　期限

第四十二条　除可以当场作出行政许可决定的外，行政机关应当自受理行政许可申请之日起二十日内作出行政许可决定。二十日内不能作出决定的，经本行政机关负责人批准，可以延长十日，并应当将延长期限的理由告知申请人。但是，法律、法规另有规定的，依照其规定。

依照本法第二十六条的规定，行政许可采取统一办理或者联合办理、集中办理的，办理的时间不得超过四十五日；四十五日内不能办结的，经本级人民政府负责人批准，可以延长十五日，并应当将延长期限的理由告知申请人。

第四十三条　依法应当先经下级行政机关审查后报上级行政机关决定的行政许可，下级行政机关应当自其受理行政许可申请之日起二十日内审查完毕。但是，法律、法规另有规定的，依照其规定。

第四十四条　行政机关作出准予行政许可的决定，应当自作出决定之日起十日内向申请人颁发、送达行政许可证件，或者加贴标签、加盖检验、检测、检疫印章。

第四十五条　行政机关作出行政许可决定，依法需要听证、招标、拍卖、检验、检测、检疫、鉴定和专家评审的，所需时间不计算在本节规定的期限内。行政机关应当将所需时间书面告知申请人。

第四节　听证

第四十六条　法律、法规、规章规定实施行政许可应当听证的事项，或者行政机关认为需要听证的其他涉及公共利益的重大行政许可事项，行政机关应当向社会公告，并举行听证。

第四十七条　行政许可直接涉及申请人与他人之间重大利益关系的，行政机关在作出行政许可决定前，应当告知申请人、利害关系人享有要求听证的权利；申请人、利害关系人在被告知听证权利之日起五日内提出听证申请的，行政机关应当在二十日内组织听证。

申请人、利害关系人不承担行政机关组织听证的费用。

第四十八条　听证按照下列程序进行：

（一）行政机关应当于举行听证的七日前将举行听证的时间、地点通知申请人、利害关系人，必要时予以公告；

（二）听证应当公开举行；

（三）行政机关应当指定审查该行政许可申请的工作人员以外的人员为听证主持人，申请人、利害关系人认为主持人与该行政许可事项有直接利害关系的，有权申请回避；

（四）举行听证时，审查该行政许可申请的工作人员应当提供审查意见的证据、理由，申请人、利害关系人可以提出证据，并进行申辩和质证；

（五）听证应当制作笔录，听证笔录应当交听证参加人确认无误后签字或者盖章。

行政机关应当根据听证笔录，作出行政许可决定。

第五节　变更与延续

第四十九条　被许可人要求变更行政许可事项的，应当向作出行政许可决定的行政机关提出申请；符合法定条件、标准的，行政机关应当依法办理变更手续。

第五十条　被许可人需要延续依法取得的行政许可的有效期的，应当在该行政许可有效期届满三十日前向作出行政许可决定的行政机关提出申请。但是，法律、法规、规章另有规定的，依照其规定。

行政机关应当根据被许可人的申请，在该行政许可有效期届满前作出是否准予延续的决定；逾期未作决定的，视为准予延续。

第六节　特别规定

第五十一条　实施行政许可的程序，本节有规定的，适用本节规定；本节没有规定的，适用本章其他有关规定。

第五十二条　国务院实施行政许可的程序，适用有关法律、行政法规的规定。

第五十三条　实施本法第十二条第二项所列事项的行政许可的，行政机关应当通过招标、拍卖等公平竞争的方式作出决定。但是，法律、行政法规另有规定的，依照其规定。

行政机关通过招标、拍卖等方式作出行政许可决定的具体程序，依照有关法律、行政法规的规定。

行政机关按照招标、拍卖程序确定中标人、买受人后，应当作出准予行政许可的决定，并依法向中标人、买受人颁发行政许可证件。

行政机关违反本条规定，不采用招标、拍卖方式，或者违反招标、拍卖程序，损害申请人合法权益的，申请人可以依法申请行政复议或者提起行政诉讼。

第五十四条　实施本法第十二条第三项所列事项的行政许可，赋予公民特定资格，依法应当举行国家考试的，行政机关根据考试成绩和其他法定条件作出行政许可决定；赋予法人或者其他组织特定的资格、资质的，行政机关根据申请人的专业人员构成、技术条件、经营业绩和管理水平等的考核结果作出行政许可决定。但是，法律、行政法规另有规定的，依照其规定。

公民特定资格的考试依法由行政机关或者行业组织实施，公开举行。行政机关或者行业组织应当事先公布资格考试的报名条件、报考办法、考试科目以及考试大纲。但是，不得组织强制性的资格考试的考前培训，不得指定教材或者其他助考材料。

第五十五条　实施本法第十二条第四项所列事项的行政许可的，应当按照技术标准、技术规范依法进行检验、检测、检疫，行政机关根据检验、检测、检疫的结果作出行政许可决定。

行政机关实施检验、检测、检疫，应当自受理申请之日起五日内指派两名以上工作人员按照技术标准、技术规范进行检验、检测、检疫。不需要对检验、检测、检疫结果作进一步技术分析即可认定设备、设施、产品、物品是否符合技术标准、技术规范的，行政机关应当当场作出行政许可决定。

行政机关根据检验、检测、检疫结果，作出不予行政许可决定的，应当书面说明不予行政许可所依据的技术标准、技术规范。

第五十六条　实施本法第十二条第五项所列事项的行政许可，申请人提交的申请材料齐全、符合法定形式的，行政机关应当当场予以登记。需要对申请材料的实质内容进行核实的，行政机关依照本法第三十四条第三款的规定办理。

第五十七条　有数量限制的行政许可，两个或者两个以上申请人的申请均符合法定条件、标准的，行政机关应当根据受理行政许可申请的先后顺序作出准予行政许可的决定。但是，法律、行政法规另有规定的，依照其规定。

第五章　行政许可的费用

第五十八条　行政机关实施行政许可和对行政许可事项进行监督检查，不得收取任何费用。但是，法律、行政法规另有规定的，依照其规定。

行政机关提供行政许可申请书格式文本，不得收费。

行政机关实施行政许可所需经费应当列入本行政机关的预算，由本级财政予以保障，按照批准的预算予以核拨。

第五十九条　行政机关实施行政许可，依照法律、行政法规收取费用的，应当按照公布的法定项目和标准收费；所收取的费用必须全部上缴国库，任何机关或者个人不得以任何形式截留、挪用、私分或者变相私分。财政部门不得以任何形式向行政机关返还或者变相返还实施行政许可所收取的费用。

第六章 监督检查

第六十条 上级行政机关应当加强对下级行政机关实施行政许可的监督检查，及时纠正行政许可实施中的违法行为。

第六十一条 行政机关应当建立健全监督制度，通过核查反映被许可人从事行政许可事项活动情况的有关材料，履行监督责任。

行政机关依法对被许可人从事行政许可事项的活动进行监督检查时，应当将监督检查的情况和处理结果予以记录，由监督检查人员签字后归档。公众有权查阅行政机关监督检查记录。

行政机关应当创造条件，实现与被许可人、其他有关行政机关的计算机档案系统互联，核查被许可人从事行政许可事项活动情况。

第六十二条 行政机关可以对被许可人生产经营的产品依法进行抽样检查、检验、检测，对其生产经营场所依法进行实地检查。检查时，行政机关可以依法查阅或者要求被许可人报送有关材料；被许可人应当如实提供有关情况和材料。

行政机关根据法律、行政法规的规定，对直接关系公共安全、人身健康、生命财产安全的重要设备、设施进行定期检验。对检验合格的，行政机关应当发给相应的证明文件。

第六十三条 行政机关实施监督检查，不得妨碍被许可人正常的生产经营活动，不得索取或者收受被许可人的财物，不得谋取其他利益。

第六十四条 被许可人在作出行政许可决定的行政机关管辖区域外违法从事行政许可事项活动的，违法行为发生地的行政机关应当依法将被许可人的违法事实、处理结果抄告作出行政许可决定的行政机关。

第六十五条 个人和组织发现违法从事行政许可事项的活动，有权向行政机关举报，行政机关应当及时核实、处理。

第六十六条 被许可人未依法履行开发利用自然资源义务或者未依法履行利用公共资源义务的，行政机关应当责令限期改正；被许可人在规定期限内不改正的，行政机关应当依照有关法律、行政法规的规定予以处理。

第六十七条 取得直接关系公共利益的特定行业的市场准入行政许可的被许可人，应当按照国家规定的服务标准、资费标准和行政机关依法规定的条件，向用户提供安全、方便、稳定和价格合理的服务，并履行普遍服务的义务；未经作出行政许可决定的行政机关批准，不得擅自停业、歇业。

被许可人不履行前款规定的义务的，行政机关应当责令限期改正，或者依法采取有效措施督促其履行义务。

第六十八条 对直接关系公共安全、人身健康、生命财产安全的重要设备、设施，行政机关应当督促设计、建造、安装和使用单位建立相应的自检制度。

行政机关在监督检查时，发现直接关系公共安全、人身健康、生命财产安全的重要设备、设施存在安全隐患的，应当责令停止建造、安装和使用，并责令设计、建造、安装和使用单位立即改正。

第六十九条 有下列情形之一的，作出行政许可决定的行政机关或者其上级行政机关，根据利害关系人的请求或者依据职权，可以撤销行政许可：

（一）行政机关工作人员滥用职权、玩忽职守作出准予行政许可决定的；

（二）超越法定职权作出准予行政许可决定的；

（三）违反法定程序作出准予行政许可决定的；

（四）对不具备申请资格或者不符合法定条件的申请人准予行政许可的；

（五）依法可以撤销行政许可的其他情形。

被许可人以欺骗、贿赂等不正当手段取得行政许可的，应当予以撤销。

依照前两款的规定撤销行政许可，可能对公共利益造成重大损害的，不予撤销。

依照本条第一款的规定撤销行政许可，被许可人的合法权益受到损害的，行政机关应当依法给予赔偿。依照本条第二款的规定撤销行政许可的，被许可人基于行政许可取得的利益不受保护。

第七十条 有下列情形之一的，行政机关应当依法办理有关行政许可的注销手续：

（一）行政许可有效期届满未延续的；

（二）赋予公民特定资格的行政许可，该公民死亡或者丧失行为能力的；

（三）法人或者其他组织依法终止的；

（四）行政许可依法被撤销、撤回，或者行政许可证件依法被吊销的；

（五）因不可抗力导致行政许可事项无法实施的；

（六）法律、法规规定的应当注销行政许可的其他情形。

第七章 法律责任

第七十一条 违反本法第十七条规定设定的行政许可，有关机关应当责令设定该行政许可的机关改正，或者依法予以撤销。

第七十二条 行政机关及其工作人员违反本法的规定，有下列情形之一的，由其上级行政机关或者监察机关责令改正；情节严重的，对直接负责的主管人员和其他直接责任人员依法给予行政处分：

（一）对符合法定条件的行政许可申请不予受理的；

（二）不在办公场所公示依法应当公示的材料的；

（三）在受理、审查、决定行政许可过程中，未向申请人、利害关系人履行法定告知义务的；

（四）申请人提交的申请材料不齐全、不符合法定形式，不一次告知申请人必须补正的全部内容的；

（五）未依法说明不受理行政许可申请或者不予行政许可的理由的；

（六）依法应当举行听证而不举行听证的。

第七十三条 行政机关工作人员办理行政许可、实施监督检查，索取或者收受他人财物或者谋取其他利益，构成犯罪的，依法追究刑事责任；尚不构成犯罪的，依法给予行政处分。

第七十四条 行政机关实施行政许可，有下列情形之一的，由其上级行政机关或者监察机关责令改正，对直接负责的主管人员和其他直接责任人员依法给予行政处分；构成犯罪的，依法追究刑事责任：

（一）对不符合法定条件的申请人准予行政许可或者超越法定职权作出准予行政许可决定的；

（二）对符合法定条件的申请人不予行政许可或者不在法定期限内作出准予行政许可决定的；

（三）依法应当根据招标、拍卖结果或者考试成绩择优作出准予行政许可决定，未经招标、拍卖或者考试，或者不根据招标、拍卖结果或者考试成绩择优作出准予行政许可决定的。

第七十五条 行政机关实施行政许可，擅自收费或者不按照法定项目和标准收费的，由其上级行政机关或者监察机关责令退还非法收取的费用；对直接负责的主管人员和其他直接责任人员依法给予行政处分。

截留、挪用、私分或者变相私分实施行政许可依法收取的费用的，予以追缴；对直接负责的主管人员和其他直接责任人员依法给予行政处分；构成犯罪的，依法追究刑事责任。

第七十六条 行政机关违法实施行政许可，给当事人的合法权益造成损害的，应当依照国家赔偿法的规定给予赔偿。

第七十七条 行政机关不依法履行监督职责或者监督不力，造成严重后果的，由其上级行政机关或者监察机关责令改正，对直接负责的主管人员和其他直接责任人员依法给予行政处分；构成犯罪的，依法追究刑事责任。

第七十八条 行政许可申请人隐瞒有关情况或者提供虚假材料申请行政许可的，行政机关不予受理或者不予行政许可，并给予警告；行政许可申请属于直接关系公共安全、人身健康、生命财产安全事项的，申请人在一年内不得再次申请该行政许可。

第七十九条 被许可人以欺骗、贿赂等不正当手段取得行政许可的，行政机关应当依法给予行政处罚；取得的行政许可属于直接关系公共安全、人身健康、生命财产安全事项的，申请人在三年内不得再次申请该行政许可；构成犯罪的，依法追究刑事责任。

第八十条 被许可人有下列行为之一的，行政机关应当依法给予行政处罚；构成犯罪的，依法追究刑事责任：

（一）涂改、倒卖、出租、出借行政许可证件，或者以其他形式非法转让行政许可的；

（二）超越行政许可范围进行活动的；

（三）向负责监督检查的行政机关隐瞒有关情况、提供虚假材料或者拒绝提供反映其活动情况的真实材料的；

（四）法律、法规、规章规定的其他违法行为。

第八十一条 公民、法人或者其他组织未经行政许可，擅自从事依法应当取得行政许可的活动的，行政机关应当依法采取措施予以制止，并依法给予行政处罚；构成犯罪的，依法追究刑事责任。

第八章 附则

第八十二条 本法规定的行政机关实施行政许可的期限以工作日计算，不含法定节假日。

第八十三条 本法自 2004 年 7 月 1 日起施行。

本法施行前有关行政许可的规定，制定机关应当依照本法规定予以清理；不符合本法规定的，自本法施行之日起停止执行。

图书在版编目（CIP）数据

行政许可法教程 / 关保英主编 . 2版 . 一北京：中国政法大学出版社，2010.12
ISBN 978-7-5620-3767-5

Ⅰ.行… Ⅱ.关… Ⅲ.行政许可法-中国-高等学校-教材　　Ⅳ.D922.11

中国版本图书馆CIP数据核字(2010)第218296号

书　　名	行政许可法教程　XINGZHENG XUKEFA JIAOCHENG	
出版发行	中国政法大学出版社	
经　　销	全国各地新华书店	
承　　印	固安华明印刷厂	

787×960mm　　　16开本　　　15印张　　　265千字
2011年1月第2版　　　2011年1月第1次印刷
ISBN 978-7-5620-3767-5/D·3727

印　数：0 001-5 000　　　定　价：24.00元

社　　址	北京市海淀区西土城路25号	
电　　话	(010)58908435(编辑部)　58908325(发行部)　58908334(邮购部)	
通信地址	北京100088信箱8034分箱　　邮政编码 100088	
电子信箱	fada.jc@sohu.com(编辑部)	
网　　址	http://www.cuplpress.com　（网络实名：中国政法大学出版社）	

声　　明　　1. 版权所有，侵权必究。

　　　　　　2. 如有缺页、倒装问题，由本社发行部负责退换。